中韩谚语隐喻认知对比研究

李佳凝◎著

ZHONGHAN YANYU YINYU
RENZHI DUIBI YANJIU

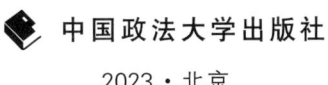
中国政法大学出版社

2023·北京

声　明　1. 版权所有，侵权必究。
　　　　2. 如有缺页、倒装问题，由出版社负责退换。

图书在版编目（ＣＩＰ）数据

中韩谚语隐喻认知对比研究/李佳凝著.—北京：中国政法大学出版社，2023.12
　ISBN 978-7-5764-1237-6

　Ⅰ.①中… Ⅱ.①李… Ⅲ.①朝鲜语－谚语－隐喻－对比研究－汉语 Ⅳ.①H553②H136.3

中国版本图书馆CIP数据核字(2024)第003455号

出版者	中国政法大学出版社
地　址	北京市海淀区西土城路25号
邮　箱	fadapress@163.com
网　址	http://www.cuplpress.com（网络实名：中国政法大学出版社）
电　话	010-58908435（第一编辑部）58908334（邮购部）
承　印	固安华明印业有限公司
开　本	880mm×1230mm　1/32
印　张	10.75
字　数	251 千字
版　次	2023 年 12 月第 1 版
印　次	2023 年 12 月第 1 次印刷
定　价	66.00 元

前　言

谚语指"群众中广泛流传的现成语句，是用简单通俗的话表达出深刻的道理"。隐喻的概念是比较宽泛的，谚语也被称为广义的隐喻。谚语与认知存在着十分密切的关系，而隐喻在谚语与认知过程之间起到了非常重要的桥梁作用，使我们能更好地认识谚语的形成方式和意义。因为我们要理解和认识谚语中所表达的真实意图，必须依赖我们之前通过认知过程所积累的知识和经验，并同时需要发挥丰富的想象力和创造力。这个过程是谚语隐喻认知的核心，使我们能够通过谚语的表面，理解其更深层次的含义。

从认知语言学的角度研究谚语的认知具有两方面的意义。一是谚语具有广泛的群众基础和社会基础，谚语可以反映出该民族独特的思维方式与认知的普遍性以及语言的象似性规律。二是从认知语言学的角度研究谚语，可以深入理解谚语的本质特征，即认知过程与隐喻化理据，可以引发对语言本质更理性的思考。

谚语来源于生活，运用于生活，是不同民族在自身文化影响下对自然规律和社会生活的经验总结。谚语中所使用的素材大都是人们日常生活中经常接触的事物或现象。谚语的主要题材是人的衣食住行、人际关系以及与人们生活有关的各种事物，这其中动物谚语的比例最大。例如，在长期处于

农耕社会的中韩两国，牛是农业生产过程中不可或缺的主要劳动力，也是最普遍的家畜之一，两国人民通过长期对牛的接触和观察，创作了大量有关"牛/소"的谚语传情达意。因此，本书选取有关"牛/소"的谚语作为研究对象。通过对中韩谚语的隐喻对比分析，研究两国的语言、思维和文化的共性与特性。

本书从认知语言学的角度，运用概念整合理论、概念隐喻与转喻理论展开对中韩谚语隐喻认知角度的多维对比研究。试图在谚语实例的分析过程中，总结出一套从谚语的形式、隐喻的形成方式和语义三个层面综合分析谚语的理论框架，以补充中韩谚语从认知角度过于单一的研究方法。本书运用定量分析的方法，对中韩谚语的多个层面进行穷尽式的统计分析。本研究的语料来源于中韩收录动物谚语最全面的词典，并从中整理出中韩有关"牛/소"的谚语368条和570条。建立独立语料库，对中韩谚语分别进行多维统计，按照百分比进行对比分析，借助图表、图例解释语言规律，从原始数据出发总结谚语中的现象。以此使得出的结论更加客观，也更有说服力。

首先，对比分析中韩谚语隐喻形式，运用概念整合理论，把中韩谚语分为糅合、叠加、截搭、直搭四个大类进行对比研究。其次，对比分析中韩谚语隐喻形成方式，运用概念隐喻理论，把中韩谚语分为转喻、来自转喻的隐喻和隐喻三个大类，其中，转喻类包括单纯的转喻、转喻中包括转喻和转喻中包含隐喻；来自转喻的隐喻类包括连续转喻类隐喻和典故类隐喻；隐喻类包括一个输入域的隐喻、两个输入域的隐喻和三个及以上输入域的隐喻。并用以上这8个模型对谚语进行考察。最后，对比分析中韩谚语的语义，从谚语的整体隐喻义和词汇"牛/소"的语义两个方面进行分析。

| 前 言 |

通过对中韩谚语的对比分析，可以得出以下结论：从形式上看，中国谚语偏向语义叠加型，谚语多采用复式结构，多通过意合的方式得出比喻义；而韩国谚语的语义偏向扩展型，谚语多用包孕句式，通过推理的方式得出比喻义。从隐喻义的形成方式上看，如果把隐喻和转喻看作一个连续体的两端，越靠近转喻，形象性越高，越靠近隐喻，抽象性越高。那么韩国的谚语偏向转喻一端，而中国谚语更倾向于隐喻的一端。从谚语的隐喻义上看，中国写事理的谚语数量占绝大多数，而韩国写人的谚语比例比中国大很多。写人的谚语更多的是场景的对应，为的是更好地诠释"人"这个具体事物，写事理的谚语更多是从场景中提取额外的意义，从具体中引申出抽象的意义。从"牛/소"的语义引申关系上看，相较而言，韩国谚语中对"牛/소"的语义取象点更加注重细节，所取象的原型语义更加丰富。

目 录 Contents

第一章 序言 …………………………………………………… 1
  第一节 研究目的与意义 ……………………………………… 1
  第二节 文献综述 ……………………………………………… 5
  第三节 研究方法与步骤 ……………………………………… 17
  第四节 研究对象与范围 ……………………………………… 19

第二章 本研究的理论背景 …………………………………… 26
  第一节 概念隐喻理论与谚语认知观 ………………………… 29
  第二节 概念整合理论与谚语认知观 ………………………… 34

第三章 中韩谚语隐喻形式对比 ……………………………… 38
  第一节 中国谚语隐喻形式 …………………………………… 42
  第二节 韩国谚语隐喻形式 …………………………………… 82
  第三节 中韩谚语隐喻形式的异同点 ………………………… 116

第四章 中韩谚语隐喻形成方式对比 ………………………… 134
  第一节 中国谚语隐喻形成方式 ……………………………… 142

第二节　韩国谚语隐喻形成方式 …………………… 174

　　第三节　中韩谚语隐喻形成方式的异同点 ………… 197

第五章　中韩谚语语义对比…………………………………… 215

　　第一节　中国谚语的语义 ……………………………… 218

　　第二节　韩国谚语的语义 ……………………………… 248

　　第三节　中韩谚语语义的异同点 ……………………… 295

第六章　结论………………………………………………… 313

参考文献……………………………………………………… 317

后　　记……………………………………………………… 329

图目录

图 1-1　描写与解释研究法示意图 ················· 18
图 2-1　概念整合网络示意图 ···················· 36
图 3-66　中韩本喻同现与隐含本体的谚语占比图 ········ 117
图 3-67　中韩隐含本体的谚语隐喻形式占比图 ·········· 118
图 3-68　中韩本喻同现的谚语隐喻形式占比图 ·········· 122
图 3-69　中国本喻同现的谚语形式类型占比图 ·········· 123
图 3-70　韩国本喻同现的谚语形式类型占比图 ·········· 124
图 3-71　中国谚语形式类型占比图 ················ 126
图 3-72　韩国谚语形式类型占比图 ················ 126
图 3-73　中韩谚语形式类型占比图（大类）··········· 127
图 4-1　单纯转喻形成方式模型图 ················· 137
图 4-2　转喻中包含转喻形成方式模型图 ············· 137
图 4-3　转喻中包含隐喻形成方式模型图 ············· 138
图 4-4　连续转喻形成方式模型图 ················· 138
图 4-5　典故隐喻形成方式模型图 ················· 139
图 4-6　一个输入域的隐喻形成方式模型图 ············ 140
图 4-7　两个输入域的隐喻形成方式模型图 ············ 140

图 4-8　三个及以上输入域的隐喻形成方式模型图 ········ 141
图 4-57　中韩隐含本体的谚语隐喻形成方式占比图 ······ 197
图 4-58　中韩隐含本体的转喻类谚语形成方式占比图 ······ 199
图 4-59　中韩隐含本体的来自转喻的隐喻类谚语形成
　　　　方式占比图 ·· 200
图 4-60　中韩隐含本体的隐喻类谚语形成方式占比图 ······ 201
图 4-61　谚语隐喻形成方式各类别在隐转喻连续体上
　　　　的分布图 ··· 204
图 4-62　中韩谚语隐喻形成方式占比图（大类） ··········· 207
图 4-63　中韩转喻类谚语主题占比图 ······················· 209
图 4-64　中国谚语隐喻形成方式占比图 ···················· 212
图 4-65　韩国谚语隐喻形成方式占比图 ···················· 212
图 5-1　中韩谚语喻体语义分类图（一～三级） ············ 218
图 5-2　中韩谚语喻体的语义占比图（大类） ··············· 297

表目录

表 1-1 《俗谈大辞典》动物谚语占比表 ············ 22

表 1-2 韩·中动物谚语频率调查表（节选） ············ 23

表 1-3 十二生肖动物谚语调查表 ············ 24

表 1-4 十二生肖调查表 ············ 25

表 3-1 谚语整合类型特征表 ············ 41

表 3-2 中韩直搭类谚语分类表 ············ 121

表 3-3 中韩谚语隐喻形式类型统计表 ············ 125

表 3-4 中韩复合直搭类谚语形式统计表 ············ 130

表 4-1 Ruiz de Mendoza（2000）和 Dirven（2002）研究范围表 ············ 134

表 4-2 Goossens（1990）研究范围表 ············ 135

表 4-3 Díez Velasco（2001）研究范围表 ············ 135

表 4-4 中韩本喻同现的谚语形成方式类型表 ············ 202

表 4-5 中韩谚语隐喻形成方式类型表 ············ 206

表 5-1 中韩谚语喻体语义分类占比表 ············ 295

表 5-2 中国谚语中"牛"的语义取象点及其语义引申表 ············ 300

表 5-3 韩国谚语中"소"的语义取象点及其语义引申表 ············ 301

第一章 序言

第一节 研究目的与意义

对于一个物体或一个概念，可以用词汇根据对象的本质属性对其命名，这属于逻辑的概念层面；对于一个具体或抽象的事件，可以用句子进行表述，这属于逻辑的判断和推理层面。当我们想要反映一个综合的、立体的、复杂的事件，而又一时无法想起具体的名称时，我们只好采取一种不是概念化的，而是笼统、模糊的比喻方法来应对。这已经超越了概念的范畴，是人的一种独特的思维方式和认知方式，这就是隐喻。

谚语的运作往往是建立在其隐喻义而非字面义的基础上。由于谚语的隐喻性特征，需要使用者把谚语的源域与目标域进行连接，根据语境在字面义上进行语用意义的整合处理。这是谚语的认知过程，也是隐喻的认知过程。这也反映了谚语运用是一种人们在碰到比较陌生、新鲜的事物或事件时，会用生活中较为熟悉的和容易理解的事物或事件进行类比，从而帮助人们理解和掌握新知识的惯用方法。

例如，在表示自己受了冤枉、被人连累时，可以说"真是别人牵牛我拔桩啊！"此种表达，不用详细表述事件的过程，只通过一个谚语，就能把当事人的境遇和此刻的心情表现得淋漓尽致。这种语言表达形式，正符合了人类认知的思维方式，因此能够使人们产生共鸣,甚至能够跨越语言的桥梁,直抵人的内心深处。尤其是对某种无法用语言表达的意境,恰如其分的一句谚语,就能使人立刻心领神会。这也是为什么谚语常常能够更加传神地表达思想,甚至有时只用简短的一句话就胜过千言万语的原因。

人们在日常生活的语言交流中,经常在有意无意间频繁地使用谚语,在新闻报道、演说中,以及文学、影视作品中也常常出现谚语的身影。谚语的使用频率往往比我们意识到的要频繁得多。语言作为文化的载体和表征,记录着人类的历史和变化。谚语深深植根于民族的意识结构之中,是语言的精华,充分体现了民族的认知心理和文化基础。过去,谚语被当作一个比词大、比句子小的单位,亦是一种修辞形式,与其他语言单位相比在研究上并没有被重视。传统研究的观点认为谚语这种语言形式在结构上具有不可分割性,语义上具有不可预测性,其组合和意义具有固定性和任意性。然而认知语言学家们的研究成果表明,这一理论并不适用于解释所有谚语。许多谚语的意义源于人类的认知结构,需要大量的系统概念来支持它们。这两种理论反映了两种截然不同的哲学思想和思维方法。前者把谚语的理解置于语言的知识体系中,属于逻辑实证主义;而后者则把谚语置于现实世界的知识体系中,属于经验主义。

自 20 世纪 70 年代以来,语言学研究开始从描写转向解释。诞生于 20 世纪 80 年代初的认知语言学,其目的是从认知的角度发现语言事实背后的认知机制。认知语言学强调语言习得的经验性和认知性,认为语言是以感官和现实世界的互动经验为基础,通过认知加工形成的,是主客观相互作用的结果。该学说强调思维的隐喻性、认知的无意识性和心智的体验性。

一般来说,隐喻研究可以分为两个阶段:研究传统隐喻理论的阶段和研究现代隐喻理论的阶段。前者主要把隐喻作为一种修辞方法进行研究，后者则是把隐喻作为人类的一种思维方式进行研究。近年来，谚语研究开始超越修辞学，尝试从认知视角重新看待谚语中的隐喻现象。

概念隐喻理论最初是在 1980 年由 George Lakoff 和 Mark Johnson 在著作 *Metaphors We Live by* 中首次提出的，书中把隐喻看作是人类的一种认知现象，而不仅限于是一种语言现象。概念隐喻理论认为隐喻性思维在人类的思维过程中占有很大比重。由于隐喻存在于人类的认知系统中，语言中才会出现隐喻性的表达。隐喻是人类运用其在某一个领域的经验来解释或理解另一个领域的一种认知活动。谚语就可以看作是隐喻表达的一个很好的例子。

谚语是指在群众中广为流传的现成的句子，用简单通俗的语言表达深刻的道理。谚语与认知有着密切的关系。隐喻的概念是比较广泛的，也被称之为"广义的隐喻"。隐喻在谚语和认知过程中起着非常重要的作用，通过分析谚语的认知过程，我们能更好地理解谚语的形成方式和意义。因为我们必须依靠我们在认知过程中积累的经验和知识，并且充分发挥我们的想象力和创造力，才能理解谚语中所表达的真实意图。这个过程是谚语隐喻认知的核心，它使我们从谚语的表面出发理解其深层含义。在日常生活中，我们经常遇到难以理解的谚语。此时，概念隐喻理论可以解释我们对抽象概念的理解过程，也就是说，在思维过程中，当我们试图理解一个不熟悉的概念域的时候，我们常常拿另一个熟知的概念域作为参照。概念隐喻理论就成为帮助我们理解和分析谚语的工具。从认知语言学的角度对谚语意义进行解释，包括谚语的生成与理解都需要知识框架及其认知运算过程的参与。这种运算打破了传统的分析格局，更具有解释力。

从认知语言学的角度研究谚语的认知具有两方面的意义。一是谚语具有广泛的群众基础和社会基础，谚语可以反映出该民族独特的思维方式与认知的普遍性以及语言的象似性规律。二是从认知语言学的角度研究谚语，可以深入理解谚语的本质特征，即认知过程与隐喻化理据，可以引起对语言本质更理性的思考。

谚语来源于生活，运用于生活，是不同民族在自身文化影响下对自然规律和社会生活的经验总结。谚语隐喻的本质就是用一种比较熟悉的、容易理解的概念去理解和体验另一种不太熟悉的、较难理解的概念。谚语的主要题材是人的衣食住行、人际关系以及与人们生活有关的各种事物，这其中动物谚语的占比最大。因为动物是与人们的生活密切相关的伙伴，是人类认识自己的一种重要的参照物。在与动物的长期接触中，人们对动物的许多方面都有着非常丰富的认识，进而把动物的外貌和习性投射到人类身上，形成各种动物喻人的语言形式，谚语就是其中的一种语言表现形式。动物谚语是把动物的外部特征、动物的行为习惯以及动物与人的密切程度等特征投射到人类领域，通过隐喻与转喻思维，加深人类对自身的理解。所有谚语中，动物谚语所占比例最大，内容最为丰富，因此也最能体现各民族的文化精髓。

在长期处于农耕社会的中韩两国，牛是农业生产过程中不可或缺的主要劳动力，也是最为普遍的家畜之一，两国人民通过对牛长期的接触和观察，创作了大量有关"牛/소"的谚语，并以此传情达意。因此，本书选取有关"牛/소"的谚语作为研究对象。通过对中韩谚语的隐喻对比分析，研究两国的语言、思维和文化的共性与特性。

第二节 文献综述

一、中韩谚语对比研究的概况

（一）运用不同方法进行的研究

20世纪50、60年代左右，中国和韩国开始从语言学的角度分析谚语。20世纪80年代以前，对谚语的研究主要集中在谚语的特点、内容、分类等方面，研究范围相对狭窄。从1980年到2000年左右，研究的深度和广度都有了很大的提高。在这一时期，中韩两国有关谚语对比的研究从无到有，发展迅速。2000年，谚语研究进入了一个新纪元，在科学技术的快速进步、新理论的蓬勃发展，以及交叉学科的相互渗透等大的背景之下，中韩两国开始用更加多样的角度对谚语进行研究，运用实验语言学、社会语言学、认知语言学等新兴理论考察谚语，是新世纪谚语研究中一个突出的特点。

语言对比研究的主要目标有两个：应用目标和理论目标。为语言教学、词典编纂和双语翻译等实际问题提供有针对性的对策，就是语言对比研究的应用目标；挖掘出语言的本质特征，服务于语言类型学的语言对比研究，就是其理论目标。从研究目的看中韩谚语对比的学术成果，大致可以分为以下几大类：①从传统语义学的角度对比中韩谚语差异的研究；②从谚语对比中寻找文化差异的研究；③基于教学的研究；④谚语翻译策略的对比研究；⑤从认知角度对谚语进行的分类考察，等等。

中韩谚语对比的学术成果比较注重应用目标，多是为了服务于谚语翻译与教学，研究范围比较窄。传统结构主义理论在中韩谚语对比研究的发展中，无论是微观还是宏观方面，都起到了巨大的推动作用。中韩谚语的对比从单纯的语言形式上的对比，扩展到对社会、文化、民族心理和思维方式层面的对比，研究成果丰富多元。但随着语言研究的不断深入，这种单一的研究理论和研究方法已经不能满足语言对比研究的需要。自2000年以来，实验语言学、社会语言学、文化语言学、认知语言学、篇章语言学、语言类型学和语用学等理论逐渐被引入到谚语研究中来，描写性的研究已经不能满足谚语对比研究的需要，学术界开始对谚语进行解释性研究。但是在中韩谚语对比的研究中，采用新理论、新方法的研究成果还比较少。

1.运用历史比较语言学方法进行的研究

从历时角度对比中韩谚语的研究数量极少，中国研究的代表作是洪董植《中韩谚语的名称》(1995)，此篇文章从历时的角度对两国谚语的定义作了描写，以丰富的史料整理了中韩谚语在历史上各时期的称谓。韩国的研究如진경지《한·중 속담 비교 연구: 변용과 와전을 중심으로》(2002)是从历时的角度考察了两国谚语随着时代的变迁发生改变甚至讹传的现象。这两篇文章在研究的方法上都是属于历史比较语言学的范畴。

2.运用结构主义语言学方法进行的研究

从2000年到2010年之间的中韩谚语对比研究，大多数是以传统语义学并从形式与意义的关系角度进行分析的，也有一部分是从文化、思维方式、翻译的角度进行考察的。到了2010年之后大量的中韩谚语对比论文主要是由在韩中国留学生做的研究。

（1）从形式与意义的角度进行的研究。郑凤然《中韩谚语比较》(2000)从形式与意义的异同角度，比较了相似、相同、相异的中韩谚语,并分析了原因。仝宇飞《中韩语言交际中的谚语例证分析》(2006)从形式与意义的角度,即从中韩谚语是否同形同义、同形异义、异形同义三个方面对 Weon yeong seop(韩)所著《韩语谚语大辞典》(1999)中的居住类谚语共218条进行了分类分析。总之,从同形同义、同形异义、异形同义三方面对中韩谚语进行分类考察的论文比较多。

(2)从语义的角度进行的研究。从语义学角度进行研究的论文有按照语义要素分类和按照谚语意义的褒贬进行分类的。李游《韩中动物谚语的语义对比研究——以"牛"和"马"为中心》(2015)选取了牛与马两种动物,分别从两国对这两种动物的认识、动物的表面意义和深层意义等角度对两国谚语中动物的象征意义进行了研究。주옥파《한·중 속담에 나타난 여성 이미지에 대한 비교 연구》(2004)从女性的性情及特点、女性的命运、女性的社会活动及经济能力、女性的言行、女性的外貌等五个方面,对两国谚语进行了对比分析,从而考察了两国女性在传统文化中的形象、社会地位以及传统女性观的异同等社会意识与民族心理。범보리《한·중 경제 관련 속담의 비교 연구》(2015)是按照经济概念进行的分类,如基础经济概念、微观经济概念、宏观经济概念和国际经济概念等四种分类方式对中韩谚语进行了比较。

从语义的角度出发,还有根据谚语意义的褒贬进行分类考察的论文。호래봉《한·중 동물 속담 비교 연구》(2016)选取了马、虎、狗、牛和鸡这五种动物,分别按照褒义和贬义进行分类之后,考察了两国的文化背景。장정《한·중 빈부에 관한 속담 비교 연구》(2015)把有关贫困和富有的谚语按照褒义和贬义进行分类,并从中总结出两国关于贫困和富有的社会意识以及谚语中体现出的两国人民的意识结构。

（3）从文化角度进行的研究。李艳红《中韩两国惯用语对比与翻译——以谚语对比为中心》（2006）是以中韩谚语中体现的文化异同点与思维方式的异同点为根据，探讨了中韩谚语的翻译方法与技巧。장춘매《한·중 동물속담 비교를 통한 한국어 문화 교육 연구》（2005）不仅从物质与精神文化层面对中韩谚语进行了分析，还从语言文化的角度对谚语中出现的语言特征做了分析。정원원《속담을 통해 본 한·중 음식 문화 비교——조화를 중심으로》（2014）从中韩饮食文化的传统出发，以人与人之间、人与自然之间，以及人与事物之间的哲学关系为出发点，以谚语为例进行了解释。

（4）综合运用多种方法进行的研究。姜德昊《中韩谚语比较研究》（2005）结合谚语的使用情况，对谚语的整体意义、谚语的具体形象和谚语的用法进行三者间比较，并分别举例归纳其特点。且该文中包括了意义的对比、形式与意义的对照和修辞学的内容，延续了结构主义语言学的研究方法，着重于谚语特征的共时描写与系统的比较。육흔《한·중·일 삼국 속담의 비교연구》（2002）主要从韩、中、日三国谚语的表现形式、表现手法、表现素材、表现内容等方面进行了对比研究。콩린《'밥'에 관련된 한·중 속담의 비교를 통한 한국어 교육방안 연구: 중·고급을 중심으로》（2015）从形式、意义、修辞以及教学的角度做了研究。

3. 运用认知语言学方法进行的研究

从认知语言学角度对谚语进行研究逐渐成为热门。张辉《熟语及其理解的认知语义学研究》（2003）是早期以认知语义学理论为基础全面分析谚语及其理解的研究，书中把谚语意义凝固化和常规化的过程用隐喻进行分析，把谚语的凝固化和常规化的概念与在具体语境中的在线使用情况用概念整合来做分析，用隐喻与概念整合相结合的方法对谚语不同阶段的意义构成进行了分析。

沈家煊《"糅合"和"截搭"》（2006）认为概念整合可以分为"糅合型整合"和"截搭型整合"两种形式，"糅合型整合"由两个相似而不相关的概念组成，具有隐喻性特征；"截搭型整合"由两个相关而不相似的概念组成，具有转喻性特征。在对语义进行概念整合的过程中，隐喻和转喻机制不仅涉及概念域之间的投射关系，还扩展到更复杂的概念运作，如语义的压缩、隐退和回溯推理等。该文中指出要重点、细致的考察概念"整合"时，"大于部分之和"的浮现意义的产生过程。

张辉、季锋《对熟语语义结构解释模式的探讨》（2008）中把谚语语义结构的解释模式分为复合场境模式（complex scene）、棱镜模式（prismatic model）和谚语激活模式（idiomatic activation-set）。姚喜明、毛瑞蓓《概念整合与动物习语的翻译》（2008）则运用概念整合理论解释了跨语言翻译中谚语的运用情况。蒋静《汉语俗语的概念整合现象考察》（2009）用概念整合理论将谚语的语义结合方式分为四个基本类型："糅合型""叠加型""截搭型"和"直搭型"。谚语可以是单纯的基本类型中的一个，也可以是两个或以上整合类型相混合。谚语自身的语义特点决定了采用何种整合方式。

金菊花《朝鲜后期汉译谚语集〈耳谈续纂〉语言对比研究》（2010）不仅运用了结构主义的描写、对比法对中韩谚语进行分析，还运用了认知语言学中的原型理论、概念整合理论以及隐喻理论分析了中韩谚语的特点。余莉莉《中文熟语认知中的整体加工与成分加工研究》（2014）运用眼动实验研究了中文谚语认知中的整体加工与成分加工的反应时间。实验结果比较支持混合加工理论，即在句子的理解过程中，谚语同时存在整体加工与成分加工两种认知加工方式。而选择何种加工通路，在很大程度上与熟语结构的紧密度以及成分词之间的限制程度有关。她的研究成果对分析谚语的意义变化以及谚语在语境中的意义整合有一定的指导作用。

在韩国的研究中，심지연《국어 관용어 의미에 나타나는 은환유성에 대한 연구》（2009）把谚语中出现的隐、转喻性的程度用"是否需要掌握构成惯用语的各个单词的意义，是否需要依据各单词意义进行二次联想，是否需要了解惯用语中特定单词的背景知识"这三个方面进行分类。并对隐喻和转喻分别在谚语意义形成过程中的形式进行了分析。王国英《한·중 여성 관련 속담에 나타난 은유 양상 비교 연구》（2010）运用了认知语言学中的隐喻理论对谚语进行了比较，把女性隐喻的目的域分为事物、食物、动物、植物、儿童、邪恶以及其他隐喻七类进行分析对比。김동환《개념 통합 연결망의 유형 연구》（2012）根据 Fauconnier 和 Turner 的理论把概念整合空间分为四种模型：单纯网络模型（Simple Network），镜像网络模型（Mirror Network），单边网络模型（Single-scope Network）和双边网络模型（Double-scope Network），文章单纯进行理论介绍，例句用的也都是英语。임지룡《현대 국어 동물 속담의 인지언어학적 가치론》（2012）把动物谚语的价值特性分为动物自身的价值和人类比喻的价值两个方面，后者又从直喻、比喻和心理空间的角度分析了动物谚语"肯定"和"否定"的价值。

（二）邻近领域的研究成果

近十年来，中国与其他国家谚语的对比论文中，已经开始尝试运用各种新兴理论弥补谚语对比研究中理论创新的不足。如：寇福明《汉英谚语对比研究》（2007）为早期以认知语言学的理论来研究中英谚语对比的博士论文，该文较为全面地介绍了谚语研究在认知语言学方面的理论，着重介绍了当代隐喻理论的框架理论、概念隐喻理论和整合空间理论。叶琳《英汉习语理解模式及使用策略研究》(2012)采用了调查问卷与数据分析相结合的研究方法，不仅对前人的研究进行了考察，还提出了自己的理论模型并在实证研究中验证了其可行性。黄曼《构式视角下的汉英习语变异研究》(2013)是以构式的视角对中英谚语的变异进行的对比研究，建立了封闭的语料库，是用构式语法理论对这一命题进行的尝试，并针对谚语变异的过程建立了动态认知整合模型。万华《基于汉语熟语英译的趋返模式研究》(2014)以趋近翻译为理论基础，系统考察了汉语熟语的英语翻译方法与原则，提出了汉语熟语英译的趋近模式，并且找到了不同熟语类型与翻译手段的对应关系。房娜《从视觉到认知：汉英视觉域词汇语义演变的认知对比研究》(2018)以汉英词典语料为基础，对视觉域词汇向心理认知域投射的类型和演变机制进行了归纳和分析，用定量和定性对比，发掘英汉视觉词语演变的差异，英汉对比分析可以揭示英汉民族的思维特点和认知差异；此外，还对汉、英、瑞三种语言的词义拓展进行跨语言的审视，发现了语义演变的一些规律。

　　韩国学界的研究中，与其他国家谚语的对比研究成果也很丰富。如：김혜원《중·한 관용표현 대조연구》(2006)运用了"原型意义图示"和"概念隐喻与转喻"的分析方法对谚语的素材进行对比。여정남《汉韩人体惯用语认知研究：以脸、心、头、眼为主》(2011)通过Lakoff和Johnson的概念隐喻与体验哲学理论，从文化认知的视角探索中韩惯用语喻义产生差异的根源，该文主要在两个方面进行了对比：一是身体词在隐喻与转喻时是映射到何种范畴中去；二是对汉韩喻体、喻义进

行对比。タバタ，ミツコ《한·일 유사 속담의 인지언어학적 연구》(2012)以韩国和日本相类似的谚语为研究对象，以分析调查问卷的方式，从认知语言学的角度考察学习者在实际使用谚语的过程中母语负迁移的情况，并在谚语的背景，如文化习俗、前提条件等中寻找造成两国谚语差异的原因；最后利用分析结果以隐喻的角度阐释了谚语的定义。김민수《한·일 감정 관용어 대조 연구》(2015)考察了基本感情：喜、怒、哀、惧、爱、恶、耻的隐喻化情况，并分析了韩日情感隐喻差异的原因。

（三）谚语对比研究的发展趋势

自20世纪70年代起，语言学研究开始从描写转向解释。20世纪80年代初诞生的认知语言学，旨在从认知的角度发现语言事实背后的认知机制。谚语与认知存在着十分密切的关系，认知语言学的很多经典理论能从不同的侧面解释谚语的形成机制和谚语意义的认知过程。运用认知语言学理论研究谚语成为当下的新趋势。目前，运用认知语言学理论对谚语展开的研究日渐增多，但大都是运用一种理论对谚语的一个层面进行的平面式探索；运用综合认知语言学的多种理论，对谚语展开多层次、多角度的研究则非常少见。运用认知语言学理论进行中韩谚语对比的研究才刚刚开始，还有很多空白有待填补。

语言现象通常受到多种因素制约，描述性的一元统计方法难以胜任多变量的数据分析。因此，掌握多元统计方法对于语言学研究具有十分重要的意义。近年来，认知语言学的整体研究展现出显著的"定量"转向趋势。如：Janda（2013b）分析了《Cognitive Linguistics》历年收录的论文，发现自2008年之后，该期刊论文的研究方法出现了明显的转变——半数以上的论文都采用了定量的分析方法，而2010年使用定量方法的论文更是超过80%。同时，认知语言学界也出现了大量关注定量方法的研究成果，如 Glynn & Fischer（2010），Janda（2013a），Glynn & Robinson（2014）等。[1] 认知语言学认为语言现象不是独立存在的，而是受到众多因素影响，因此语言研究也相应地涉及多个变量，多元统计的方法在国际认知语言学领域得到了广泛应用。

词汇层面上的隐喻研究成果丰富，植物词、身体词、情感词、饮食词汇等的隐喻认知研究已经有了定量的、多角度综合分析的成果。如：房娜《从视觉到认知：汉英视觉域词汇语义演变的认知对比研究》（2018）以汉英词典语料为基础，对视觉域词汇向心理认知域投射的类型和演变机制进行了归纳和分析。英汉对比分析时，开展定量和定性对比，发掘英汉视觉词语演变的差异；此外，该文还从跨语言的角度，对汉、英、瑞三种语言的词义拓展进行跨语言的审视，发现语义演变的一些规律。李英兰《汉韩饮食词汇隐喻对比研究》（2017）指出，饮食隐喻的工作机制主要通过联想、映射和通感等方式来建立，基于本体和喻体之间的相似性而产生，隐喻的基本结构可分为四种类型：类比型、逻辑型、凸显型和转换型；汉语和韩语饮食词汇的隐喻映射分为：从饮食域映射到非饮食域、从非饮食域映射到饮食域和饮食域内部的映射三种。并且该文分析了两国饮食词汇的隐喻义、一词多义及隐喻性转义的异同点。

可以发现，语料库的定量分析使发现语言规律的过程更加科学、严谨、有说服力，多个层面研究隐喻现象的尝试也越来

---

[1] 张炜炜、刘念:《认知语言学定量研究的几种新方法》，载《外国语（上海外国语大学学报）》2016年第1期。

越多。不过,谚语由于结构比较复杂,多数只停留在语用角度对隐喻意义的分析或是对谚语中的一个词进行考察等单一层面上的分析。谚语的认知层面的考察也有倾向定量分析和对多个变量进行综合分析的趋势。

(四)中韩谚语对比研究的不足

中韩谚语对比的研究方法在长时期内,都处在以自省为主的研究方法统治中,亟待理论与研究方法的创新。虽然运用认知语言学进行的谚语对比研究已经开始逐步细化,不仅仅是作为介绍新兴理论的附属品,而是开始用来分析具体问题,但是研究的层面依然不够立体和深入。

首先,结构主义理论的传统研究方法仍然占据主流地位,像原型理论、范畴理论、概念隐喻理论、概念整合理论、构式理论、趋近翻译理论、文化语言学等新兴理论虽然越来越多地被运用在中韩谚语对比研究中,但在描写或解释相关语言现象时,大多只是简单地找出几个谚语的例子对理论进行一番解释,只停留在对谚语的描写层面上,没有进行更加深入的分析。这种做法是为了解释理论去找例子,而不是用理论去分析例子,以解释语言现象。究其原因是缺少一套系统的分析谚语的理论框架。

其次,谚语的分析没有分出层次。说一个谚语是隐喻的还是转喻的,要分在哪个层次上看。不能因为词汇层面的一个隐喻或转喻就说这个谚语的整体意义是隐喻性的或是转喻性的。一个谚语的整体意义是隐喻的还是转喻的,要看整个谚语所表达的源域与目标域之间是相似性的还是邻近性的。要首先解决谚语整体层面的性质,再去研究谚语句子中的隐喻和转喻现象,对谚语的研究和对谚语中隐喻现象的研究是两个层次上的问题。另外,谚语内部的语义形成方式与谚语在语篇中的意义形成方式也是两个层面上的问题。并且，有很多论文研究谚语中某动物的象征意义，确切地说，这些研究的都是这个动物的词汇意义，而不是谚语的意义，谚语只是所圈定的一个语料范围。谚语中的词汇也对谚语意义有贡献，这是谚语研究的另一个层面上的问题。

最后，归纳性、描述性的定性分析仍然是中韩谚语对比的主要研究方法，像语料库法、定量分析法等重要的研究方法在中韩谚语对比研究中鲜有使用。中韩谚语对比研究领域目前仍然依附于结构主义理论的研究方法，停留在描写层面上，大都从形式与意义的异同、修辞学、语义学和文化等角度进行对比。从认知语言学的角度对谚语进行量化研究的成果凤毛麟角，尤其是运用认知语言学的理论，从多个角度对谚语隐喻进行的综合性研究还是空白。

具体到本书的研究内容而言，学界有关动物的中韩谚语研究相对较为丰富，但在对动物隐喻义的研究方法上，多数研究还停留在对"象征意义"的描写总结阶段。对于单个词汇意义引申过程的研究虽然已经广泛应用到原型理论和隐喻与转喻理论，如对人体词、颜色词、情感词等特殊类别的词汇的一词多义研究，涉羊、涉虎、涉牛等动物词汇的文化语义研究等，但对谚语中"牛"的引申义的定量、定性的研究还是空白。

目前，中韩谚语的认知语言学研究还处于由定性向定量的转型初期，有待引进最新的定量研究方法应用到研究之中。

二、本研究的创新之处

首先，在第二章中，本书拟以概念整合理论、概念隐喻与转喻理论为理论基础，从认知语言学的角度，展开对中韩谚语隐喻认知角度的多维对比研究，试图在谚语实例的分析过程中，总结出一套从谚语隐喻的形式、隐喻的形成方式和隐喻义三个层面综合分析谚语隐喻的理论框架。以补充中韩谚语从认知角度过于单一的研究方法。

在第三章中，借助概念整合理论的分析方法，把谚语隐喻的形式分为糅合、叠加、截搭和直搭四个基本类型，对于形式复杂的谚语，还可以把这四种单纯的整合类型进行组合后进行分析。

在第四章中，参考了隐转喻的分类方法与标准，根据中韩谚语的实际情况，总结出谚语隐喻形成方式的模型并画出八种相应的图示（参见图 4-1 至 4-8）。并用此分类方法对中韩谚语进行分析总结。

在第五章中，对谚语中"牛/소"的语义引申过程进行分析时，把"牛/소"的基本特征分为物理特征、生理特征两大类，并根据谚语中出现的"牛/소"的语义，找到"牛/소"语义引申的路径并呈现在表格中（参见表 5-2 和 5-3），并从语义取象点的角度分析中韩"牛/소"谚语中的异同点。

以上对谚语隐喻进行的多角度分析方法，都是在对前人研究成果的基础之上进行的总结和引申，但目前没有用这些方法对中韩谚语进行分析的先例。

其次，本书拟运用定量分析的方法，对中韩谚语的多个层面进行穷尽式的统计分析。本研究的语料来源于中韩收录动物谚语最全面的词典，并从中整理出中韩有关"牛/소"的谚语 368 条和 570 条。建立独立语料库，对中韩谚语分别进行多维统计，按照百分比进行对比分析，借助图表、图例解释语言规律，从原始数据出发总结谚语中的现象。运用语料库对中韩谚语进行定量分析的研究成果不多，本书是一种尝试。

第三节 研究方法与步骤

一、研究方法

（一）语料库研究法

本书的研究材料来源于中韩收录动物谚语数量最多、分类最为全面的两本词典：邱胜、闫卫民《生肖成语谚语俗语歇后语词典》（2006）与송제선《동물속담사전》（1997）中收录的"牛"谚语368条，与"소"谚语570条，并建成两个谚语语料库。人工标注谚语语料的每个分析层面的特征，然后对数据进行统计后，发现并分析中韩谚语在隐喻认知角度的异同之处。

在利用语料库进行分析的时候，要对每个研究条目进行分类。例如，在分析谚语隐喻的形式时，按照谚语内部语义的结合方式，把谚语分为糅合、叠加、截搭和直搭四种基本类型，并且根据谚语意义的复杂程度，又演化出更多的组合类型，每种语义类型又根据中韩谚语的特征进行细微的分类。比如，直搭类谚语首先按照意义组合方式分为单纯直搭类谚语和复合直搭类谚语，其中单纯直搭类谚语又根据语义概念之间的逻辑关系，分为因果、条件、目的、推论、转折和让步关系；复合直搭类谚语根据语义复合的类别分为直搭中包含叠加、直搭中包含直搭和直搭中包含复合三种类型。

（二）对比研究法

对比研究法是语言学研究的基本方法。通过对统计的结果进行对比分析，找出中韩谚语的共性与特性，有助于我们分析其原因。例如，中韩直搭类谚语都为占比较大的类型，但是除两国条件关系的直搭占比都很大外，中国谚语更多的使用转折关系的直搭，而韩国谚语则是让步关系的直搭比例更大。当同为表达"二者相较取其一"的意思时，中国谚语转折的思维方式更加直截了当，韩国谚语让步的思维方式则较为缓和。

（三）描写与解释研究法

为了对语义的理解更加明晰化，本书把总结的各个谚语类型画成图例。对图例和例句进行说明时，描写其特征，并分析其成因。例如，在分析谚语"菜不移栽不发，牛无夜草不肥"为典型的叠加类谚语时，用到了概念整合的四空间模型，并对模型中的语义整合过程进行了描述。如图1-1：

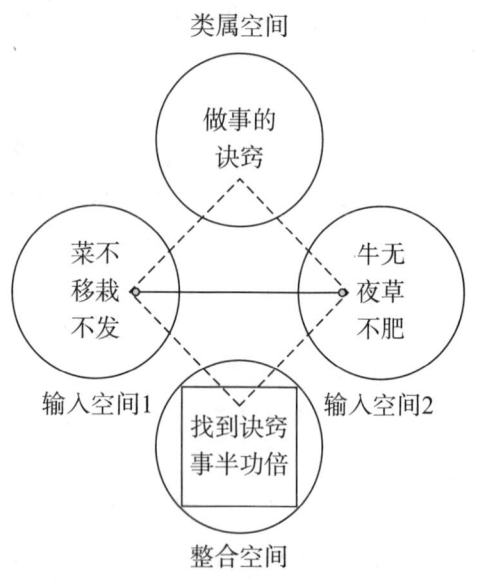

图1-1　描写与解释研究法示意图

注：具体分析路径详见本书第36页。

如图1-1所示，本书在分析谚语例句时采用了图例加描写的方法进行解释，力求让分析过程更加清晰、明了。

二、研究步骤

本书共分六章：第一章是序言，介绍研究的目的与意义、文献综述、研究的方法与步骤以及研究对象与范围。第二章介绍研究的理论背景，提出谚语分析的理论框架。第三章是中韩谚语隐喻形式的对比，借助糅合、叠加、截搭、直搭四个概念整合的基础模型，对中韩谚语进行分类分析。第四章是中韩谚语隐喻形成方式的对比，运用转喻、来自转喻的隐喻和隐喻形成模型对中韩谚语进行分析对比。第五章是中韩谚语语义的对比，从谚语喻体的语义和中韩谚语中"牛／쇼"的语义引申过程两个方面对谚语的语义进行分析。第六章是结论。

第四节　研究对象与范围

一、研究对象

要对中韩谚语进行对比研究，首先要明确中韩谚语的定义，并确定所要对比的语言范畴。在中文里，谚语、俗语、歇后语和成语的概念界限并不清晰，学界尚无一个统一的认识，甚至很多谚语、俗语、歇后语和成语的辞典也没有对其概念进行解释。[1]

中国社会科学院语言研究所词典编辑室编《现代汉语词

---

[1]（汉）许慎《说文解字》〈谚〉部："谚，传言也。从言，彦声。"（唐）颜师古注《汉书·五行志》中之上："谚，俗所传言也。"（唐）陆德明《左转·隐公十一年》释文："谚，音彦，俗言也。"（宋）朱熹《礼记·大学章句》："谚，俗言也。"现代中文对谚语的解释有：武占坤、王勤在《现代汉语词汇概要》中称："谚语是人民群众创造的一种现成话，又叫做'俗话''俗语'或'老话'。"符淮青也在《现代汉语词汇》中提到："俗语、谚语界限历来不清。"

典》(2005)给谚语下的定义为:"在群众中间流传的固定语句,用简单通俗的话反映出深刻的道理。"俗语的定义为:"通俗并广泛流行的定型的语句,简练而形象化,大多数是劳动人民创造出来的,反映人民的生活经验和愿望,也叫俗话。"从定义上对二者很难进行区分。

谚语在现代韩国语中通称"속담",汉字直译为"俗谈",是自古民间流传下来以口语为成语的言语遗产,在民间通常也称为"俗语""警惕语"。[1]

关于现代韩国语对"俗谈"的定义,李基文在《俗淡辞典》(1962)序文1中称:"俗谈的定义在很多文献中都有提及,用近期的一种说法为例可以解释为:'谚语是以隐喻形式构成的惯用语,是人民群众用智慧表达生活经验的一种方式。'"[2]韩国语中的"俗谈"相比中文的谚语,所指更加明确,可以概括为:"属于人民群众的,具有实用性,表现乡土性和时代性。是简洁的表现样式,是在生活经验中取得的,是隐喻的表现,是固定的语言格式。"[3]

虽然古今中韩学者对"谚语"的释义有相似之处也有相异之处,但可以总结出二者共同的要素是:①群众性;

---

[1] 홍동식,"중·한 속담의 정의와 명칭",돈방학 16(0),2009.
[2] 原文为속담의 정의(定義)는 여러 문헌에서 볼 수 있으나 최근의 일례를 들면 다음과 같다.속담은 일반적으르 은유(隱喻)의 형식으로 된 꼭 째인 관용구(慣用句)로서 민중의 지혜가 그생활 경험을 표현하는 것이다."속담"在其他字典中的释义有《표준국어 대사전》:예로부터 민간에 전하여 오는 쉬운 격언이나 잠언,언속.《두산백과사전》:옛날부터 말로 전해 내려온 풍자·비판·교훈 등을 간직한 짧은 구절.개관 이언(俚諺)·속언(俗諺)이라고도 한다.《국어국문학자료사전》:풍자나 교훈을 담아 비유의 방법으로 서술하는 관용어구(慣用語句).
[3] 홍동식,"중·한 속담의 정의와 명칭",동방학 16(0),2009.

②通俗性;③经验性;④实用性;⑤简洁性;⑥隐喻性;⑦固定性。

总结上文可以看出,中韩在古代对谚语的称谓以"谚"为主,大同小异。现代汉语中多称之为"谚语"和"俗语",而韩语中则称之为"俗谈"(속담)。两国所指范畴基本相似,所以下文将统一使用"谚语"指称研究的对象。

二、研究范围

谚语的主要题材是人的衣食住行、人际关系以及与人们生活有关的各种事物,这其中动物谚语的比例最大。因为动物是与人们的生活密切相关的伙伴,是人类认识自己的一种重要的始源域。在与动物的长期接触中,人们对动物的许多方面都有着非常丰富的认识。人们把动物的外貌和习性投射到人类身上,形成各种动物喻人的语言形式,谚语就是其中的一种语言表现形式。谚语是在Lakoff和Johnson在1980年提出的双域映射理论和Lakoff和Turner在1989年提出的隐喻大连环理论基础上,把动物的外部特征、动物的行为习惯、以及动物与人的密切程度等特征投射到人类领域,通过隐喻与转喻思维,加深人类对自身的理解。所有谚语中,动物谚语所占比例最大,内容最为丰富,因此也最能体现各民族的文化精髓。

在长期处于农耕社会的中韩两国,牛是农业生产过程中不可或缺的主要劳动力,也是最为普遍的家畜之一,两国人民通过对牛长期的接触和观察,创作了大量有关"牛"的谚语,并以此传情达意。因此,本书选取有关"牛"的谚语作为研究对象。

表1-1是以《俗谈大辞典》(金思烨·方锺炫)中收录的

名词语汇 4782 条为基础得到的表格。[1]从中可以看出，动物谚语占谚语总数的 15.54%，为其他类型的谚语之首。

表 1-1 《俗谈大辞典》动物谚语占比表

计分类	动物	身体	人称	食料品	数	器物	草木	自然	脏话	虫类
排序	1	2	3	4	5	6	7	8	9	10
小计	454	377	328	286	248	207	120	118	113	94
比率	15.54	12.91	11.3	9.79	7.14	7.08	4.11	4.03	3.86	3.21
名词总数	ㄱ（709）		ㄴ（364）		ㄷ（492）		ㅁ（413）		ㅂ（567）	

计分类	鸟类	地名	岁时	鬼神	经济	鱼类	衣类	身体不具者	病	器乐	总计
排序	11	12	13	14	15	16	17	18	19	20	
小计	84	83	79	70	68	54	53	47	20	18	2921
比率	2.87	2.84	2.7	2.39	2.32	1.91	1.81	1.61	0.68	0.62	
名词总数	ㅅ（449） ㅇ（574） ㅈ（508） ㅊ（154） ㅋ（83） ㅌ（59） ㅍ（103） ㅎ（307） 计 4782										

육흔《한·중·일 삼국 속담의 비교연구》（2002）中指出，在中韩两国的谚语中以哺乳动物为题材的谚语在韩国占比 10.4%，在中国为 9.9%。在谚语中出现最多的动物大部分都是十二生肖中的动物，而牛排在前列。장춘매在《한·중 동물속담 비교를 통한 한국어 문화 교육 연구》（2005）中，以송재선的《동물속담사전》（1997）与《中国俗语大辞典》（1998）中所记录的动物谚语数量做对照得出"韩·中动物谚语频率调查表"，表中列出了中韩两国谚语中位列前 50 位的动物出现的谚语数量与所占的比例。从表 1-2

---

[1] 이승훈:《문학으로 읽는 문화상징사전》, 푸른사상, 2009.

中可以发现,"牛 / 소"分别位于中韩动物谚语的第四位和第二位。

表 1-2 韩·中动物谚语频率调查表(节选)[1]

顺序	动物(中国)	频率	比例(%)	顺序	动物(韩国)	频率	比例(%)
1	马	315	14.09	1	개	987	15.19
2	虎	301	13.47	2	소	697	10.73
3	狗	264	11.81	3	호랑이	454	6.99
4	牛	172	7.696	4	말	365	5.62
5	鸡	147	6.58	5	닭	304	4.68

除了在动物谚语辞典中,牛的位置排在前列,在其他谚语辞典中的排位也没有太大差别,如在송재선《우리말 속담 큰사전》(1986)中共收录了谚语 25557 条,谚语中出现的动物有 181 种,总共 4302 条,占所有谚语的 16.8%,出现频率前十位的动物分别是개、호랑이、소、말、닭、쥐、새、용、고양이、까마귀。[2] 其中,"소"排在第三位。

参考苏妍《中韩动物谚语的比较分析》(2003)中이기문的《속담사전》(2005)与温端政的《谚海》(1999)中十二生肖动物谚语的调查数据,可以得出表 1-3"十二生肖动物谚语调查表"。

---

[1] 장춘매:《한·중 동물속담 비교를 통한 한국어 문화 교육 연구》,서울대학교 2005 년석사학위논문.
[2] 김병웅:《한국 동물 속담 연구》,한국교원대학교 1993 년석사학위논문.

表 1-3　十二生肖动物谚语调查表

十二生肖	中国动物谚语		韩国动物谚语	
	数量	顺序	数量	顺序
鼠	59	8	67	6
牛	102	5	134	2
虎	218	3	99	3
兔	41	11	14	10
龙	88	6	19	8
蛇	56	10	29	7
马	285	1	80	5
羊	58	9	5	11
猴	14	12	5	11
鸡	103	4	86	4
狗	228	2	236	1
猪	66	7	16	9

이기문의《속담사전》中共收录谚语 7200 条，动物谚语 790 条，约占 10.9%，温端政的《谚海》共收录谚语 19023 条其中动物谚语 1318 条，约占总数的 6.9%。如表 1-3 所示，"牛 / 소"的排位分别为第五位和第二位。

为了得到最全的谚语语料，笔者找到了中韩两国专门收录动物谚语的词典作为主要语料来源，个别释义参考两国权威谚语词典以作补充。

中国谚语主要来源于邱胜、闫卫民《生肖成语谚语俗语歇后语词典》（2006）中收录的动物谚语与俗语。《生肖成语谚

俗语歇后语词典》（2006）与송제선《동물속담 사전》（1997）中有关"牛"和"소"的谚语的数量分别为368条和570条，都排在十二生肖动物谚语数量的第二位。

表1-4 十二生肖调查表

排序	9	2	5	11	10	8	1	6	12	4	3	7
生肖	鼠	牛	虎	兔	龙	蛇	马	羊	猴	鸡	狗	猪
数量	146	368	287	86	135	147	506	177	54	294	296	174
排序	7	2	3	10	8	9	4	11	12	5	1	6
生肖	쥐	소	범	토끼	용	뱀	말	양	원송이	닭	개	돼지
数量	191	570	452	50	97	52	360	44	25	304	984	217

由于《生肖成语谚语俗语歇后语词典》中没有对谚语与俗语的界定进行解释，基于同韩国谚语选用相同的标准，本书选择了此词典中的"谚语""俗语"类别的词条作为对比的语料。《生肖成语谚语俗语歇后语词典》没有对词条进行解释，部分谚语的释义参考温端政《中国谚语大辞典》（2011）与温端政《中国谚语大全》（2004）中的释义。

第二章 本研究的理论背景

语言与思维的关系是哲学史上最古老的议题之一。古有古希腊时期的亚里士多德和我国古代著名思想家庄子,都曾探讨过语言的本质、语言的功能,以及语言和思维的关系。对真理的探索从未停止,直至现代,各国学者仍在语言与思维的探索之路上前行着。如果将现代学者对语言和思维的关系进行概括,可以总结为三个方面:语言反映不同民族的概念体系、价值体系和思维方式。这就是语言的世界观,即语言不同,世界观就不同。由于不同的民族所处的客观环境有所不同,这些民族的认知经验自然就存在差异,反映在语言上就出现了不同语言的特殊性。不同的语言反映着不同的世界观,反映着不同的思维模式。也可以说,语言的世界观即语言的民族性。[1]

从语言的世界观看谚语的对比研究,我们应该首先认识到,谚语的对比绝不仅仅是单纯语言的对比。因为不同的民族并不是以同样的语义原型或意义图式对经验进行概念化的;一种语言的范畴也不一定会简单地对应另一种语言的范畴。谚语对比研究中体现的是不同的概念(思维)系统,没有哪两个语言系统是相同的,因此谚语的对比研究,终其目的,是两个民

---

[1] 石洛祥:《中国英语学习者惯用语块习得研究——基于隐喻认知的视角》,西南大学2009年博士学位论文。

族不同的概念体系、价值体系和思维方式的对比，是两个民族世界观的对比。

谚语是一种普遍存在的特殊的语言现象和常用的表达方式，是人类认知活动的产物。大部分谚语以概念隐喻为认知理据，其形成机制是概念结构的映射。隐喻是人们通过思维联想将不同的事物或概念之间的特征联系起来，从而构建两个概念域之间的映射机制。[1] 隐喻不仅是一种语言的手段，更是一种认知思维的方式。隐喻和转喻作为思维扩展的重要手段，常常相互作用，没有严格的划分。我们常常自动地和无意识地运用隐喻和转喻模式进行思维活动。人类借助其他领域的经验来实现主观经验的概念化、可视化和逻辑的推理。日常经验中的相似性与相关性自然而然得引导我们进行基本的隐喻和转喻，我们的身体、大脑和心智通过日常生活的体验把主观判断与感觉运动经验连接起来，并获得意义。从体验哲学的视角看，隐喻和转喻的认知功能体现在三个方面：一是隐喻和转喻是基于体验的；二是隐喻和转喻是大部分抽象思维的基础；三是大部分推理是隐喻性的，隐喻和转喻的基本作用是将推理内容从源域映射到目标域。

因此，谚语这种特殊的语言表达方式是以人的身体经验为基础的，这也反映了概念隐喻在人们认识和理解世界时所起的作用。谚语的体验性表现在两个方面：其一，概念隐喻中源域和目标域之间的联系主观性，建立在人们对客观世界的感官经验基础之上；其二，概念隐喻中源域的概念也来源于人们对外部世界的直觉与感官认识。认知语言学认为，谚语是人们基于最直接的身体经验为基础的，最普通、最常见的习语。谚语的

---

[1] 李英兰：《汉韩饮食词汇隐喻对比研究》，华东师范大学 2017 年博士学位论文。

所指，是通过将社会生活中的特殊情况与更为普遍、具体的概念相关联并突显出来的。虽有文化背景的差异，各国谚语也有一些共性，其中最重要的一点就是，谚语语用义往往引申自其比喻义而非字面义。

Kovecses 和 Szabo（1996）通过实验得出两个结论：其一，谚语的语用义是由与其目标域所对应的源域所决定的；其二，谚语的字面意义是由本体的映射所决定的。谚语语义的构成要素，来自我们概念系统中的百科知识。谚语主要有三个认知机制：隐喻、转喻和规约知识（conventional knowledge）[1]，它们将谚语的字面意义和比喻意义联结起来。其作用如下所示：

  谚语意义（idiomatic meaning）：一个谚语的总的特殊意义。
  认知机制（cognitive mechanism）：隐喻，转喻，规约知识（即知识领域）。
  概念领域（conceptual domain）：一个或更多的知识领域。
  语言形式及其意义（linguistic forms and their meanings）：组成谚语的单词，它们的句法特征及其各自的意义。

这体现了大多数谚语概念理据起作用的过程，即谚语的组

---

[1] 规约知识是指关于某个或某些概念领域的知识，这些知识是一定文化群体所共有的。规约知识也被称之为"理想认知模式"（Lakoff, 1987）、"图式"（Langaeker, 1987）、"文化模式"（Holland & Quin, 1957, 转引自刘正光, 2002）。人类在认识世界的过程中，在规约知识的帮助下，将认识对象范畴化，并形成各种图式或框架知识，这些知识构成认识和推理的基础。

成部分是理解谚语语义的基础，人们结合概念系统中相关领域的百科知识，在隐喻、转喻等认知机制的作用下，获得谚语的比喻义。可以说，该研究结果改变了人们对谚语的认识，为谚语的研究提供了一个更优的认知框架。

第一节　概念隐喻理论与谚语认知观

一、概念隐喻理论

概念隐喻理论认为隐喻是人们进行思维、行动和表达的一种认知系统。在日常生活中，当人们碰到未知的、抽象的和无形的概念时，往往会参照已知的、具体的和有形的概念，形成不同概念之间的认知互动，隐喻的过程是通过一个已知的概念域结构去理解另一个未知的概念域结构，其实质是借助熟悉的事物或经验去理解另一种不熟悉的事物或经验。概念域是隐喻形成和理解的基本构成单位，是我们进行隐喻思维的材料。概念隐喻理论的核心是概念域之间，即源域与目标域之间的映射。映射有几个原则：一是映射只能是单向的，只能从源域映射到目标域，不能反向映射，这是映射的单向性原则；二是源域中的框架和百科知识只有部分会被映射到目标域中去，这是映射的不完全性原则；三是映射的结构不是随意的，应与目标域的内部结构相一致，这是映射的一致性原则。

两个概念域之间的映射会激活它们之间共有的概念结构，通常这个概念结构是抽象的意向图示，意向图示是隐喻的心理基础，是理解隐喻的关键。Lakoff提出的概念隐喻理论，就是利用两个概念域之间形成的系统的、稳定的对应关系来解释隐喻过程的。

（一）隐喻理论

1.隐喻的定义

对隐喻的定义历来有广义和狭义两种。亚里士多德曾将一切修辞现象称为隐喻性语言(metaphorical language)，亚氏认为隐喻与明喻一样，都是一种通过对不同事物进行对比的修饰性的语言使用现象。莱考夫等人定义的隐喻概念也是比较宽泛的，他们把转喻（metonymy）、提喻（synecdoche）和反语(irony)等都当作了隐喻，他们认为隐喻绝不仅仅是一种语言现象——从根本上讲，隐喻是一种认知现象。即，隐喻性思维是人类认识事物、建立概念系统的一条必由之路。此外，还有范围更广泛的定义把谚语、寓言等也归为隐喻一类。

狭义的隐喻需要区别于其他修辞手段，特别是转喻。隐喻和转喻的主要区别在于隐喻强调事物之间的相似关系，而转喻强调的是事物之间的相关关系。预测隐喻有两种方法：一个是通过一个清晰的隐喻信号，另一个是基于言语的变异。从逻辑上看，隐喻所涉及的两个域分属两个不同的范畴，看似是一种逻辑错误或范畴错置。因此，有人提出隐喻主要是由语言字面意义和语境之间的冲突引起的，而解决冲突的过程就是理解隐喻意义的过程。

纵观隐喻研究的发展史，可以发现隐喻研究的三个不同层次：①词汇层次，②句子层次，③思维层次。随着对隐喻研究的不断深入，对隐喻现象的考察层次也在不断地提高。隐喻最早被看作是一种修辞现象，如亚里士多德的对比论，Quintilianus的替代论等。他们认为隐喻是一种表达相同意思的语言替代手段，隐喻的范围仅限于词汇层面。在语义学中，隐喻研究上升到句子层面。隐喻被认为是一种富有创造性的语义现象，如Richards和Black的互动论等。随着跨学科研究的发展，隐喻被认为是一种人类认知现象，如 Lakoff 等人的隐喻认知观等。他们认为隐喻是人们利用一个领域的经验解释或理解另一个领域事物的思维方式，隐喻是把抽象范畴概念化的认知工具。

Lakoff（1993）描述了隐喻的工作机制和本质，即"在概念系统中的跨域映射"，所谓跨域映射，也称为"范畴让渡""概念迁移"或"图式转换"。刘志成（2014）说，隐喻的本质是人表达情感、思想和行为的方式在不同领域之间的转换，即，隐喻是转换生成和跨域映射。

2. 隐喻的类型

隐喻有两类，一类隐喻的源域和目标域之间存在的相似性是客观存在的、是天然的，另一类隐喻的源域和目标域之间的相似性是话者联想出来的、是主观臆造的。在人类认知中，后者尤为重要。从不同的角度出发，人们对隐喻有着不同的分类，基于相似性的特点，可以把隐喻分为两类：一类分为"客观相似性"和"主观相似性"；一类分为"物理相似性"和"心理相似性"。二者本质上没有大的差别。

然而，这两种分类方法过于笼统，且物理相似性和心理相似性的概念范畴也不是排他性的，而是相互交叉的，所以很难对隐喻进行明确的划分。[1] 从隐喻的体验性角度出发，隐喻的相似性可以划分得更加具体，分为感官相似性，归属相似性和情感相似性三类。感官相似性还可以细分为单一感官的相似性和连觉相似性（两个或以上感官）；归属性相似性还可以细分为以方向为主和以情景为主的归属相似性；情感相似性在心理学和认知学的角度是非常重要的相似性类型。陈雪梅（2006）

---

[1] 王文斌：《再论隐喻中的相似性》，载《四川外语学院学报》2006 年第 2 期。

也指出除了物理相似性和心理相似性，还有另一种感觉相似性，即把人不同的感官感觉相连通的相似性。如大多数通感隐喻就是以感觉相似性为基础的隐喻。卜玉坤（2011）把喻义的映射分为了三类，分别为物理相似性、心理相似性和意向相似性。其中物理性相似又细分为形状、位置、特性、范围、方式、功能、过程、状态、动作、类比和关系映射等 11 个小类；心理相似性是指施喻者通过联想在心理上产生的相似性；意向相似性则是指喻体与本体的意向图示相似，具有共同的抽象结构。下文将参考卜玉坤（2011）的分类方法，在中韩谚语语料库中进行分类对比。

（二）转喻理论

1. 转喻的定义

许多学者对转喻的定义进行了解释。Lakoff & Johnson（1980）认为，转喻是一种以体验哲学为基础的思维方式和认知方式，是以其他事物为参照，概念化某一事物的过程。Lakoff & Turner（1989）认为，转喻具有与隐喻相同的两个属性：都是概念性的和都是映射过程；二者的区别是：隐喻是基于相似性的跨域映射，而转喻是基于相关性的同域映射，转喻承担指代功能，涉及替代关系。Radden 和 Kovecses（1999）认为，转喻是一个认知过程，是认知主体在同一个 ICM（理想化认知模型）中为另一个认知主体提供心理通道的过程，即通过某一事物了解另一事物。Barcelona（2000）认为，转喻是隐喻映射的基础。

同隐喻一样，转喻不仅是一种常见的语言现象，也是发生在概念层次上的一种思维方式。转喻和隐喻都是以已知的、具体的事物去认识和理解另一种未知的、抽象的事物。转喻也可以看作是一种"参照点现象"的认知方式，在转喻认知模式中，形成转喻的关键因素包括"参照点"和"突显"。当人们使用X转喻Y时，前提是X和Y同处于相同的ICM（认知框架）内，并且，X比Y更具突显性，这样Y就可以被X激活。当我们在思维中通过一个概念去把握另一个概念的时候，会把一些突显的或容易理解的概念作为参照点，人们通过转喻的认知方式选择高度突显的参照点唤起相对不那么突显的概念或事物，以方便人们识别和记忆。

2. 转喻的类型

学者们从不同的角度对转喻的分类进行了阐述。Stephen Ullmann（1962）从意义的邻近性和语用功能的角度，将转喻分为三类：空间关系、时间关系、逻辑关系。Lakoff & Johnson（1980）从转喻中本体和喻体的关系角度，提出七种认知模式类型：部分代替整体、制造者代替产品、事物代替使用者、操纵者代替被操纵者、机构代替责任个人、地点代替机构、地点代替事件等。Panther & Thomburg（1999）从语用功能角度将转喻分为三类：指称转喻、述谓转喻、言语行为转喻。Seto（1999）则根据转喻出现的领域，将转喻分为三类：空间转喻、时间转喻、抽象转喻。相比而言，Radden & Kovecses（1999）对转喻的分类方式较为系统、全面，被广泛引用。他们将转喻分为两大类：整体与部分之间的转喻和部分与部分之间的转喻。每个大类中还包含小的分类，如整体与部分之间的转喻包括：事物与部分之间的转喻、标量转喻、构成转喻、事件转喻、范畴与成员之间的转喻、范畴与其特征之间的转喻；部分与部分之间的转喻包括：工具转喻、因果转喻、生产转喻、控制转喻、领属转喻、容纳转喻和地点转喻。在下文中选择的是Radden & Kovecses（1999）的转喻分类方法对中韩谚语的转喻机制进行分析。

二、概念隐喻理论与谚语理解

Lakoff & Turner 认为谚语是一种特殊的隐喻。大部分谚语作为一个复杂的结构性概念贮存在大脑的心理词库中，每个谚语都包含三种信息：语言的、逻辑的和百科的。语言信息包含谚语的读音、句法等特征；逻辑信息包含与谚语直接相关的概念，谚语的字面义与隐喻义不对等，因此谚语的逻辑信息不能完全表达谚语的语义；谚语的百科知识不仅包括源域与目标域共有的"类属"层次的信息，如两个域之间的抽象关系、关于事物的宏观概况等，还包括语义要素的各种细节和具体的图像等微观信息。

谚语的隐喻义与谚语的语义扩展机制——隐喻和转喻密切相关。隐喻和转喻激活了谚语字面义中的语义要素，如谚语中出现的相关物体和情景的百科知识和图式结构。在隐喻和转喻的共同作用下，谚语从其源域的语源信息扩展和抽象到目标域里去。一般的谚语从源域到目标域的抽象程度不高，源域中的百科信息和图示结构在谚语的理解和使用时还发挥着作用，为谚语的识解提供桥梁，这就是为什么谚语具有形象性。[1]

第二节　概念整合理论与谚语认知观

一、概念整合理论

概念整合理论也叫概念合成理论、整合空间理论，是在

---

[1] 张辉：《熟语及其理解的认知语义学研究》，军事谊文出版社2003年版，第104页。

Fauconnier 和 Turner 的心理空间理论基础之上发展而来的语义构建理论。概念整合理论是解释语义的突生和变异等即时语义现象的有效工具，也可以用来描述各种语用现象。心理空间中的内容是话者所感知、理解的概念或实体的部分表征，心理空间理论可以用来解释人类的认知结构，以及语言的认知过程。心理空间并不是语言本身的形式，它是人们进行思考和交流时头脑中进行思维的概念包，并以语言表达的形式输出。概念整合是人类构建新概念时进行的一系列的认知活动，需要从不同的输入空间中选择和提取部分框架和信息，并将其投射到整合空间中，形成新的概念结构。这是一个在交际过程中可以不断调整和修正的心理空间网络，可以即时、动态地构建语义。

概念整合理论的运作需要四个心理空间相互作用，包括两个输入空间、一个类属空间和一个整合空间（也叫合成空间），其中输入空间1中是源域，输入空间2中是目标域。四个心理空间通过投射链相互连接，形成概念整合网络。在概念整合网络中，输入空间1和输入空间2存在部分的映射关系，这是由于两个输入空间中的一些语义要素或图示框架存在相似性，这种相似性的语义结构投射到更为抽象的类属空间，然后包括类属空间和两个输入空间在内的内容，全部投射到整合空间中去。整合空间接收了来自其他三个空间的内容，有选择的放入层创结构（整合空间中的方框）中，并在层创结构中经过对语义的组合、完善和扩充，最终得到新的语义结构——浮现意义。下面仍以谚语"菜不移栽不发，牛无夜草不肥"为例，解释概念整合的运作方式：

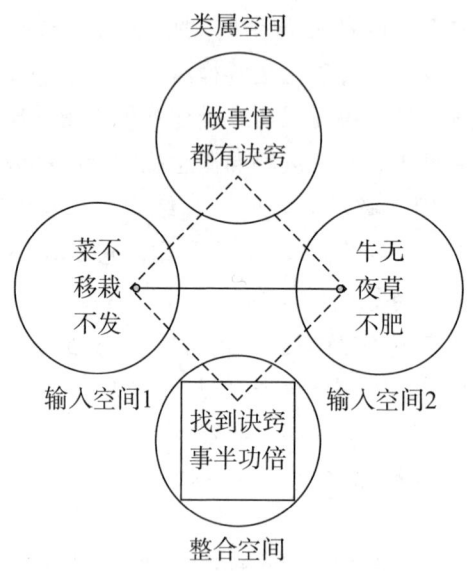

图 2-1　概念整合网络示意图

图 2-1 左右两边是两个心理输入空间,左边是心理输入空间 1 "菜不移栽不发",右边是心理输入空间 2 "牛无夜草不肥",连接两个域的虚线表示它们在上方的类属空间中有相似的抽象结构"做事情都有诀窍",两个输入域之间存在映射关系。下面的是整合空间,在其他三个空间把相关概念和结构都投射到整合空间之后,在整合空间的层创结构中对选择的要素进行语义的组合、完善和扩充,最终得到全新的意义"做事情找到窍门,就可以事半功倍"。

二、概念整合理论与谚语理解

谚语,由特定的源域到形成某个普遍公认的约定意义,是经过了很长时期口口相传的过程,并最终沿袭下来的。谚语的语义是人们逐渐在头脑中固化的概念图式。人们在交流时常常使用谚语，因为恰如其分的使用谚语，会使语言更加生动、交际更有效果，也让思维更富有创造性。由于谚语语义和语境之间存在映射关系，二者经过整合，可以形成全新的意义。

　　谚语与概念整合是密切相关的。谚语大部分都是一个图示的体现，这些图示都是凝固在说话者的头脑中，从解释和思维处理的角度讲，谚语是常规化、自动化的，和习惯形成有密切的关系。Langacker认为心理事件的出现会在人们心理留下一些痕迹，以使其重新出现更加容易，通过不断地使用，一个非常复杂的事件能合并成一个图示。从说话人的角度，谚语是作为预制单位，在构建话语时为了配合话语语境，经改动而运用。从听话人的角度，谚语在头脑中唤起的意义远远超过其字面意义。[1]概念整合理论，既可以阐释说话者在使用谚语时，对谚语隐喻义的构建过程；同时，也可以帮助我们了解在具体的语境中谚语即时语义的形成过程。

---

[1] 张辉：《熟语及其理解的认知语义学研究》，军事谊文出版社2003年版，第126页。

第三章　中韩谚语隐喻形式对比

　　用概念整合理论对谚语等语块进行分析的文章有不少，但大都只是用理论选择性地寻找语料进行解释，对大量语料进行分析的少之又少，其原因主要是没有现成的适合量化分析的分类方法。运用概念整合网络虽然也可以将谚语语料分类为四个"浮现意义"显著程度不一样的子网络：简单型网络、镜像型网络、单域型网络和双域型网络，但张辉（2003）在选取了100个谚语语料用以上分类方法进行分析后发现，由于谚语语义的隐喻性特征，所有谚语都属于单域型网络和双域型网络的类型，而且绝大部分属于双域型网络的类型，因此，用此种分类方法对谚语进行分析不够具体，不能考察出谚语内在的差别性特征。

　　沈家煊（2006）从概念整合的角度用"糅合"和"截搭"的方法对谚语形式分类进行了详细的分析，但是"糅合"和"截搭"并不能概括所有的谚语类型。[1]蒋静（2009）结合了沈家煊的研究方法，根据整合方式的不同，把谚语分为糅合型整合、叠加型整合、截搭型整合、直搭型整合四类，[2]这是目前对谚语进行整合分析比较全面的方法。

　　综合前人的研究成果，本部分对谚语形式拟从以下结构进

---

[1] 沈家煊:《"糅合"和"截搭"》，载《世界汉语教学》2006年第4期。
[2] 蒋静:《汉语俗语的概念整合现象考察》，载《云南师范大学学报（对外汉语教学与研究版）》2009年第3期。

行分析。首先，谚语分为本体与喻体同现的谚语和隐含本体的谚语。本体与喻体同现的谚语从语用的角度看，其要表达的意义明示于谚语之中，属于非隐喻性谚语，即转喻性谚语；隐含本体的谚语属于隐喻性谚语。按照其表现形式，又分为单句和复句。其次，运用概念整合理论对谚语隐喻形式分类，单句形式的谚语多为谚语的糅合和截搭；复句形式的谚语多为谚语的叠加与直搭。须注意，此种分类方法主要根据的是语义的具体结合情况，并不完全拘泥于句子的形式。

最后，由于谚语的意义结构复杂程度不一，除了单纯类型的谚语，如单纯糅合类谚语、单纯叠加类谚语、单纯截搭类谚语和单纯直搭类谚语之外，还有两种或以上的语义结合类型相混合的谚语，如叠加中包含直搭、叠加中包含叠加、直搭中包含叠加和直搭中包含直搭等。本书按照结构从大到小的顺序对谚语的语义结构进行层层分析。

"糅合型整合"类谚语的两个输入域是两个相似而不相关的概念，沈家煊（2006）把"糅合"形象地比喻为"好比是将两根绳子各抽取一股重新拧成一根"。糅合的两个输入域拥有一个共同的抽象结构，而这个抽象结构又引申出新的概念，即糅合类谚语两个输入空间共有的抽象结构被投射到类属空间里，整合空间在接收其他三个空间的信息投射之后，在层创结构中进行语义的组合、完善和扩充，最终得到新的意义。糅合型谚语的特点是两个输入域拥有一个共同的抽象结构，两个输入域分别向其中添加成分。因此，糅合类谚语只有一个主语，且多为单句形式。

"叠加型整合"的方式可以比喻为"由两根相似的绳子直接搓在一起形成一个新意义"，叠加型整合的过程是从具体意义到抽象意义的整合。其输入域中的概念大多为对具体事件的描述，但其所要所表达的是一个抽象意义。这种整合方式类似于归纳推理，从几个具体的事例中推理出一个抽象的结论。叠加与糅合类谚语的输入域之间都具有相似性，它们的区别在于叠加对概念域的形式不进行改变，只把输入域的内容叠加起来，因此看起来是对称的两个完整的形式。而糅合是对两个概念域的内容进行删减后，只选择需要的部分，分别添加到一个完整的形式中，就像是把两个完整形式的零件拆卸下来，拼接到一个形式中去。叠加类谚语的句子结构，类似于语义逻辑关系的联合类型，联合类关系包括：并列、递进、承接、选择，因此叠加类的谚语按照语义的逻辑关系细分的话，也可以再分为并列、递进、承接、选择等四个小类。

"截搭型整合"的谚语由两个相关而不相似的概念域组成，是用一个概念来指称另一个相关的概念，好比是将两根绳子各截取一段重新接成一根。截搭型整合的浮现意义是通过整合非常规的两个概念域所形成的。截搭的两个概念域具有相关性，它们的共同特点就是两个概念域不太协调，比如不是在一个语义程度上，甚至可能是相反的两个概念域。通过这两种具有反差概念的语义结合，而达到想要表达的"浮现意义"。

"直搭型整合"也是由两个相关的概念域组成，它好比由两根在语义上相关的绳子，不经过修饰，直接搭在一起，形成一个新的概念。两个输入空间的内容一前一后相连接，呈线性排列，在整合空间中通过对语义的再加工过程，形成新的概念。[1]

---

[1] 用来描述谚语表现内部语义关系的形式的四个类型中，叠加和直搭都是由两个语义结构组成的，即有两个或以上的输入域。叠加的两个语义结构之间的关系是相似而不相关的，而直搭的两个语义结构是相关而不相似的，它们反应在句子结构上都以复句的形式出现。而糅合与截搭类谚语在句型上看虽然是单句，但是糅合类谚语的字面义中也有两个语义结构，它们（转下页）

糅合、叠加、截搭和直搭的主要区别和特征可整理成表3-1。

表 3-1 谚语整合类型特征表

整合类型	糅合	叠加	截搭	直搭
句型	单句	复句	单句	复句
两个输入空间	相似而不相关	相似而不相关	相关而不相似	相关而不相似
整合空间	两个输入域分别添加成分	形成新的抽象结构	两个输入域概念错位或概念对应	两个输入域不经修饰,直接搭在一起

根据句子中的语义逻辑关系,还可以对叠加和直搭类型的谚语进行语义逻辑关系的分类。句子中的语义逻辑关系主要可分为联合和偏正两类,联合类关系包括:并列、递进、承接、选择;偏正类关系又可分为因果式偏正关系和转折式偏正关系。因果式偏正关系中各成分之间具有因果联系,包括:因果、条件(包括假设)、推论、目的;转折式偏正关系中各成分之间具有逆转关系,包括:转折、让步。复句可以对应为叠加和直搭类型的谚语。叠加型的谚语则可以分为并列、递进、承接、选择四种类型。[1]直搭类谚语的语义类型分为:因果、

(接上页)之间是相似而不相关的关系。糅合类谚语与叠加类谚语的区别在于,糅合类谚语把这两个语义结构进行了重组,揉到一个结构之中;而叠加类谚语则是把两个语义结构平铺开来,所以通过句型就可以把二者区分出来。截搭类谚语也有一部分是省略掉了结构、语义完全相同的两句话中一样的部分之后,截搭在一起。截搭类谚语与糅合类谚语区分起来有点难度,有些结构由于分析角度的不同,既可以看作是糅合,也可以看作是截搭。但因为糅合的两个语义结构虽然相似但不完全一样,所以糅合是两个相似的结构各拿出一部分揉在一起,这是区分糅合与截搭最重要的一点。

[1] 并列关系的分句之间的关系是平等的,并列的;递进关系表示后一个分句的意思比前一分句进了一步;承接关系是以时间为坐标轴,来讲述两个分句的前后顺序;选择关系表示两种或两种以上情况不同时存在。

条件、推论、目的、转折、让步六种类型。[1]

谚语的形式，主要考察的是谚语内部语义之间的结合方式。下文分别对中韩"牛/소"谚语进行量化分析。

第一节　中国谚语隐喻形式

谚语是人们在认识世界、改造世界的过程中进行的经验总结，以类比的形式传达语义，是一种意义固化的隐喻。因此，大多数谚语是隐喻性的，谚语的运用往往是建立在其比喻义而非字面义的基础上，从相似性为基础的谚语往往涉及两个语义域。即一个完整的隐喻是由源域（喻体）和目标域（本体）两部分构成的，源域和目标域是具有相似性的独立符号系统。隐喻形成的过程是源域概念向目标域概念的映射过程。

源域和目标域通过相似性建立起联系。从谚语的语义表现形式上看，可以分为两种类型：一种是隐含本体的谚语；另一种是本体和喻体同现的谚语。

隐含本体的谚语是指谚语中只出现喻体，而不出现本体，

---

[1] 因果关系是一个事件（即"因"）和第二个事件（即"果"）之间的作用关系，其中后一事件被认为是前一事件的结果；条件复句中分句之间的关系是条件和结果的关系，偏句提出一种真实或假设的条件，正句说明在这种条件下所产生的结果；推论指的是从一个或者一些已知的命题得出新命题的思维过程或思维形式，其中已知的命题是前提，得出的命题为结论；目的关系指复句中的一个分句表示行为，另一个分句表示因这种行为而产生的目的；转折复句一般是前面分句提出某种事实或情况，后面分句转而述说与前面分句相反或相对的意思，即后面分句才是说话人所要表达的真正意思；让步关系的前一分句先提出一种假设的事实，并且退一步承认这种假设的真实性，后一分句转而述说相反或相对的意思。

是一种整句式的隐喻。中韩谚语的绝大部分是这种形式。

> 例：按着牛头吃不得草。
> 背着牛头不认账。
> 扶起牛粪，垒不起宝塔。
> 黑汉犟牛铁青马，青沙骡子不用打。

如谚语"按着牛头吃不得草"的字面意义是"强按着牛头逼着牛吃草，但是牛却不吃"，但是在使用时，这句谚语的语用意义则是比喻"强迫命令反而办不成事"。"背着牛头不认账"比喻"人在事实面前依然耍赖不认账的行为和态度"。"扶起牛粪，垒不起宝塔"字面意义引申为"一派瞎胡拼"，比喻"方法不对，徒劳无功"。"黑汉犟牛铁青马，青沙骡子不用打"比喻"脾气极为倔强的人"。在以上的谚语中，所要表达的真实意图没有出现在字面上，因此，这种类型的谚语是隐含本体的谚语。

还有一种类型的谚语是本体和喻体同现的谚语。如果谚语有两个分句，其中一个就是本体，另一个是喻体。本体和喻体的位置不是固定的，可以本体在后、喻体在前，也可以本体在前、喻体在后。

> 例：话越精越好，牛越壮越好。（本体在前、喻体在后）
> 品质是忠诚的好，牛羊是肥壮的好。（本体在前、喻体在后）
> 牛蝇使健牛疲惫，忧患使贤人憔悴。（本体在后、喻体在前）
> 瘦牛的角大，蠢人的事多。（本体在后、喻体在前）

如谚语"话越精越好，牛越壮越好"与"品质是忠诚的好，牛羊是肥壮的好"中，前句是本体——目的域，后句是喻体——源域。两句谚语分别强调的意思是"话越精越好"和"品质是忠诚的好"，后句都是拿来做类比的例子。相反，谚语"牛蝇使健牛疲惫，忧患使贤人憔悴"和"瘦牛的角大，蠢人的事多"所要表达的真实意图都在最后，所以是本体在后、喻体在前的谚语。

一、隐含本体的谚语隐喻形式

隐含本体的谚语共有304条，占所有中国谚语的82.6%。其中谚语的糅合为6条，谚语的叠加为100条，谚语的截搭49条，谚语的直搭149条，分别占隐含本体的谚语的2.0%、32.9%、16.1%和49.0%。

下面分别对以上四种情况进行分析。

（一）糅合类谚语

中国隐含本体的谚语中，糅合类谚语共有6条。

例：春牛如战马。
扶起牛粪，垒不起宝塔。
牛犊总能找到自己的娘。
牛是种田人的哑巴儿子。
三岁牯牛十八岁汉。
一条黄牛半个娃。

谚语"春牛如战马"与其他谚语有所不同，其最主要的区别就在于"春牛如战马"中有一个语法标志"如"。在后面对韩国谚语的分析中会发现，糅合类谚语中一个非常大的种类，就是用语法标志来表示谚语中两个意义平行的输入空间。但在中国谚语中，这类谚语的数量很少，只有"春牛如战马"一例。这句谚语糅合的过程如图3-1所示：

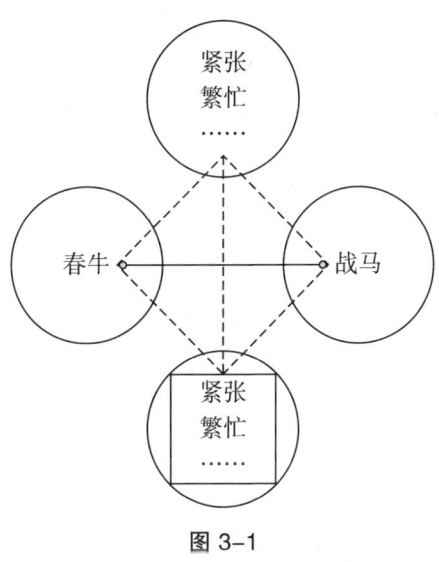

图3-1

"春牛"和"战马"相当于整合空间的两个输入域，在类属空间中提取了"春牛"和"战马"的共同特征"紧张、繁忙"等，而这些共同特征就是映射到整合空间中的内容。所以这句谚语的意义就是形容春天的耕牛工作非常的紧张、繁忙。

谚语"扶起牛粪，垒不起宝塔"也属于糅合类谚语。在同句歇后语"扶起牛粪，垒不起宝塔——一派瞎胡拼"中，揭示了这句谚语的比喻意义。它糅合的过程如图3-2所示。"扶牛粪"是一个输入域，相当于一根绳子，"垒宝塔"是另一个输入域，相当于另一根绳子。对于人的认知来说，"扶牛粪"与"垒宝塔"都是在堆建一个物体，二者共有同一个抽象结构，即两者在类属空间里拥有相同的图示，是一个由下而上垒砌物体的图示。两个输入空间的共有结构及其共有的抽象信息被投射到第三个空间,即类属空间里。在这两个输入空间的基础上通过跨空间的部分映现、匹配,有选择地从两个输入空间中提取部分结构,即在两个输入域分别添加了"扶起牛粪"和"垒不起宝塔"的语义成分。在整合空间中,形成新的意义"一派瞎胡拼",比喻"方法不对,徒劳无功"。

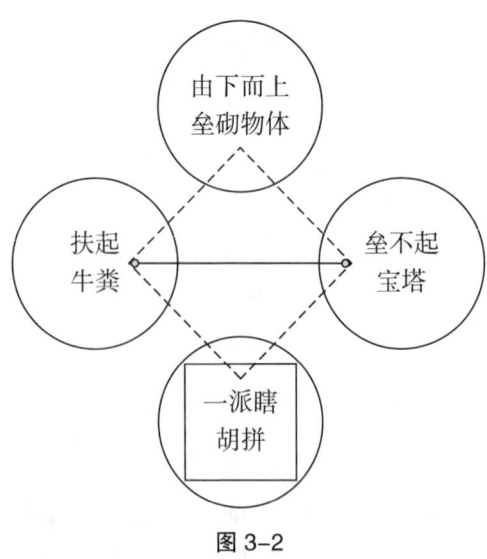

图 3-2

（二）叠加类谚语

在隐含本体的中国谚语中,叠加类谚语有 100 条,是一个非常普遍的类型,其中绝大部分叠加类谚语的前后分句之间的逻辑关系是并列关系。

1. 单纯叠加类谚语

中国谚语中,隐含本体的单纯叠加类谚语共有 84 条,其中大部分为两个输入域的谚语,有 75 条,占隐含本体的单纯叠加类谚语的 89.3%;三个输入域的谚语,共 8 条,占隐含本体的单纯叠加类谚语的 9.5%；还有 1 条四个输入域的谚语，占 1.2%。单纯叠加类谚语前后两句之间的逻辑关系都为并列关系。

（1）两个输入域的叠加。单纯叠加类谚语中两个输入域的谚语共有 75 条，占单纯叠加类谚语的 89.3%。

例：菜不移栽不发，牛无夜草不肥。
炒菜要油，耕田要牛。
买牛不离山，买骡马走遍天。
牛背上练不出骁勇的骑士，水塘里练不出真正的水手。

谚语"菜不移栽不发，牛无夜草不肥"是典型的叠加类谚语，它有两个输入域。如图 3-3 所示：

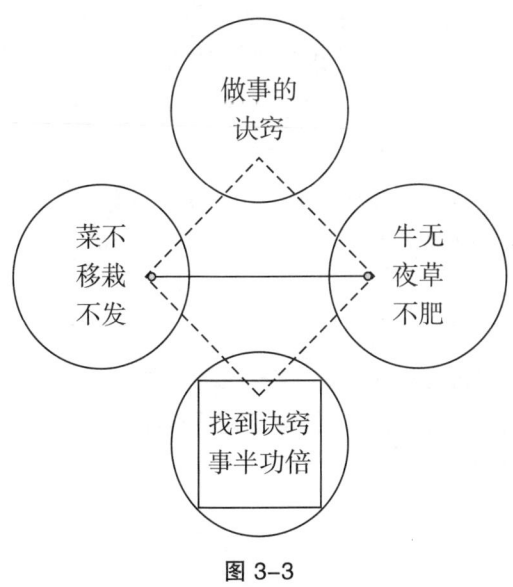

图 3-3

左右两边是两个心理输入空间，左边是心理输入空间1"菜不移栽不发"，右边是心理输入空间2"牛无夜草不肥"，连接两个域的虚线箭头表示它们通过类属空间有间接映射的关系；上面的心理空间代表类属空间，是输入心理空间1和输入心理空间2具有的相似的概念结构，在本例中类属空间是"做事情都有诀窍"；下面是一个复合的整合空间，它表示人们理解了两个输入空间的对应概念后，把表示同一抽象意义的两个形式放在一起，通过具体概念的叠加展现抽象意义。在谚语"菜不移栽不发，牛无夜草不肥"的整合空间中，就可以得出"做事情找到窍门，就可以事半功倍"这个抽象的隐喻意义。

叠加类谚语因为前后两句语义上为并列关系，所以有时候可以互换语序。比如本句谚语"菜不移栽不发，牛无夜草不肥"也可以变为"牛无夜草不肥，菜不移栽不发"。一般语序改变之后，不会影响到谚语的理解和押韵。但是前后句结构不完全一样的谚语就不容易改变语序，比如谚语"买牛不离山，买骡马走遍天"的前后句就不能互换位置。

（2）三个输入域的叠加。三个输入域的叠加类谚语有8条，占单纯叠加类谚语的9.5%。

> 例：放牛得耍，放马得骑，放羊脚杆脱层皮。
> 牛吃长，马吃短，骡子吃的细又软。
> 牛粪冷，马粪热，羊粪能得两年力。
> 牛耕地，马碾场，毛驴套在磨盘上。

在谚语"放牛得耍，放马得骑，放羊脚杆脱层皮"中，有3个输入域，分别是输入域1"放牛得耍"，输入域2"放马得骑"和输入域 3"放羊脚杆脱层皮"。如图 3-4 所示：

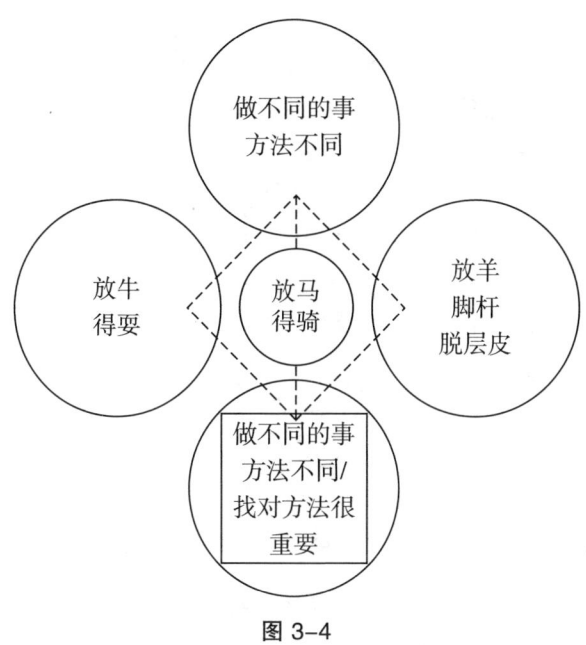

图 3-4

它们在类属空间中有一个相似的图示，即抽象结构"做不同的事，方法不同"，整合空间中接受了其他空间投射的语义要素，进行意义整合之后，得到了谚语的隐喻意义"做不同的事，方法不同，因此要找对做事情的方法"。由于谚语在具体的使用环境中，其语义可以进行不同程度的引申，因此谚语的使用意义可以有很多，但是都是在其最基本的整合意义之上进行引申的。如本句谚语可以只是强调"不同的事情有不同的方法"，也可以对这个意义进行二次引申，强调"找对方法很重要"，根据使用时的语境和说话者的意图，谚语的语义可以进行不同程度的引申。

（3）四个输入域的叠加。四个输入域的叠加类谚语只有 1 条，占单纯叠加类谚语的 1.2%。

例：黑汉犟牛铁青马，青沙骡子不用打。

谚语"黑汉犟牛铁青马，青沙骡子不用打"中一共有四个输入域，其意义的叠加过程如图3-5所示：

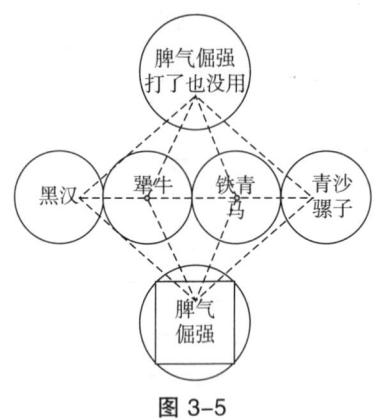

图 3-5

在这句谚语中，共有四个输入域，分别为输入域1"黑汉不用打"、输入域2"犟牛不用打"、输入域3"铁青马不用打"和输入域4"青沙骡子不用打"。四个输入域在类属空间中拥有一个共同的抽象结构"脾气倔强，光靠打是没有用的，打了也白打"。四个输入域和类属空间内的语义要素投射到整合空间中，最终在整合空间的浮现结构中得到谚语的隐喻义"脾气倔强"。

2. 复合叠加类谚语

中国谚语中，复合叠加类谚语全部为叠加中包含直搭类谚语，共有16条，占隐含本体叠加类谚语的16.0%。在叠加中包含直搭类谚语中，谚语的前后句逻辑关系都为并列关系。相比之下，直搭的分句的逻辑关系种类就丰富得多，有因果、条件、转折和让步关系四种。其中，分句的逻辑关系为因果关系的谚语有 2 条，条件关系的谚语有 11 条，转折关系的谚语有 1 条，让步关系的谚语有 2 条，分别占隐含本体叠加中包含直搭类谚语的 12.5%、68.8%、6.2% 和 12.5%。

例：人吃五谷有劲，牛吃百草健壮。（因果）
冬天喂牛喂在腿上，春天喂牛喂在嘴上。（条件）
贪得一头牛，失却半年粮；争得一头牛，反失一群羊。（转折）
牛大压不死虱子，山大压不住泉水。（让步）

以"冬天喂牛喂在腿上，春天喂牛喂在嘴上"为例，首先看谚语的形式结构，如图 3-6 所示：

图 3-6

谚语的前句"冬天喂牛喂在腿上"与后句"春天喂牛喂在嘴上"都是有关喂牛的，因此前后句之间是叠加的关系；前句中的"冬天喂牛"与"喂在腿上"与后句中的"春天喂牛"与"喂在嘴上"的逻辑关系都是条件关系的直搭。因此整个谚语可以看作为叠加中包含直搭的类型。

再看谚语语义的叠加过程，如图 3-7 所示：

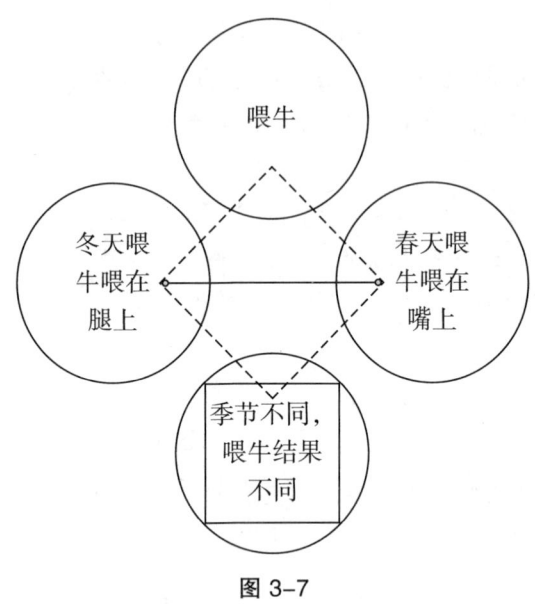

图 3-7

虽然谚语的前后两句都讲的是喂牛,但是季节不同,牛的长势也不一样。输入域 1 中,冬天喂牛,牛长膘,具体就表现为腿变粗,所以前句才会说"冬天喂牛喂在腿上";输入域 2 中,春天是春耕的季节,牛要耕地,因此喂牛吃得再多,也只是嘴里吃进去,肚里存不下,全部都消化掉了,所以后句才会说"春天喂牛喂在嘴上"。因此在整合空间中得到的意义是"因为喂牛的前提——季节不同,得到的结果也不一样"。

(三)截搭类谚语

中国隐含本体的谚语中共有 49 条截搭类谚语,占隐含本体的谚语的 16.1%,包括单纯截搭类谚语与截搭中包含叠加类谚语两大类。其中,单纯截搭类谚语 47 条,占隐含本体的截搭类谚语的 95.9%;截搭中包含叠加类谚语 2 条,占隐含本体的截搭类谚语的 4.1%。

1. 单纯截搭类谚语

单纯截搭类谚语共有 47 条,占隐含本体的截搭类谚语的 95.9%。

例:按着牛头吃不得草。
鞭子打的是快牛。
好牛死在屠夫手。
犟牛也怕鞭子响。

以谚语"按着牛头吃不得草"为例,其意义的截搭过程如图 3-8 所示:

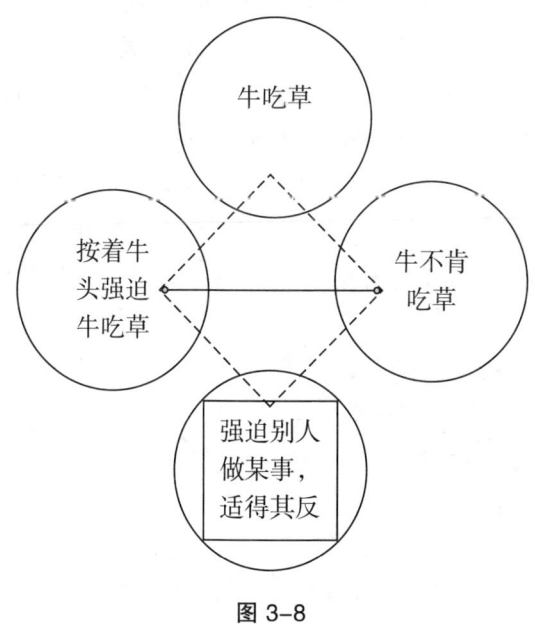

图 3-8

"按着牛头吃不得草"的构成方式,从整合的角度来看,是由两个概念域构成，一个是"人按着牛头强迫牛吃草"，一个是"牛不肯吃草"，这两个概念是相互关联的，都涉及"牛吃草"，但两者并不相似，是各有其意义的两根绳子，通过截搭的方式把这两个概念整合起来，形成了"按着牛头吃不得草"。"按着牛头吃不得草"的具体截搭整合过程是：先截取一根绳子中的"人按着牛头"这一段，然后截取了另一根绳子中"牛吃不得草"这一段，整合成"按着牛头吃不得草"。"按着牛头吃不得草"中用"吃不得草"来比喻"不肯就范"，就是用一个概念来指称另一个"相关"的概念，我们由一事物联想到在空间或时间上与之相近的事物，这与转喻是密切相关的。我们不可能随意地将两个概念联系在一起，那为什么我们能用一个概念去指称另一个概念呢？最主要的原因就是被联系到一起的这些概念都是理想认知模式中的构造元素，因此往往只提到其中的一个概念，听话人就会自动搜索并启动另一个概念。在谚语中，这种启动往往被固化。为什么整合"按着牛头"和"吃不得草"会表示"强迫别人做某事，反而适得其反"，并且还表现得形象生动？这正是整合所产生的效果，也是整合的力量所在，同时也是整合与纯隐喻的本质区别。

谚语"鞭子打的是快牛"也是截搭类的谚语，由两个概念域"用鞭子打牛，让牛快点走"和"牛走的很快"两个是相互关联的概念构成。如图 3-9 所示。"鞭子打的是快牛"的具体截搭整合过程是：先截取一根绳子中的"用鞭子打牛"这一段，然后截取了另一根绳子中"走的快的牛"这一段，这两根各有其意义的绳子，通过截搭的方式把这两个概念整合起来，形成了谚语"鞭子打的是快牛"。这句谚语的比喻意义，是在浮现结构中产生的新意义，指"冲在最前面的也是最容易受伤的。越是走得快的牛,越是用鞭子打它,让它走得更快"。比喻赏罚不明,奖懒罚勤。

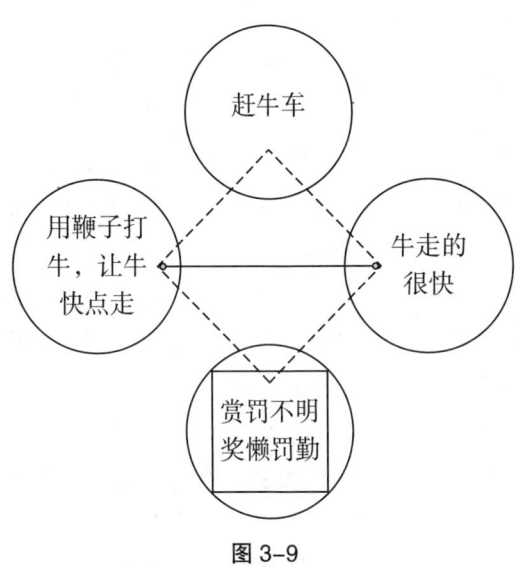

图 3-9

由以上两个谚语的分析中可以发现,截搭类谚语的内个概念域具有相关性,但是它们有个共同的特点就是两个概念域不是那么协调,可能不是在一个语义程度上,还有可能是相反的两个域。构成的两个概念域在我们的认知结构中虽然在一个层面上,但是意义是对立的,或者是错位的。

2. 复合截搭类谚语

截搭中包含叠加类谚语一共有 2 条,占隐含本体的截搭类谚语的 4.1%,都是主语为并列结构的谚语。其中一条为两个输入域的叠加,另一条为三个输入域的叠加类型。

(1)两个输入域的叠加。谚语"老牛老马护三家"是两个输入域的叠加。如图 3-10 所示:

55

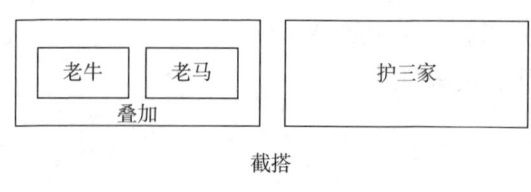

截搭

图 3-10

　　图中"老牛老马"与"护三家"之间是相关而不相似的关系，是截搭；而"老牛"和"老马"是并列主语，是叠加。这句谚语也可以看作是"老牛护三家"与"老马护三家"两句话中省略掉了一样的部分之后，截搭在一起。但这句谚语不是糅合，因为糅合的两个语义结构虽然相似但不完全一样，是两个相似的结构各拿出一部分揉在一起。

　　（2）三个输入域的叠加。谚语"三岁黄牛四岁马，岁半水牛田中爬"是介绍黄牛、马和水牛作为壮劳力使用的年龄。谚语的意义为"黄牛三岁、马四岁正是干农活或是赶车最好使的年龄，而水牛更是半岁就可以在水田中耕地了"。作为主语的3个对象之间，可以看作是并列关系，如果再细致地看，"黄牛"与"马"之间是并列关系，它们与"水牛"之间也可以看作是递进关系。如果把谚语看作是单纯介绍黄牛、马和水牛作为壮劳力使用的年龄的话，谚语的形式如图 3-11：

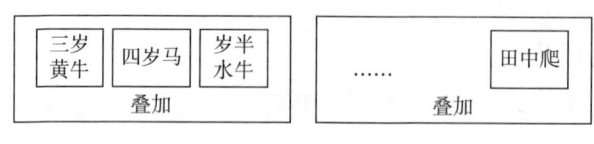

截搭

图 3-11

　　如图 3-11 所示，"三岁黄牛""四岁马"和"岁半水牛"可以看作为相互并列的关系。主语"三岁黄牛"和"四岁马"

之后的谓语省略掉了，它们与"岁半水牛田中爬"互相为并列的结构。

下面再看另一种分析方法，如图3-12所示：

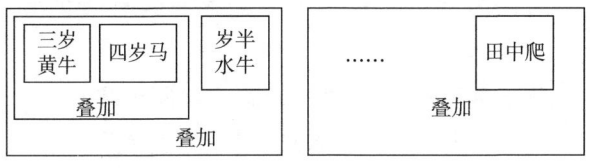

截搭

图 3-12

如果把谚语的意义理解为后半句是重点句，意在突出"水牛干活早，跟黄牛与马相比水牛只要半岁就可以干活"的意思，那么句子的结构就发生了变化。这时，"黄牛"与"马"之间是并列关系，它们与"水牛"之间就成为递进关系。

（四）直搭类谚语

隐含本体的谚语中直搭类谚语一共有149条，是最多的一个类型，占所有隐含本体谚语的49.0%。直搭类谚语包括单纯直搭类谚语130条，以及复合直搭类的谚语19条，分别占隐含本体的直搭类谚语的87.2%和12.8%。按照语义逻辑结构类型，单纯直搭类谚语还可以细分成因果、条件、目的、推论、转折和让步六种类型。复合直搭类谚语则包括直搭中包含叠加类型的谚语、直搭中包含直搭类型的谚语，以及直搭中包含复合类型的谚语。下面分别对以上直搭类的谚语进行分析。

1. 单纯直搭类谚语

（1）因果关系。在隐含本体的谚语中，逻辑关系为因果关系的单纯直搭类谚语一共有21条，占隐含本体的单纯直搭类谚语的16.2%。其中大部分为前因后果的顺序，一共有17条，占因果关系类谚语的81.0%；还有一部分为前果后因的顺序，共有4条，占19.0%。

  例：拔一根毛惊走一头牛。（前因后果）
  别因为落了一根牛毛，就把一锅奶油扔掉。（前因后果）
  骡牛不同圈，同圈惹祸端。（前果后因）
  牛是宝中宝，出力只吃草。（前果后因）

  谚语"拔一根毛惊走一头牛"就是逻辑关系为因果关系的直搭类谚语。"拔一根毛惊走一头牛"是由两个相关的概念域组成，它由两根在语义上相关的绳子，"在牛身上拔下一根毛"和"把牛惊走了"两个概念域未经过修饰，直接搭在一起，形成一个新的概念"因小失大"。句式结构上，"在牛身上拔下一根毛"和"把牛惊走了"是两个相关的事件，它们成线型地排列在一起，犹如两根绳子直接接起来，形成新意义；逻辑关系上，"在牛身上拔下一根毛"与"把牛惊走了"这两个事件成因果关系。我们直接能推出的是"做了一件小事，结果造成了大的后果"，但最后却有了新的意义，即比喻"因小失大，得不偿失"。所以看似两根绳子简单连在一起，但形成的新绳子意义却又不是它们的简单相连，两个相关的事件直接搭成的谚语，所形成的浮现意义却超出了所组成部分的字面组合意义。
  （2）条件关系。在隐含本体的谚语中，逻辑关系为条件关系的直搭类谚语一共有43条，占隐含本体的单纯直搭类谚语的33.1%，其中假设条件有9条。

  例：敞开的牛群，有被老虎吃掉的危险。（条件）
  拉犁的牛偏一偏，没翻的土一大片。（条件）

冬天不喂牛,春耕急白头。(假设条件)
今年不蓄草,明年牛卧倒。(假设条件)

如谚语"冬天不喂牛,春耕急白头"的前后两个分句之间就是条件关系,而且是假设条件,即"如果"冬天没有好好饲养耕牛、养精蓄锐的话,那么等到了春耕时节,牛就没有力气耕田,耽误了春耕会影响一整年的收成,牛的主人自然会非常着急。

(3)目的关系。在隐含本体的谚语中,逻辑关系为目的关系的直搭类谚语一共有2条,占隐含本体的单纯直搭类谚语的1.5%,且都是以关联词"想……"为语法标志。

例:想靠犁头发家,亲自牵牛赶马。
要想多打粮,多养牛马羊。

如谚语"想靠犁头发家,亲自牵牛赶马"中,前句是目的,后句是动作。想达到靠犁头发家的目的,就要亲自牵牛赶马踏实做事。

(4)推论关系。在中国谚语中,逻辑关系为推论关系的直搭类谚语一共有7条,占隐含本体的单纯直搭类谚语的5.4%。

例:寸铁入木,有九牛虎之力。
家中养得千头牛,抵做万户侯。
牛渴自然会下河。
小时偷油,长大偷牛。

如谚语"小时偷油,长大偷牛"的前句"小时偷油"就是推论的依据,后句的行为"长大偷牛"是推论得出的结果。

（5）转折关系。在中国谚语中，转折关系的谚语共有44条，占隐含本体的单纯直搭类谚语的33.8%。如谚语"出的牛马力，吃的猪狗食"中，就是以出力多与吃得不好进行对比，在逻辑关系上属于转折关系。

（6）让步关系。在中国谚语中，让步关系的谚语共有13条，占隐含本体的单纯直搭类谚语的10.0%，且多数以关联词"不如……""宁可……"等关联词为语法标志。

> 例：干牛粪上地，不如母羊放个屁。
> 光有土地没有牛，不如一只光腚猴。
> 宁可挣死牛，不叫车退坡。
> 与其拜佛求福，不如驯服牛犊。

如谚语"干牛粪上地，不如母羊放个屁"和"宁可挣死牛，不叫车退坡"的前后分句之间的逻辑关系都是让步关系。

2. 复合直搭类谚语

复合直搭类谚语共有19条，包括直搭中包含叠加的谚语8条，占复合直搭类谚语的42.1%；直搭中包含直搭类谚语7条，占36.8%；以及直搭中包含复合类谚语4条，占21.1%。

（1）直搭中包含叠加。直搭中包含叠加类的谚语一共有8条，其中有5条是前句为叠加形式，2条是后句为叠加形式，还有1条是前后都为叠加形式。

> 例：耕牛又歇又饱，耕田四十不老。（前叠加）
> 耕牛战马磨道驴，谁家有了谁家喜。（前叠加）
> 千锹万锹，不如老牛一伸腰。（前叠加）
> 懒牛上套，不屙就尿。（后叠加）

牛房牛房，冬暖夏凉。（前后叠加）

大部分谚语中的叠加是两个输入域的内容叠加，共有 7 条；只有 1 条谚语"耕牛战马磨道驴，谁家有了谁家喜"是三个输入域的内容相叠加。谚语的前后句之间的逻辑关系为条件关系的有 4 条，目的关系的 1 条，推论关系的 1 条，转折关系的 2 条。

如图 3-13 以谚语"千锹万锹，不如老牛一伸腰"为例：

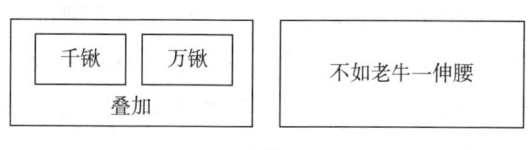

图 3-13

前句"千锹万锹"与后句"不如老牛一伸腰"是转折关系的直搭。其中前句的"千锹"与"万锹"，二者的意义相似，因此谚语的前句是叠加，整个谚语为直搭中包含叠加。

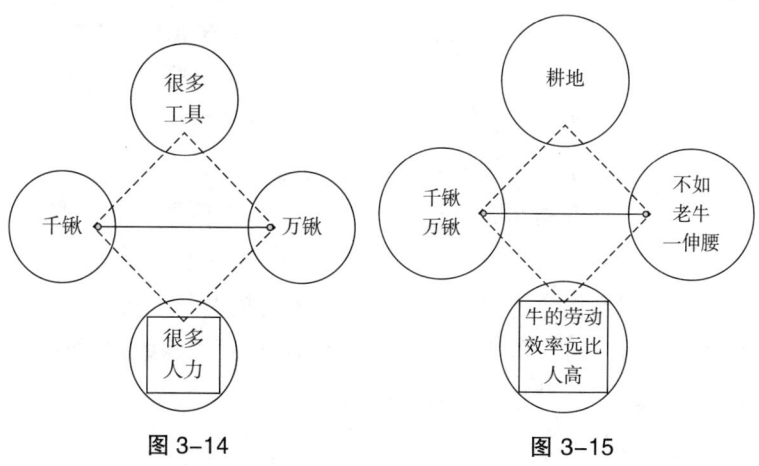

图 3-14   图 3-15

如图3-14，如果把"千锹"与"万锹"看作是一个语言结构的两个输入域的话，那么二者在类属空间拥有相似的抽象意义，再由"很多农业工具"引申为"用很多人力"，并把这个意义要素投射到谚语的整合空间中。进而，如果把谚语中的"千锹万锹"与"不如老牛一伸腰"分别看作是一个概念整合的输入域1和输入域2（如图3-15），两个输入空间的内容相关却不相似，意义呈线性排列，是谚语的直搭类型。而后句"不如老牛一伸腰"中的"一伸腰"则通过转喻，引申出牛的力气大，稍微一使劲就比人劳动效率高，并且把这个意义要素也投射到整合空间中去。最后在整合空间中，把投射来的各个意义要素经过再加工，生成新的浮现意义，也就是"牛的劳动效率远比人要高"。

（2）直搭中包含直搭。直搭中包含直搭类谚语一共有7条。按直搭的逻辑关系分，一共有四种类型：因果中包含转折、转折中包含因果、条件中包含让步和因果中包含因果和让步。

例：不怕慢，只怕站，老牛慢走能爬山。（因果［转折］）
牛放十里倒，羊放十里饱。（转折［因果］）
人无信，牛皮写字也不灵。（条件［让步］）
贪贱买老牛，打死不回头。（因果［因果、让步］）

谚语"不怕慢，只怕站，老牛慢走能爬山""牛放十里倒，羊放十里饱"与"贪贱买老牛，打死不回头"等谚语的前后句都是复句，并且是直搭。以谚语"不怕慢，只怕站，老牛慢走能爬山"的形式为例，如图3-16所示：

第三章　中韩谚语隐喻形式对比

图 3-16

谚语中"不怕慢，只怕站"与"老牛慢走能爬山"两句的关系为直搭，其语义可以看作是因果关系；也可以是由后句的描写推理出前句的推论关系，并且后句是依据，前句为行为，属逆推理。分句"不怕慢"与"只怕站"也是直搭，它们之间的逻辑关系是转折关系，后句"老牛慢走能爬山"中，"老牛慢走"与"能爬山"也是转折关系。

而谚语"人无信，牛皮写字也不灵"是后句为直搭的谚语。"人无信，牛皮写字也不灵"的"牛皮写字"与"也不灵"之间是让步关系；"人无信"与"牛皮写字也不灵"之间是条件关系。如图 3-17 所示：

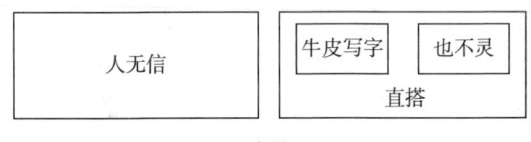

图 3-17

（3）直搭中包含复合。直搭中包含复合类谚语一共有 4 条。

例：饭饱酒足，闲逛闲耍，终日昏昏，不如牛马。
　　牛吃饱，田吃饱，种田老汉饿不了。
　　牛是农家宝，有勤无牛白起早。
　　人心比天高，得牛讲马好。

其中,"饭饱酒足,闲逛闲耍,终日昏昏,不如牛马"的结构较为复杂,分析如下。这句谚语有四个分句,要分清楚这四个分句之间的关系。参见图 3-18:

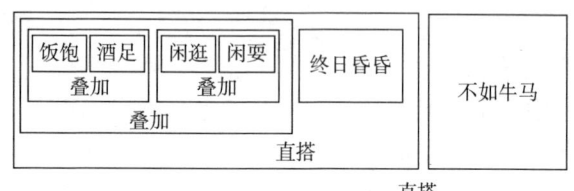

图 3-18

"饭饱酒足,闲逛闲耍"可以看作是"终日昏昏"的修饰语,整句话在大的结构上,应该看作是"终日昏昏"与"不如牛马"之间的结合。"终日昏昏"与"不如牛马"在意义上相关但不相似,两个输入域的内容不经过修饰,直接搭在一起,是直搭。"饭饱酒足"与"闲逛闲耍"是并列结构,共同修饰"终日昏昏",是叠加。"饭饱酒足,闲逛闲耍"与"终日昏昏"直接搭在一起,属于直搭。所以按照语义结构,这个谚语分为四个层次,最外面的一层结构是"饭饱酒足,闲逛闲耍,终日昏昏"与"不如牛马",它们的关系是直搭;这其中"饭饱酒足,闲逛闲耍"与"终日昏昏"之间是修饰关系,属于直搭;"饭饱酒足"与"闲逛闲耍"是并列结构,属于叠加;"饭饱酒足""闲逛闲耍"本身也是一个并列结构的词语,也是叠加。

从图 3-18 中可以看出,谚语"饭饱酒足,闲逛闲耍,终日昏昏,不如牛马"的语义重点在前边,也就是说直搭的前半部分的意义比较复杂。相反,谚语"牛是农家宝,有勤无牛白起早"的语义重点在直搭的后半部分。如图 3-19 所示:

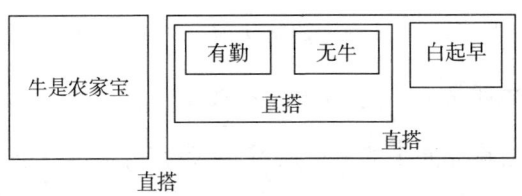

图 3-19

谚语的前句"牛是农家宝"与后句"有勤无牛白起早"是相关不相似的关系,是直搭;后面的分句里"有勤"与"无牛"是转折关系的直搭,"有勤无牛"与"白起早"是因果关系的直搭。所以整个谚语是语义重点在后的直搭中包含复合型谚语。

谚语"人心比天高,得牛讲马好"的结构相对简单。如图 3-20 所示:

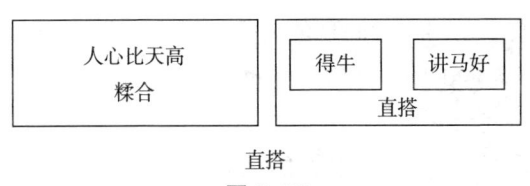

图 3-20

首先谚语的前句"人心比天高"与后句"得牛讲马好"之间可以看作是因果关系的直搭,因为人心好高骛远,所以总觉得得不到的东西更好。其中,前句"人心比天高"是糅合类谚语。"人心"与"天"可以看作是"人心比天高"这个语义结构的两个输入域,它们之间的类属空间中是二者共同的抽象结构,人心好高骛远与天空无边无垠在抽象概念中都具有没有边界、无限延展的特点。在整合空间中"人心比天高"的意义就是"不知足,好高骛远"。后句"得牛讲马好"可以看作为"得牛"与"讲马好"转折关系的直搭结合,得到牛却说马好,比喻"总觉得得不到的东西更好"。因此,这句谚语"人心比天高，得牛讲马好"是直搭中包含了糅合与直搭的复合型谚语。

二、本喻同现的谚语隐喻形式

本体与喻体同现的谚语共有 64 条，占中国谚语的 17.4%。其中，本体在后、喻体在前的谚语占绝大多数，有 58 条，占所有本喻同现谚语的 90.6%；本体在前、喻体在后的谚语有 6 条，占所有本喻同现谚语的 9.4%。

在本喻同现的谚语中，有一个类型比较特殊，那就是双关类的谚语，这种谚语在两个输入域把共同的抽象结构投射到类属空间之后，并不是像其他类型的谚语一样，在共同的抽象结构基础上继续进行意义的引申，而是反指其中的一个输入域的内容，即谚语的意义就是主旨分句的意义。因此，这种类型的谚语，就会表现出本喻同现的表象。

（一）本体在后、喻体在前的谚语

1. 糅合类谚语

本体在后、喻体在前的糅合类谚语共有 5 条，都为双关类谚语。

> 例：奶少的牛吼得凶。
> 泥牛入海无消息。
> 牛皮灯笼肚里亮。
> 无角牛爱顶撞。

"奶少的牛吼得凶"的两个输入域分别为"牛的奶少反而叫得声音大"和"人没有本事反而吼得更凶"二者在类属空间投射到的共同的抽象信息为"没有本事反而叫得声音大"，整合空间中将两个输入域的信息进行了糅合，形成新的意义。而

"泥牛入海无消息"的两个输入域分别为"泥牛入海"的场景信息与"音信全无,无从查找"的场景信息,在类属空间中二者享有共同的抽象结构,即"淹没在无垠的环境里,无处找寻"。两个输入域的信息分别有选择地映射到整合空间中,形成了新的层创结构,即谚语的比喻意义,这个过程也是谚语的糅合。也就是说,糅合型谚语的特征就是类属空间中的内容直接映射到整合空间中。

2. 叠加类谚语

叠加类本体在后、喻体在前的谚语共有 35 条,其中绝大多数的谚语是并列关系,只有 1 条是递进关系。叠加类型的谚语分有前后两句,每一句单独分析又可以按照单句的分类方法,分成糅合和截搭,而大部分叠加类的谚语分句语义结构较为简单,属于平铺直述型的句子,基本上都属于截搭类型。本书对于结构简单的单句不再进行分析。叠加类谚语又分为单纯叠加类谚语和复合的叠加类型的谚语。

(1)单纯叠加类谚语。单纯叠加类谚语有 28 条,占本体在后、喻体在前的叠加类谚语的 80.0%,其中并列关系有 27 条,递进关系有 1 条。

> 例:牛蝇使健牛疲惫,忧患使贤人憔悴。(并列)
> 擒牛擒角,服人靠舌。(并列)
> 瘦牛的角大,蠢人的事多。(并列)
> 有牛不会用,有福不会享。(递进)

谚语"牛蝇使健牛疲惫,忧患使贤人憔悴"的叠加形式如图 3-21 所示。谚语的前句"牛蝇使健牛疲惫"与后句"忧患使贤人憔悴"在类属空间中所投射的共同的抽象结构是"因果关系",属于"做事的条件"[1]。"牛蝇"是让健牛感到疲惫的罪魁祸首,而"忧患"则是让贤人变得憔悴不堪的罪魁祸首。

| 牛蝇使健牛疲惫 | 忧患使贤人憔悴 |

叠加

图 3-21

　　叠加类型本喻同现的谚语比较特殊的部分在于整合空间。一般来说整合空间会有选择的接受来自两个输入域投射而来的部分因素,并且在浮现结构中生成特殊的含义。但是叠加类型本喻同现的谚语则是把谚语的喻体部分,也就是谚语的其中一个分句整体投射到整合空间中,谚语的意义就是突出这个分句的意义。如谚语"牛蝇使健牛疲惫,忧患使贤人憔悴"就是把后句"忧患使贤人憔悴"整体投射到整合空间中,这句谚语的意义就是突出后句"忧患使贤人憔悴"。如图3-22所示:

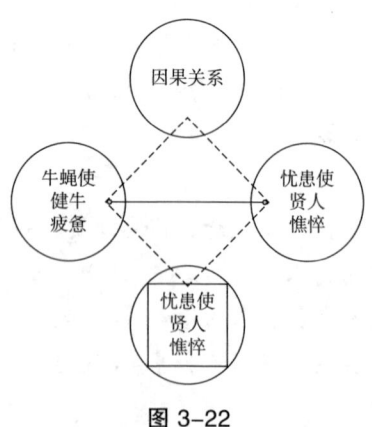

图 3-22

---

[1] 关于叠加类型的谚语,前后句之间的抽象关系是"条件关系",包括"事物的条件"和"做事的条件"两种。

"有牛不会用，有福不会享"也是叠加类本体在后、喻体在前的谚语。如图 3-23 所示：

| 有牛不会用 | 有福不会享 |

叠加

图 3-23

从句子结构来看，这句谚语是复句，应该是叠加或直搭中的一种。从语义上分析，"有牛不会用"与"有福不会享"之间不是完全的平等关系，这句谚语的前后两句应该是包含的关系。主旨句"有福不会享"的意义范围更大，包含了前句"有牛不会用"，而前句"有牛不会用"也可以看作是主旨句"有福不会享"的例子。在直搭的六种分类中，这两句的关系也不属于因果、条件、目的、推论、转折和让步中的任何一种。再来看在叠加关系，严格来说它不属于并列，从语义的强烈程度角度来看，"有牛不会用"与"有福不会享"可以看作是递进关系。从一个偏向具体的意义表达"有牛不会用"，进一步作出概括总结"有福不会享"，是一种意义的递进关系。

在整合空间中，"有牛不会用"与"有福不会享"在类属空间中有一个共同的抽象结构，它们都包含了一个抽象的意义"不会利用有利条件"。牛是做农活最得力的帮手，放着牛不去用，自己出力干活效率要低得多。同样道理，生活中放着各种便利的条件却不去利用享受，就是"有福不会享"。因为"有福不会享"的意义范围中包含了前句"有牛不会用"这个具体事例，所以"有福不会享"投射到整合空间中，成为整句谚语的主旨句。如图 3-24 所示：

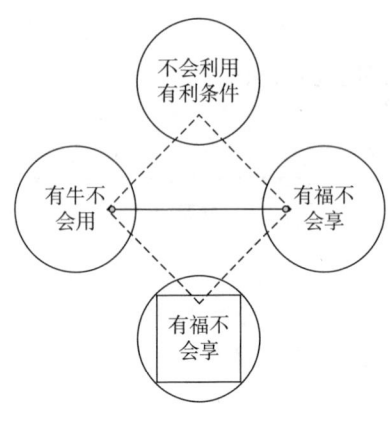

图 3-24

（2）复合叠加类谚语。本体在后、喻体在前的叠加的复合类谚语一共有 7 条，其中 1 条为叠加中包含糅合类型的谚语，6 条为叠加中包含直搭类型的谚语。

第一，叠加中包含糅合。谚语"黑牛变不成白牛，敌人变不成朋友"是唯一的叠加中包含糅合的谚语，如图 3-25 所示：

图 3-25

谚语的前句"黑牛变不成白牛"与后句"敌人变不成朋友"在形式上都属于糅合，而两个分句是并列关系，所以在大的结构上属于叠加。

两个分句的糅合过程通过整合空间模型进行分析，如图 3-26、图 3-27 所示：

第三章　中韩谚语隐喻形式对比

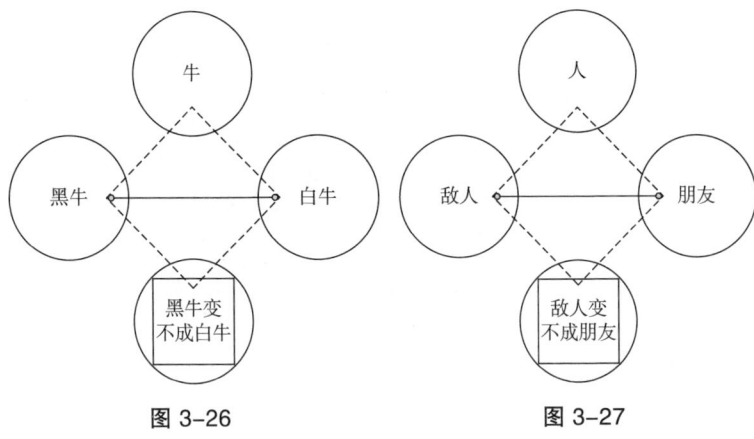

图 3-26　　　　　　　　图 3-27

如图 3-26 "黑牛"与"白牛"是两个输入域，它们拥有一个共同的抽象结构，是"黑牛"与"白牛"的上位概念"牛"；"黑"与"白"是它们区别于对方的特点，所以同为牛，但是根据其区别性特征——颜色，是不会把"黑牛"与"白牛"混淆的。因此"黑牛"与"白牛"也不能互换身份，因为颜色是不会变的。同理，如图 3-27 "敌人"与"朋友"如果作为两个输入域，它们也有一个共有的抽象结构，也是二者的上位概念"人"，二者之间因为其对立的关系，是不会变成朋友的。

这句谚语的主旨是后半句"敌人变不成朋友"，前半句可以看作是通过类比的方式对主旨句进行的补充说明。作为本喻同现的叠加类谚语，前后两个分句并没有像大部分的叠加型谚语一样从类属空间中的抽象结构上进行语义的再度引申，而是从共同的抽象意义又返回来转指其中一个输入空间的意义，即主旨句的意义。这个过程如图 3-28 所示：

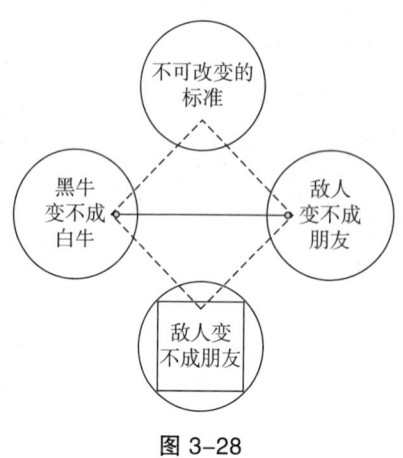

图 3-28

如果把谚语的前后两句看作是概念整合中的两个输入域,那么前句"黑牛变不成白牛"就是输入域1,后句"敌人变不成朋友"就是输入域2,它们投射在类属空间中的相似的意义,是抽象的图示结构"不可改变的标准"。在整合空间中,投射的意义要素为主旨句"敌人变不成朋友",这就是整个谚语所强调的意义。

第二,叠加中包含直搭。叠加中包含直搭类型的本体在后、喻体在前的谚语共有 6 条。

> 例:老牛力尽刀尖死,勇士为国阵上亡。
> 牛不吃草定有病,人不说话定有因。
> 牛吃草,要倒沫;人读书,要思索。
> 牛劲儿不齐乱拉套,人心不齐瞎胡闹。

"老牛力尽刀尖死,勇士为国阵上亡"则属于叠加中包含直搭类本体在后、喻体在前的谚语。如图 3-29 所示:

第三章　中韩谚语隐喻形式对比

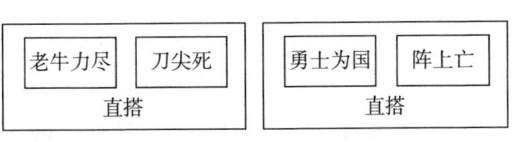

叠加

图 3-29

首先，谚语的形式属于叠加类型，因为谚语的前句"老牛力尽刀尖死"与后句"勇士为国阵上亡"之间的逻辑关系是并列关系。其次，谚语的每个分句又都是直搭型的，前句"老牛力尽刀尖死"中，"老牛力尽"与"刀尖死"在逻辑结构上属于因果关系，因为老牛干活为主人用尽了最后的力气，到生命的最后仍然把牛肉也提供给了主人；"勇士为国阵上亡"的前句"勇士为国"与"阵上亡"也是因果关系的直搭，其逻辑关系为是：因为勇士为了保家卫国英勇战斗，结果牺牲在前沿阵地。

本喻同现的叠加类谚语的意义都是主旨句的意义。意义的整合过程如图3-30所示：

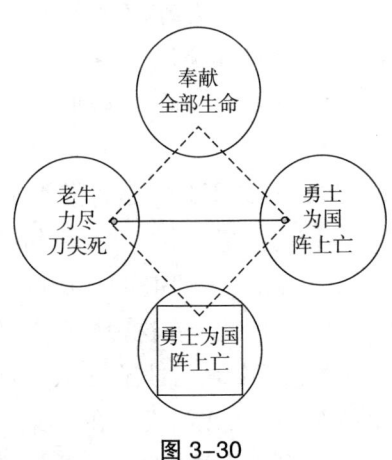

图 3-30

73

如果把谚语的前后两句看作是概念整合中的两个输入域，那么前句"老牛力尽刀尖死"就是输入域1，后句"勇士为国阵上亡"就是输入域2，它们投射在类属空间中的相似的意义，是抽象的图示结构"奉献全部生命"。后半句"勇士为国阵上亡"全部投射在整合空间中，这就是整个谚语的主旨句，而前半句可以看作是通过类比的方式对主旨句进行的补充说明。

3. 直搭类谚语

　　本体在后、喻体在前的直搭类谚语全部为双关类谚语。共有18条，包括单纯直搭类谚语11条、直搭中包含叠加类谚语6条，以及直搭中包含直搭类谚语1条。

　　（1）单纯直搭类谚语。单纯直搭类谚语共11条，按直搭的逻辑类型分类，可以分为四种：因果关系的直搭、条件关系的直搭、推论关系的直搭和转折关系的直搭类谚语。

　　　　例：草入牛口，其命不久。（因果）
　　　　　　喂牛不用料，只要功夫到。（条件）
　　　　　　牛角对羊角，还是各顾各。（推论）
　　　　　　牛有千斤力，不能一时逼。（转折）

　　谚语"草入牛口，其命不久"是直搭类本体在后、喻体在前的谚语。谚语的前句"草入牛口"与后句"其命不久"之间的逻辑关系为因果关系。因为牛吃草，所以一旦草进到牛嘴里，马上就会被咀嚼掉，因此，在这种情况下可以说草"其命不久"。在谚语的字面意义上看，"其命不久"是一种拟人的修辞，因此，"其命不久"也可以指发生在人身上的事，就成了从"植物域"跨域映射到"人类域"上。这句谚语就可以看作做是双关，形容某人或事态面临非常紧迫的形势。

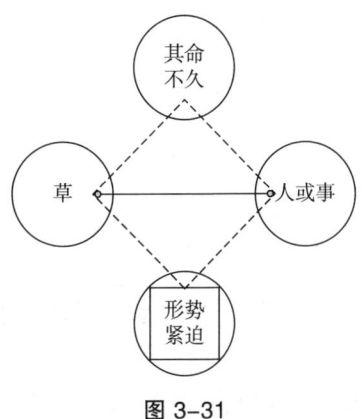

图 3-31

如果把"植物域"和"人类域"分别看作是整合空间的两个输入域，如图 3-31，它们在类属空间中的相似点就是谚语的主旨句"其命不久"。在整合空间中形成的浮现意义，既可以形容草的形势也可以形容人或事的形势非常紧迫。

（2）复合直搭类谚语。

第一，直搭中包含叠加类的谚语，共有 6 条。

例：买老牛，置破车，凑合一时是一时。
牛吃稻草鸭吃谷，个人自有各自福。
牛前马后少跟走，是非之地莫停留。
牛蹄尖，马蹄圆，无事不到你门前。

谚语"买老牛，置破车，凑合一时是一时"是在直搭中包含了叠加的结构，如图 3-32 所示。"买老牛，置破车"与"凑合一时是一时"的语义是由前句推理得到后句，是相关而不相似，是直搭；"买老牛"与"置破车"是并列结构，是一个整体事件的两个平行的分事件,属于意义的叠加。所以这句谚语的结构为在直搭中包含了叠加。

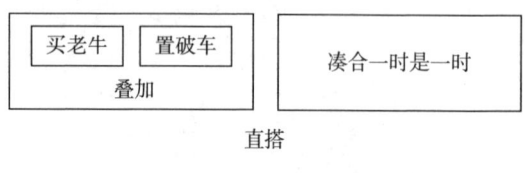

图 3-32

如果把"买老牛"与"置破车"看作整合空间的两个输入域,如图 3-33 所示。"买老牛"与"置破车"在类属空间中的相似的抽象结构是"用品质差的东西",两个输入域把各自的意义要素投射到整合空间中去,在浮现结构中进行意义的整合,得出的意义就是谚语的后句"凑合一时是一时"。可以看出,本喻同现的谚语的特点,就是谚语的两个分句,一个是本体一个是喻体,相当于本体的那句话根据意义的结构,语义要素投射到输入空间中,而相当于喻体的那句话则出现在整合空间中。

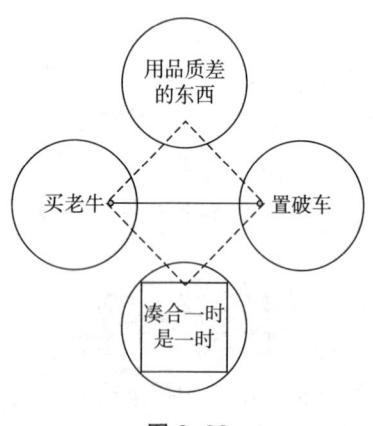

图 3-33

谚语"牛前马后少跟走,是非之地莫停留"的前后两句从语义的表现形式来看,是属于直搭类型的谚语。如图 3-34 所示:

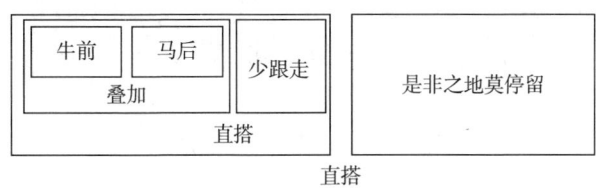

图 3-34

谚语前句"牛前马后少跟走"与后句"是非之地莫停留"是因果关系,"是非之地莫停留"是原因,"牛前马后少跟走"是结果,可以看作是用以说明"是非之地莫停留"的一个例子。如图 3-34 所示,谚语的这两个分句在结构上不完全等同。前句中主语"牛前"和"马后"是并列的结构,"牛前马后少跟走"可以看作为"牛前少跟走"和"马后少跟走"的叠加结构。

如果把"牛前马后少跟走"与"是非之地莫停留"看作是整合空间的两个输入域,如图 3-35 所示:

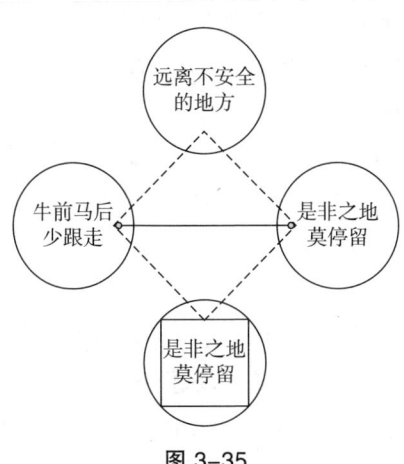

图 3-35

同上面分析的本喻同现的谚语一样，如果把谚语的两个分句看作是概念整合的两个输入域，那么后句整句话投射到整合空间，其意义就是这句谚语的主旨句"是非之地莫停留"。

第二，直搭中包含直搭类的谚语有1条。

例：不怕慢只怕站，老牛慢走能爬山。

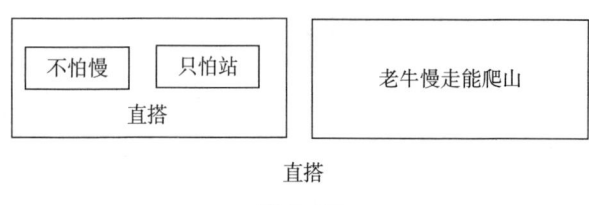

直搭

图 3-36

如图3-36，谚语"不怕慢，只怕站，老牛慢走能爬山"属于直搭中包含直搭的类型。"不怕慢，只怕站"与"老牛慢走能爬山"的语义是由后句的描写推理出前句的总结，属于意义的相关而不相似，是语义的直搭类型；而前句中的"不怕慢"与"只怕站"之间则是语义上相关而不相似，两句话的内容不加修饰直接搭在一起，属于直搭。所以这句谚语的语义结构为"直搭中包含直搭"。

（二）本体在前、喻体在后的谚语

中国谚语中，本体在前、喻体在后的谚语有6条，在本喻同现的谚语中占9.4%。

1. 叠加类谚语

叠加类型本喻同现的谚语有4条，且都为单纯叠加类谚语，这类谚语比较特殊，在两个输入域把共同的抽象结构投射到类属空间之后，并不是像其他叠加类型的谚语一样，在共同的抽象结构基础上继续进行意义的引申，而是反指其中的一个输入域的内容。因此，这种类型的谚语，就会表现出本喻同现的表象。

> 例：话越精越好，牛越壮越好。
> 老人怕老心，老牛怕返春。
> 品质是忠诚的好，牛羊是肥壮的好。
> 人凭有礼貌，牛凭有肥膘。

谚语"话越精越好，牛越壮越好"的前句与后句的逻辑关系是平等的，因此属于并列关系的叠加。如图3-37所示：

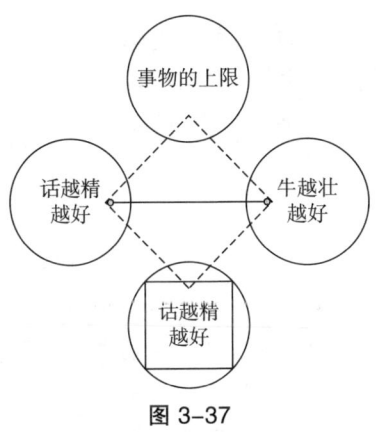

图3-37

谚语"话越精越好，牛越壮越好"在类属空间中所投射的共同的抽象结构是相似的，都是"标准中的上限"，是有关"事物的条件"[1]。人说出来的话，最好的标准就是精炼；而在牛的标准中，最好的那一种，就是健壮的。这两句话是关于两个不同的事物的标准，而这个标准的共同点，就是这个事物的最上限。在谚语的两个分句中，会有着重强调的一句，也就是

---

[1] 关于叠加类型的谚语，前后句之间的抽象关系是"条件关系"，包括"事物的条件"和"做事的条件"两种。

整个句子的主旨句，一般来说，后面的那一句是重点，但是也有例外，即本体在前、喻体在后的谚语，其都有一个共同的特点就是后句相当于对前句的补充说明，以类比的方式，对更加抽象的主旨句进行补充说明。

叠加类型本喻同现的谚语比较特殊的部分在于整合空间。一般来说整合空间会有选择的接受来自两个输入域投射而来的部分因素，并且在浮现结构中生成特殊的含义。但是叠加类型本喻同现的谚语则是把谚语的喻体部分，也就是谚语的其中一个分句整体投射到整合空间中，谚语的意义就是突出这个分句的意义。如谚语"话越精越好，牛越壮越好"就是把前句"话越精越好"整体投射到整合空间中，突出这句谚语的意义就是"说好话的最上限，就是越精练越好"。

2. 复合直搭类谚语

复合直搭类谚语共有2条。

例：货物银钱当面看，不要隔山买老牛。
人强心强命不强，水仙花插在牛粪上。

"货物银钱当面看，不要隔山买老牛"是直搭型本喻同现的谚语。前句"货物银钱当面看"与"不要隔山买老牛"的语义逻辑关系为因果关系，是相关而不相似，两句话不经修饰，直接连接在一起，就像两根在语义上相关的绳子，不经过修饰，直接搭在一起。在谚语"货物银钱当面看，不要隔山买老牛"中，前句是本句谚语的主旨句，告诫人们在交易的时候要一手交钱，一手交货，当面完成交易，不能像"隔山买老牛"那样没有看到货物的具体情形，就断然进行交易。在这句谚语中，本体与喻体的逻辑关系可以看作是因果关系。

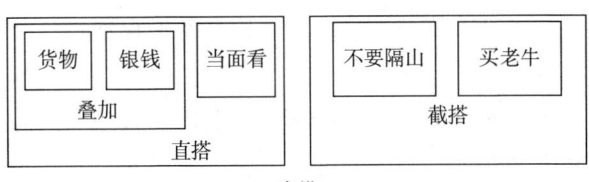

图 3-38

如图 3-38 所示，谚语前句"货物银钱当面看"中，也可以看作是直搭中包含叠加，因为"货物银钱"与"当面看"是相关而不相似的，属于直搭中的条件关系。"货物"与"银钱"是并列关系，它们之间属于叠加。而后句"不要隔山买老牛"中，隔着山买货物不是一般正常的交易方式，交易的前提与交易结果呈现出一种冲突感，如果把"隔山"与"买老牛"看作为整合空间中的两个输入空间，那么这两个输入空间的内容就存在概念上的错位，后句"不要隔山买老牛"就属于截搭。

谚语"人强心强命不强，水仙花插在牛粪上"的结构就较为复杂了。这句话的前句"人强心强命不强"是本句谚语的主旨句，后句可以看作是对前句的举例说明。在语义的逻辑关系上，前句"人强心强命不强"与后句"水仙花插在牛粪上"可以看作是因果关系。因为"虽然水仙花生得好看，但是境遇不佳——插在了牛粪上"所以比喻人像插在了牛粪上的水仙花一样——"人强心强但是命不强"。

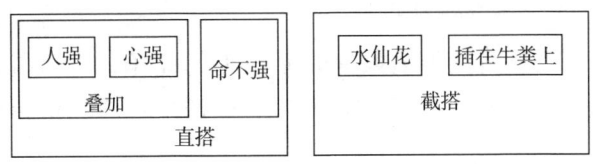

图 3-39

如图 3-39 所示，这句谚语的形式属于直搭型，但是它的每个分句中又包含了其他的类型。在前句"人强心强命不强"中，首先"人强心强"与"命不强"是转折关系，可以看作是直搭，其中"人强"与"心强"又是并列关系，可以看作是叠加。后句"水仙花插在牛粪上"是典型的截搭类型的句子。因为这句话中的两个意义要素"水仙花"与"插在牛粪上"呈现出强烈的冲突，属于两个输入域的概念错位，是典型的截搭类型。因此，谚语"人强心强命不强，水仙花插在牛粪上"是直搭中包含了叠加、直搭和截搭类型的谚语，但是其中叠加的层次与直搭和截搭又是不同的。

第二节　韩国谚语隐喻形式

一、隐含本体的谚语隐喻形式

韩国谚语中隐含本体的谚语占绝大多数，共有 562 条，占所有谚语的 98.6%。其中糅合型谚语为 11 条，占韩国隐含本体的谚语的 1.9%[1]；叠加类型的谚语为 51 条，占韩国中隐含本体的谚语的 9.1%；截搭类型的谚语为 273 条，占韩国中隐含本体的谚语的 48.6%；直搭类型的谚语为 227 条，占韩国隐含本体的谚语的 40.4%。下面分别对以上四种情况进行分析。

（一）糅合类谚语

韩国的糅合类谚语数量最少，只有 11 条，占韩国隐含本体的谚语的 1.9%。糅合类谚语中一般都涉及两个相互比较的

---

[1] 糅合型谚语占韩国隐含本体的谚语比例为百分之 1.95729……，为使小项占比之和为"1"，故本书将其统计为 1.9%。

事物，如下文所示。

"什么像什么"

> 例：더운 여름 그늘에 누운 소처럼 일하기.
> 낯짝이 얼룩소 오줌 같다.
> 소같이 먹는다.
> 종달리 소금 실은 암소 마을 돌 듯한다.

"什么是什么"

> 例：고집이 소 고집이다.
> 소는 농가에 밑천이다.
> 소는 농가에서 땅 다음 가는 재산이다.
> 소는 농가의 조상이다.

"什么与什么相比"

> 例：소 귀신보다 질기다.

由以上例子可以看出，糅合类谚语涉及两个输入域，并且这两个事物会在一个维度上进行相互比较，因此会在类属空间中有相似的结构，这些都符合糅合类谚语的结构特征。如图3-40，谚语"더운 여름 그늘에 누운 소처럼 일하기"的糅合过程为：在谚语"더운 여름 그늘에 누운 소처럼 일하기"中，输入域1是"더운 여름 그늘에 누운 소"，输入域2是"더운 여름 그늘에 누운 소와 같은 것"即"일하지 않고 놀고 먹는

사람"。两个输入域中的事物在类属空间中拥有共同的意义结构"일하지 않고 놀고 먹는다",两个输入域有选择性的把各自空间内的要素投射到整合空间中,"더운 여름 그늘에 누운 소처럼 일하는 사람"就比喻为了"일하지 않고 놀고 먹는 사람"。

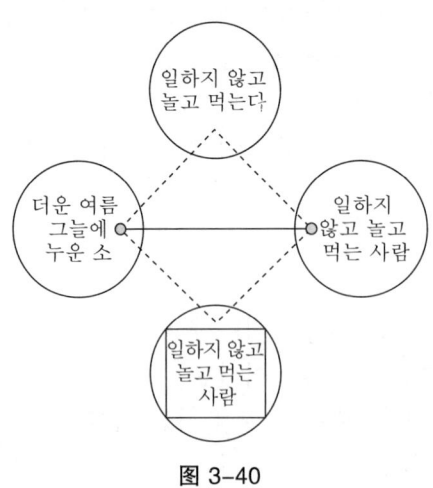

图 3-40

（二）叠加类谚语

韩国谚语中,叠加类谚语一共有 51 条,全部为两个输入域的谚语。单纯叠加类谚语共有 46 条,叠加中包含糅合类谚语 2 条,叠加中包含直搭类谚语 3 条。绝大部分叠加类谚语的逻辑语义关系为并列关系,也有部分谚语的前后句之间的逻辑关系为选择关系。

1. 单纯叠加类谚语

单纯叠加类谚语共有 46 条,全部为两个输入域的谚语,其中 44 条谚语的前后句之间的逻辑关系为并列关系;2 条谚语的前后句之间的逻辑关系为选择关系。

（1）并列关系。单纯叠加类谚语中逻辑关系为并列关系的

第三章 中韩谚语隐喻形式对比

谚语共有 44 条。

例：도깨비도 숲이 있어야 모이고, 소도 언덕이 있어야 비빈다.
쉬뿔도 각각, 염주도 몫몫이다.
날적 송아지 들적 며느리라.
눈 큰 황소요, 발 큰 도둑이다.

谚语"도깨비도 숲이 있어야 모이고, 소도 언덕이 있어야 비빈다"是典型的并列关系的叠加型谚语。谚语前后两个分句的意义平等，结构相同，它们都有一个共同的抽象结构。如图 3-41 所示：

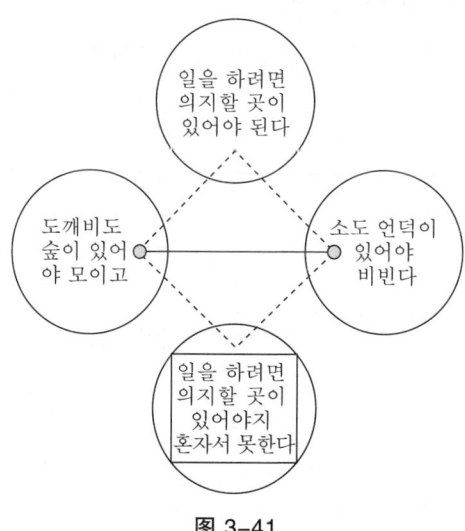

图 3-41

它的两个输入域分别是谚语的前后两个分句，输入域 1 是"도깨비도 숲이 있어야 모이고"，输入域 2 是"소도 언덕이 있어

85

야 비빈다"。输入域1和输入域2在类属空间中有一个共同的意义结构"일을 하려면 의지할 곳이 있어야 된다"。两个输入域有选择地把意义要素投射到整合空间中,并且在浮现结构中形成新的意义"일을 하려면 의지할 곳이 있어야지 혼자서 못한다"。

谚语"쇠뿔도 각각, 염주도 몫몫이다"引申出两个隐喻意义,一个用来喻物一个用来喻人。它们的意义引申方式是一样的,只是在意义引申的过程中,意义的引申方向不同,所以导致同一个谚语在不同的使用环境中,产生了不同的意义。谚语"쇠뿔도 각각, 염주도 몫몫이다"的两个分句可以分别看作是概念整合的两个输入空间,其义为无论是牛角还是念珠,每个都是独一无二的。因此,它们在类属空间中投射共同的抽象结构"개별 특성이 있다"。

然而在整合空间中,这个输入域共同的抽象结构却在不同的使用场合中,引申的方向发生了变化。谚语"쇠뿔도 각각, 염주도 몫몫이다"可用于比喻物品,如图3-42所示:

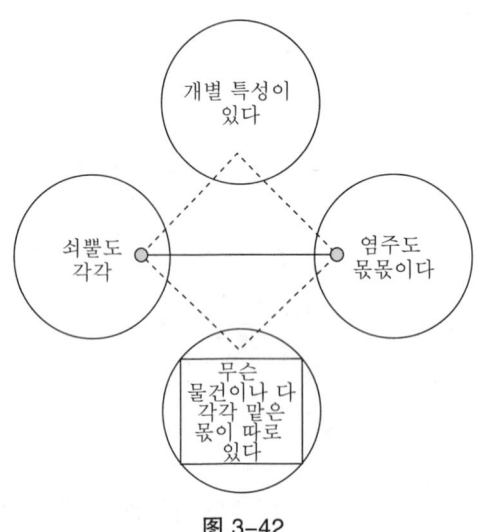

图 3-42

由于每个物品的特性不同，因此它们有不同的使用功能。谚语在整合空间的浮现结构中，就整合出了其中一个意义"무슨 물건이나 다 각각 맡은 몫이 따로 있다"。

另外，谚语"쇠뿔도 각각, 염주도 몫몫이다"还可以用于比喻人，如图 3-43 所示：

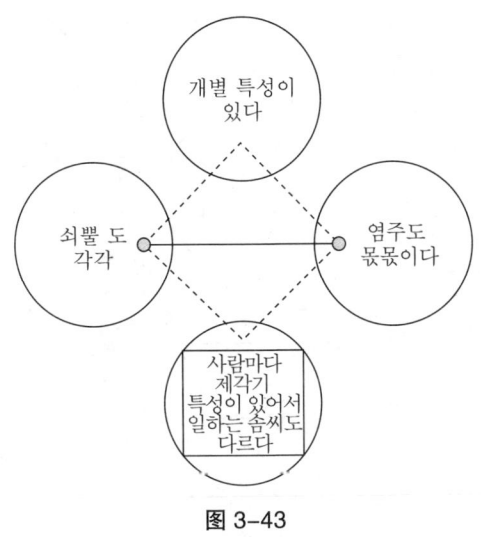

图 3-43

如果谚语"쇠뿔도 각각, 염주도 몫몫이다"用于比喻人的话，那么把谚语放在形容人的框架中，可比喻为：因为每个人的性格、特质不同，所以根据每个人自身的特性，其做事的方法方式也各不相同。

（2）选择关系。单纯叠加类谚语中逻辑关系为选择关系的谚语只有 2 条。

例：누렁소나 황소나.
먹다가 죽은 대장부나, 밭갈이하다 죽은 소나.

以谚语"누렁소나 황소나"为例，这句谚语的两个分句之间呈选择关系。谚语 的意义是"같은 일을 가지고 이러니 저러니 변명을 한다는 뜻"。因为"누렁소"与"황소"是同一个事物的两种不同的叫法。无论用哪种说法，事物本身是不会变的。因此把这种深层的意义映射到人想方设法为自己找借口的事件中时，就会产生"같은 일을 가지고 이러니 저러니 변명을 한다"的意义。如图 3-44 所示：

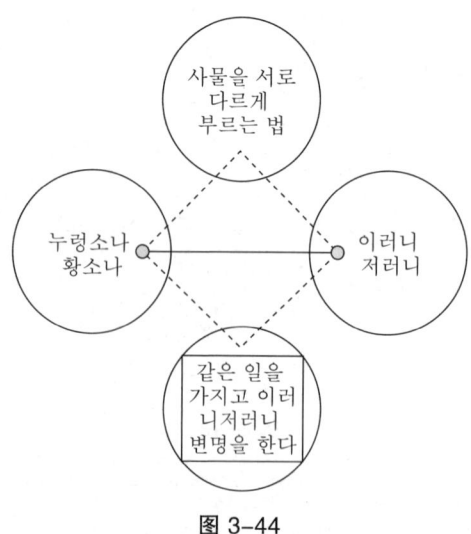

图 3-44

谚语比喻意义的产生过程可以用整合空间模型进行解释。输入域 1 是黄牛的不同叫法"누렁소나 황소나"；输入域 2 是同一件事的多个辩解"이러니 저러니"。它们在类属空间中的共同的抽象结构为"사물을 서로 다르게 부르는 법"，在各个语义要素投入到整合空间中经过整合之后，就产生了新的意义，"같은 일을 가지고 이러니 저러니 변명을 한다"。

2. 复合叠加类谚语

韩国隐含本体的谚语中，复合叠加类谚语的数量不多，只有 5 条，分为叠加中包含糅合类的谚语与叠加中包含直搭类谚语两种类型。其中，叠加中包含糅合类的谚语有 2 条，叠加中包含直搭类谚语有 3 条。

（1）叠加中包含糅合。韩国隐含本体的谚语中，叠加中包含糅合类的谚语有 2 条。

例：소같이 마시고, 말같이 먹는다.
소같이 일하고, 쥐같이 먹어라.

如前文所示，"什么像什么"类谚语是糅合类谚语。如谚语 "소같이 마시고, 말같이 먹는다" 前后两个分句都是由糅合类谚语组成的。并且前后两句的结构相同，呈并列关系。如图 3-45 所示：

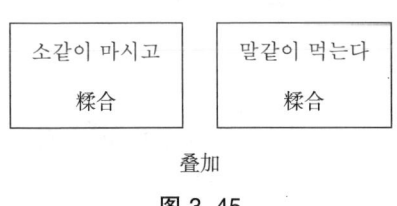

图 3-45

从图中可以看出，谚语 "소같이 마시고, 말같이 먹는다" 是由两个糅合型的分句并列组合而成的，因此是叠加中包含糅合类型的谚语。

把谚语的两个分句看作是两个输入域，如图 3-46 所示。在类属空间中，它们的相似之处是有共同的语义结构 "…같이…하다"，当两个输入域把语义要素 "음식을 폭음" 和 "음

식을 폭식"整合空间中得到的新意义就是"음식을 폭음 폭식 하는 사람을 조롱하는 말"。

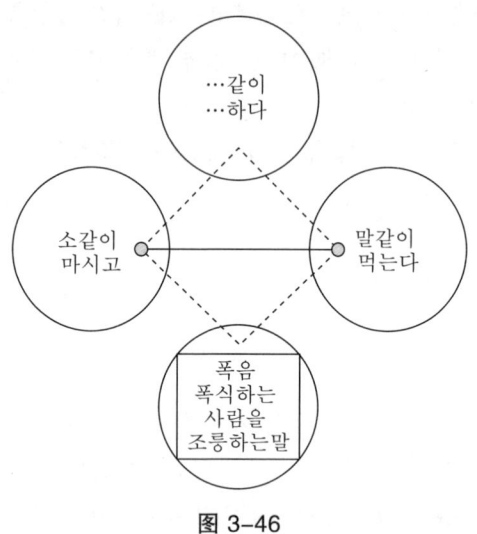

图 3-46

（2）叠加中包含直搭。韩国隐含本体的谚语中，叠加中包含直搭类谚语有 3 条。

  例：소 귀는 편편해야 성미가 순하고, 돼지 귀는 아래로 처져야 성미가 순하다.
  소는 몰아야 잘 가고, 말은 끌어야 잘 간다.
  소도 언덕이 있어야 비비고, 도깨비도 숲이 있어야 모인다.

以谚语"소 귀는 편편해야 성미가 순하고, 돼지 귀는 아래로 처져야 성미가 순하다"为例，如图 3-47 所示。谚语"소 귀는 편편해야 성미가 순하고, 돼지 귀는 아래로 처져야 성미가 순하다"的前后两个分句都是直搭。前句的"소 귀는 편편해야"与"성미가 순하고"之间，后句的"돼지 귀는 아래로 처져야"与"성미가 순하다"之间的语义逻辑关系均为条件关系。因此，这句谚语为叠加中包含直搭类谚语。

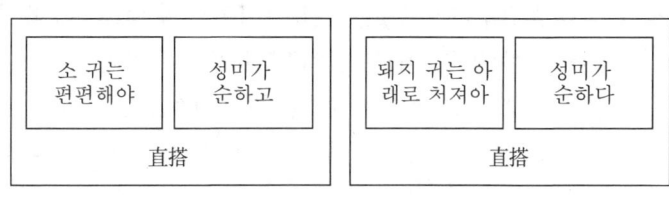

图 3-47

（三）截搭类谚语

韩国隐含本体的谚语中，一共有 273 条截搭类谚语，占隐含本体的谚语的 48.6%，是韩国谚语中占比最多的一类谚语。截搭类谚语可以分为单纯截搭类谚语与复合截搭类谚语，单纯截搭类谚语有 266 条，占隐含本体的截搭类谚语的 97.4%；复合截搭类谚语共有 7 条，只占隐含本体的截搭类谚语的 2.6%。下面对以上两种类型的截搭类谚语分别进行具体分析。

1. 单纯截搭类谚语

单纯截搭类谚语可以分为两种，一种是谚语语义的构成要素之间的概念域不太匹配，通过语义的冲突感突出谚语的隐含意义，是概念错位型截搭；还有一种是概念对应型截搭，谚语语义的构成要素之间处于同一个概念域，谚语中没有语义冲突，就是平铺直述式的句子，以转喻型谚语为主[1]。中国截搭类谚语都是属于第一种，是概念错位型的。而韩国的谚语则是两种都有，数量

---

[1] 转喻型谚语在后一章进行说明。

也差不多。概念错位型的截搭类谚语共有142条，占单纯叠加类谚语的53.4%；概念对应型截搭类谚语共有124条，占单纯叠加类谚语的46.6%。概念对应型谚语中有一种比较特殊的句型，是以物为喻体的谚语，如"강물에 소 지나간 자리다""개천에 든 소다"等。这类谚语的特点是只突出了主语，来描述某事物特征的句子。这种类型的谚语在中国谚语中几乎没有出现。所以在这里把这一类型的谚语单独归为以物为喻体的谚语类型，这个类型的谚语中共有55条，占概念对应型谚语的44.4%；其他的概念对应型谚语则归为平述型谚语，共有69条，占比为55.6%。

（1）概念错位型截搭类谚语。概念错位型谚语的两个概念域具有相关性，但是它们有个共同的特点就是两个概念域不是那么协调，不是在一个语义程度上，甚至是相反的两个域。通过这两种具有反差概念的语义结合，达到谚语想要表达的隐喻意义。

例：갓 난 송아지 범 무서운 줄 모른다.
걸음새 뜬 소가 천리를 간다.
느린 소도 성낼 때가 있다.
소 귀에 경읽기다.

"갓 난 송아지 범 무서운 줄 모른다"的构成方式，从整合的角度来看，是由两个概念域构成，一个是"갓 난 송아지 아무 것도 모른다"，另一个是"소는 범 무서워하다"，这两个概念是相互关联的，都涉及了"牛对事物的认知"，但两者并不相似，是各有其意义的两根绳子，各通过截搭的方式把这两个概念整合起来，形成了"갓 난 송아지 범 무서운 줄 모른다"。其具体截搭整合过程是：先截取一根绳子中的"갓 난 송아지 아무 것도 모른다"这一段，然后截取了另一根绳子中"소는

범 무서워하다"这一段，截搭成"갓 난 송아지 범 무서운 줄 모른다"。如图 3-48 所示：

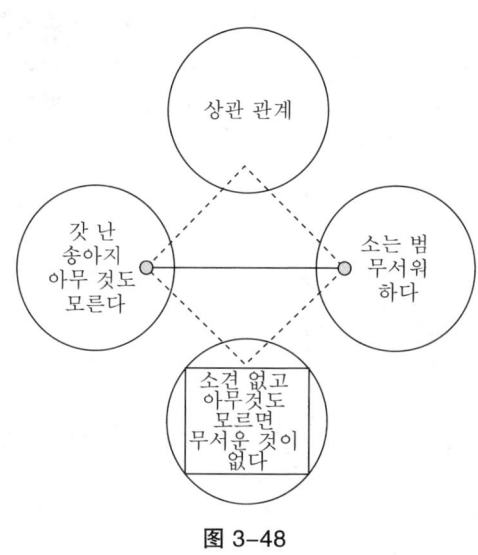

图 3-48

"갓 난 송아지 범 무서운 줄 모른다"的浮现意义"소견 없고 아무 것도 모르면 무서운 것이 없다"是通过整合非常规的两个概念域所形成的，"갓 난 송아지 아무 것도 모른다"和"소는 범 무서워하다"这两个概念域具有相关性，但是它们有个共同的特点就是两个概念域不是那么协调，构成的两个概念域在我们的认知结构虽然在一个层面上，但是意义是错位的，或者说是对立的。牛应该是害怕老虎的，但是出生的小牛犊却不害怕。正是通过这两种具有反差概念的语义结合，达到我们想要的浮现意义，突出"初生牛犊不谙世事"，以此来隐喻那些"소견 없고 아무 것도 모른 사람"。

（2）概念对应型截搭类谚语。

第一，以物为喻体的谚语。韩国截搭类谚语中有一类特别的谚语，是以物为喻体的谚语，共有55条。中国谚语中没有类似的谚语。从语义结构上看，以物为喻体的谚语是以一个具体的事物来比喻人或事物，结构是单一的。以物为喻体的谚语的结构，一般为对物的描述性意义加上物体本身，二者之间的关系是相关而不相似的，因此，这类谚语是截搭类的谚语。

  例：겨울 소 팔자다.
  관에 들어가는 소 걸음이다.
  비지 먹은 소 배때기다.
  어미 땐 송아지다.

  如谚语"겨울 소 팔자다"即是以物为喻体的截搭类谚语。由两个概念域"겨울 소의 삶"，和"사람의 팔자"构成，这两个概念域的关系是相关而不相似的。"겨울 소 팔자다"的具体截搭整合的过程是：先截取一根绳子中的"겨울 소의 삶"这一段，然后截取了另一根绳子中"사람의 팔자"这一段，这两根各有其意义的绳子，各通过截搭的方式把这两个概念整合起来，形成了谚语"겨울 소 팔자다"。这句谚语的意义引申过程是：从输入域1"겨울 소의 삶"中，向整合空间中投射语义要素"겨울 소는 놀면서 편하게 지내다"；从输入空间2"사람의 팔자"中向整合空间投射语义要素"사람의 삶"。两个输入域的概念具有相关性，但是它们的语义结合不是那么协调。这也是截搭型整合的一个特征。然后在层创结构中，把具有相关概念的形式通过压缩与隐退，放在一起，并将其匹配关系存入大脑中，以供使用时调取意义。由此产生了谚语的比喻意义"겨울 소는 놀면서 편하게 지내듯이, 일하지 않고 편하게 놀고 먹는 사람을 비유하는 말"。如图3-49所示：

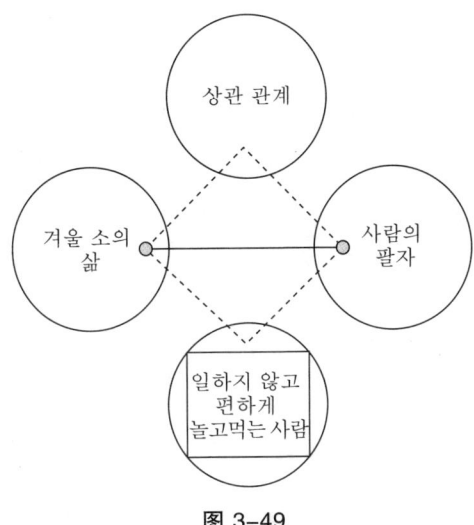

图 3-49

第二，平述型谚语。概念对应型的谚语中，除了以物为喻体的特殊类型外，还有一类是平述型谚语，平述型谚语的两个输入域的内容是相互对应的。

例：겨울 소띠는 팔자가 편하다.
　　소전은 노름전이다.
　　봄바람이 소를 넘어뜨린다.
　　서 푼짜리 소는 이빨도 들쳐보지 말랬다.

"겨울 소띠는 팔자가 편하다"是平述型谚语，这句谚语的截搭过程如图 3-50 所示。输入域 1 为"겨울 소띠"，输入域 2 为"팔자가 편하다"，二者为相关关系，两个输入域内的语义要素投入到整合空间，得出谚语的意义"봄이나 여름철에 난 소띠는 팔자가 고되지만, 겨울철에 난 소띠는 팔자가 편하다는 뜻"。

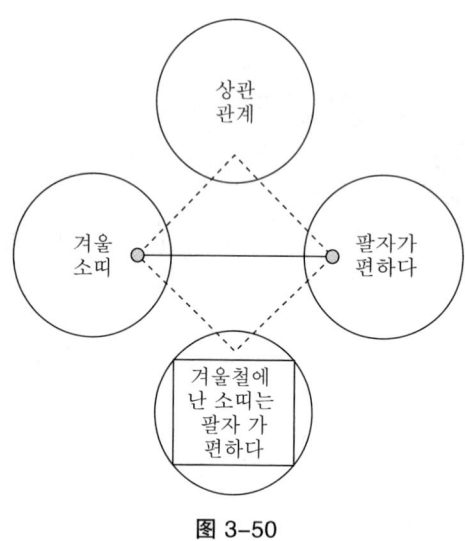

图 3-50

谚语"소전은 노름전이다"也是平述型谚语。输入域 1 为"소전"输入域 2 为"노름전",如图 3-51 所示:

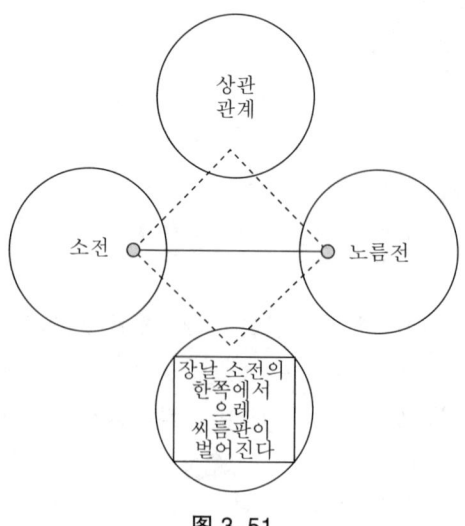

图 3-51

过去在韩国的大集里,一般买卖牛的市场边上总会有赌场相邻,所以一般有牛市的地方就一定会有赌场,这句谚语"소전은 노름전이다"就由来于此。两个输入域"소전"与"노름전"是相关的两个概念,在类属空间中二者是相互联想的关系。在两个输入域同时把各自所包含的信息投射到整合空间之后,经过浮现结构的意义整合,得出了谚语的隐喻意义"장날 소전의 한쪽에서 으레 노름판이 벌어진다"。

2. 复合截搭类谚语

(1)截搭中包含叠加。韩国截搭中包含叠加的谚语共有4条,全部为两个输入域相叠加的类型。

例:소나 말이 기린 될까?
소 먹이는 놈과 자식 둔 놈은 입찬 소리 못한다.
소 좋은 것하고 과부 좋은 것은 동네에서 나가지 않는다.
우마가 기린되랴?

如谚语"소나 말이 기린 될까"的隐喻意义为"본래 타고난 바탕은 아무리 해도 고칠 수가 없다는 뜻"。其语义的隐喻形式如图 3-52 所示:

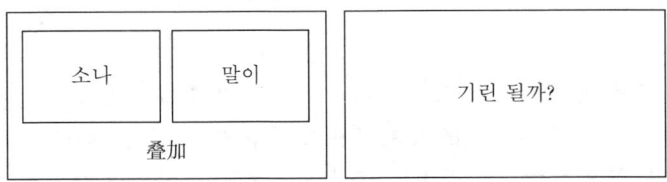

图 3-52

牛马跟麒麟是完全不能相提并论的事物,它们所代表的形象是对比关系,有着强烈的语义冲突感,是概念错位。通过这两种具有反差概念的语义结合,来比喻人生来所具有的能力的差异既形象又恰如其分地达到我们想要的浮现意义。"소나 말"作为选择关系的叠加,在语义中也带有一些轻蔑的语气,这些语义要素投入到谚语的整合空间,最终得到谚语的隐喻意义。

(2)截搭中包含直搭。截搭中包含直搭类的谚语有3条。

例:소가 울면 들릴 기리다.
소 등에 못 실은 짐 벼룩 등에 싣는다.
쟁기질 못하는 놈이 소 탓만 한다.

其中"소가 울면 들릴 기리다"是以物为喻体的截搭类谚语。如图3-53所示:

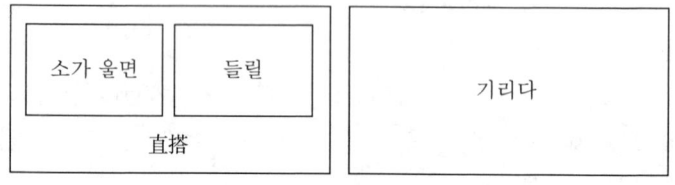

图 3-53

以物为喻体的谚语的结构,一般为对物的描述性意义加上物体本身,二者之间的关系是相关而不相似的。这句谚语是以"소가 울면 들릴 정도"的声音大小的量来描述距离的长短。通过相互不搭配的"声音"和"距离"两个不相协调的语义域的搭配,在整合空间中得到我们想要的浮现意义。这个谚语也属

于概念错位类型的截搭类谚语。

谚语"소 등에 못 실은 짐 벼룩 등에 싣는다"与"쟁기질 못하는 놈이 소 탓만 한다"则可以看作两句直搭类的话被截搭在一起。以谚语"소 등에 못 실은 짐 벼룩 등에 싣는다"为例,这句话可以被分解为"소 등에 이 짐 못 싣는다"与"이 짐 벼룩 등에 싣는다",然后把这两句话截搭在一起成为一个新的句子,"소 등에 못 실은 짐 벼룩 등에 싣는다"。

(四)直搭类谚语

韩国直搭类谚语一共有 227 条,占韩国隐含本体的谚语的 40.4%。其中单纯直搭类谚语有 199 条,占隐含本体直搭类谚语的 87.7%,复合直搭类谚语有 28 条,占隐含本体直搭类谚语的 12.3%。其中单纯直搭类谚语又分为因果、条件、目的、推论、转折和让步六种类型。复合直搭类谚语则包括直搭中包含叠加类型的谚语、直搭中包含直搭类型的谚语,以及直搭中包含复合类型的谚语。下面分别对以上直搭类的谚语进行分析。

1. 单纯直搭类谚语

(1)因果关系。韩国单纯直搭类谚语中,因果关系的谚语有 34 条,占隐含本体的单纯直搭类谚语的 17.1%,都是前因后果的关系。

> 例:먹성 좋은 소가 부리기도 좋다.
> 소가 웃다가 꾸레미 터질 노릇이다.
> 소 잡아먹고 동네 인심 잃는다.
> 여물 많이 먹은 소, 똥 눌 때 알아본다.

以谚语"먹성 좋은 소가 부리기도 좋다"为例,在这个谚

语中有两个输入域，一个是"먹성 좋은 소"，另一个是"소가 부리기 좋다"，在输入域 1 中，"먹성 좋은 소"的语义要素中包含了"소가 먹성이 좋다"，这个语义要素与输入 2 的"소가 부리기 좋다"一同投射到整合空间中进行意义的整合。因为牛吃得好，所以牛有力气才会听主人使唤好好干活。因此得出了谚语的隐喻含义"먹성이 좋은 소라야 잘 먹어 살도 찌고 힘이 세어서 부리기가 좋다는 뜻"。

值得注意的是，虽然"먹성 좋은 소"是谚语的主语，但是从意义上分析，这句话可以看作是"소가 먹성이 좋다"与"소가 부리기 좋다"的原因。因此，这句谚语为因果逻辑关系的直搭类谚语。

（2）条件关系。在韩国谚语中，逻辑关系为条件关系的直搭类谚语一共有 52 条，占隐含本体的单纯直搭类谚语的 26.1%。

　　　　例：검은 풀 먹이면 소 죽는다．
　　　　　　목초가 짧으면 소 턱이 부딪쳐 붓는다．
　　　　　　소 주둥이는 넓죽해야 먹성이 좋다．
　　　　　　홍두깨로 세 번 맞아 담 안 뛰어넘는 소 없다．

如谚语"검은 풀 먹이면 소 죽는다"的前后两个分句之间就是条件关系，而且是假设条件。谚语的意思是"검은 풀은 질소 성문이 많으므로, 이런 풀을 먹이면 제대에 질산염이 축적되고 중독을 일으켜 소가 약해지기 때문에．인산과 가리분이 있는 사료가 요구된다는 뜻"。

"가을 빚은 소도 잡아먹는다"中"가을 빚은"后面的语法标志是"은"，从语用的角度来看，是突出"가을 빚"这个

话题。"가을 빚"可以理解为"가을에는 빚을 얻어쓰기가 쉬우므로"或是"가을에 가서 갚을 빚이라면",也是以分句的形式进行语义整合的。在这句谚语中,以"가을 빚"的"얻어쓰기가 쉽다"为前提,可得到结论"돈 걱정은 하지 않고 씀씀이가 헤퍼진다는 뜻"。如果以"가을에 가서 갚을 빚"为前提,可得到结论"당장 먹을 것이 곤란한 판에 아끼지 말고 쓰자는 뜻"。

(3) 目的关系。在韩国谚语中,逻辑关系为目的关系的直搭类谚语一共有 4 条,占隐含本体的单纯直搭类谚语的 2.0%。

例:칼 팔아 소 산다.
죽은 쇠가죽 팔아 송아지 산다.
오뉴월에 겻불 피우고 황소 불알 떨어지기만 기다린다.
오뉴월 황소 불알 떨어지기만 기다린다.

如谚语"죽은 쇠가죽 팔아 송아지 산다"与"칼 팔아 소 산다"中,前句是动作,后句是目的。"오뉴월에 겻불 피우고 황소 불알 떨어지기만 기다린다"与"오뉴월 황소 불알 떨어지기만 기다린다"中,后句的"기다린다"是动作,前句是目的。

以谚语"칼 팔아 소 산다"为例,"칼 팔아"代表战争时代结束,不再需要刀剑等战争武器,随着和平时代的来临,人们需要恢复农业生产,于是纷纷卖掉武器,取而代之的是"소 산다"——买耕牛种地。所以,两个输入域分别把其包含的信息投射到整合空间之后,在浮现结构中得出了谚语的隐喻意义"전쟁이 끝나고 평화로운 시대에 농업을 시작한다는 뜻"。

（4）推论关系。在韩国谚语中，逻辑关系为推论关系的直搭类谚语一共有24条，占隐含本体的单纯直搭类谚语的12.1%。

> 例：꿈에 백장을 보면 소가 죽는다.
> 소가 길마 무서워 드러누울까?
> 소가 산에서 낮은 곳으로 내려오면 뇌우가 온다.
> 소 젖꼭지는 붉어서 새끼를 잘 낳는다.

其中有9条为反问句，即通过反问的形式，得出推论。如"소가 길마 무서워 드러누울까?"通过"소가 늘 하는 길마질을 무서워하지 않듯이"做类比推论出"사람도 늘하는 일은 무서워하지 않는다는 뜻"。

还有一部分是以"…면"为语法标志的谚语，是通过发生的某一种现象，来推测将要发生的事情。如"꿈에 백장을 보면 소가 죽는다"等是带有迷信色彩的谚语；"소가 산에서 낮은 곳으로 내려오면 뇌우가 온다"等是通过长时间的生活经验对天气变化的推测等。

（5）转折关系。在韩国谚语中，转折关系的谚语共有38条，占隐含本体的单纯直搭类谚语的19.1%。例如，谚语"개 잡아 할 잔치 소 잡아 한다"的两个输入域中"개 잡아 할 잔치"和"소 잡아 한다"这两个事件成对比关系，我们通过字面义直接能推出的是"경비를 조금만 들여도 될 것을 공연히 많이 들리게 된다"。在此基础上对隐性意义进一步引申之后可以得到新的意义"낭비를 한다"。所以看似两根绳子简单连在一起，但形成的新绳子意义却又不是它们的简单相连。两个相关的事件直接搭成的谚语，所形成的浮现意义却超出

了所组成部分的组合意义。

（6）让步关系。在韩国谚语中，让步关系的谚语共有47条，占隐含本体的单纯直搭类谚语的23.6%。

> 例：남이 둔 것은 소도 못 찾는다.
> 소고기 열 점이 새고기 한 점만 못하다.
> 소 꼬리보다 닭 대가리가 낫다.
> 쇠똥은 개도 안 먹는다.

其中绝大部分是以"…도""…만"和"…보다…낫다"等为语法标志。如谚语"남이 둔 것은 소도 못 찾는다"是讲别人放的东西因为跟自己没有利益关系，再大的东西也找不到。"소고기 열 점이 새고기 한 점만 못하다"是讲物以稀为贵，十块牛肉也不如一块鸟肉稀罕。"소 꼬리보다 닭 대가리가 낫다"是讲宁为鸡头不做牛尾。这些谚语的逻辑关系都是让步关系。

2. 复合直搭类谚语

复合直搭类谚语共有28条，直搭中包含叠加类的隐含本体的韩国谚语一共有8条，直搭中包直搭类的韩国谚语共有18条，直搭中包含复合类谚语共有2条。

（1）直搭中包含叠加。直搭中包含叠加类的韩国谚语一共有8条，其中3条为后半部分为叠加的类型，5条为前半部分为叠加的类型。

> 例：가다보면 중도 보고, 소도 본다.（后叠加）
> 하룻길 가다 보면 소 탄 놈도 보고 말 탄 놈도 본다.（后叠加）

소하고 남자는 집어 줘야 먹는다.（前叠加）
처녀와 부룩송아지는 쓸데 써봐야 안다.（前叠加）

谚语"가다보면 중도 보고, 소도 본다"是典型的直搭中包含叠加类的谚语。如图 3-54 所示：

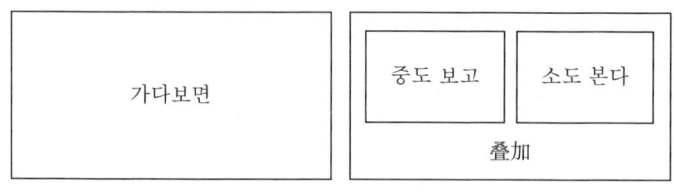

图 3-54

作为谚语的两个输入域，"사람이 살다보면"是输入域1，"중도 보고, 소도 본다"是输入域2，两个输入域之间是相关但不相似的关系，意义呈线性排列，前句与后句是条件关系。所以这句谚语从大的结构上看，是条件关系的直搭类型的谚语。谚语在整合空间中接受来自其他空间投射而来的意义要素，经过整合后得到的隐喻意义是"사람이 살다보면 이런 저런 일도 당하게 된다는 뜻"。

在谚语的后句中，"중도 보고"与"소도 본다"又是意义相互并列的结构。如果把它们看作另一个整合空间的两个输入域的话，它们之间是相似而不相关的关系，那么二者在类属空间拥有相似的抽象意义，因此"중도 보고"与"소도 본다"的语义结构是叠加型的。所以谚语"가다보면 중도 보고, 소도 본다"是直搭中包含叠加类的谚语。如图 3-55、3-56：

第三章 中韩谚语隐喻形式对比

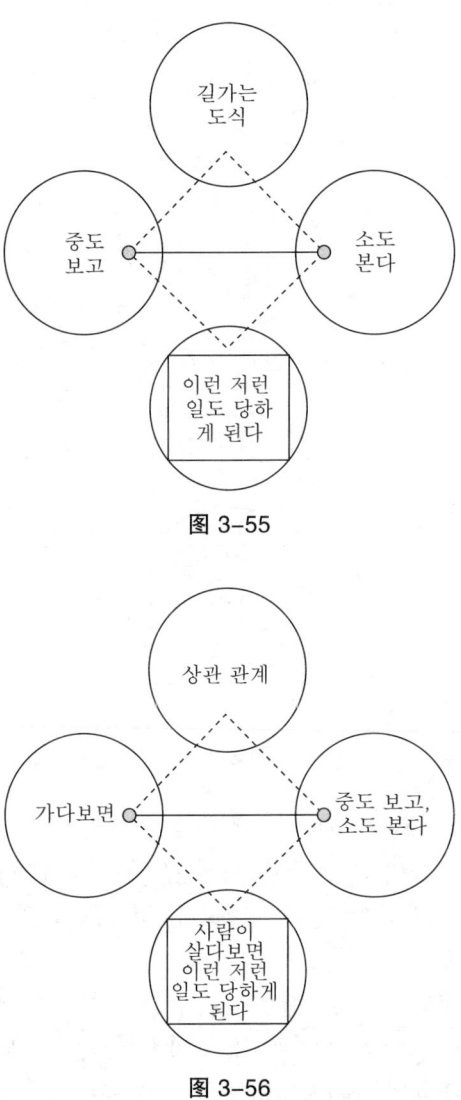

图 3-55

图 3-56

谚语"처녀와 부룩송아지는 쓸데 써봐야 안다"也是直搭中包含叠加类的谚语。这句话的意义是"처녀는 커서 시

105

집갈 때에야 얌전한지 아닌지를 알게 되고 부룩송아지는 다 큰 뒤에야 부리기가 좋고 나쁨을 알게 된다는 뜻". 如图 3-57 所示:

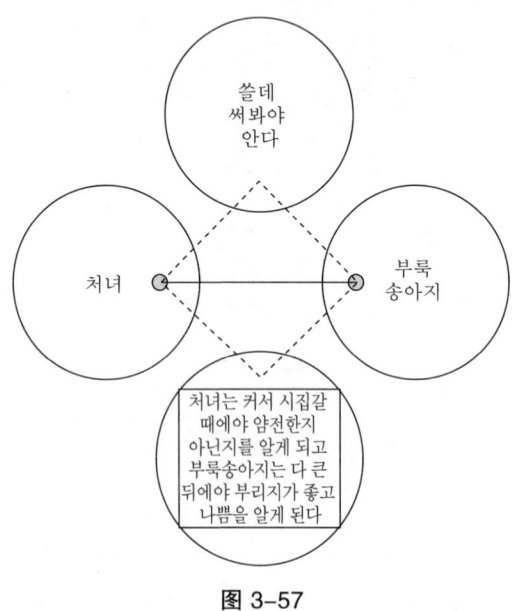

图 3-57

这句谚语的两个输入域分别是"처녀는 쓸데 써봐야 안다"和"부룩송아지는 쓸데 써봐야 안다"。它们共同的抽象结构是"쓸데 써봐야 안다",因此这句谚语在意义扩展时的结构是叠加型的。

然后,再看每个分句的语义结构。"처녀는 쓸데 써봐야 안다"的含义是"처녀는 커서 시집갈 때에야 얌전한지 아닌지를 알게 되고"。所以这句话可以看作是两部分,"처녀는 쓸데"和"써봐야 안다"。如果把这两部分看作一个概念整合的两个输入域,它们之间的关系是相关的,呈条件关系。因

此，"처녀는 쓸데"和"써봐야 안다"的形式是条件关系的直搭。

当把"처녀는 쓸데 써봐야 안다"和"부룩송아지는 쓸데 써봐야 안다"这两个分句结合起来，变成谚语的最终字面形式"처녀와 부룩송아지는 쓸데 써봐야 안다"时，谚语的语义结构首先就变成了直搭，在直搭中又包含了叠加。

（2）直搭中包含直搭。直搭中包含直搭类的韩国谚语共有18条。一半以上的谚语都是关于民俗介绍的内容。

例：소가 새끼 나면 왼 새끼를 외양간에 쳐서 부정을 막는다.
소는 귀가 있어도 듣기는 코로 듣는다.
아침 꿀에 소는 살찌고 농사는 잘 된다.
암소가 새끼를 낳을 때 암송아지는 앉아서 낳고, 수송아지는 서서 낳는다.

在谚语"암소가 새끼를 낳을 때 암송아지는 앉아서 낳고, 수송아지는 서서 낳는다"中，两个输入域分别是"암송아지는 앉아서 낳고"和"수송아지는 서서 낳는다"。而"암소가 새끼를 낳을 때"作为这两句话共同的附加条件，应该是类属空间的内容。两个输入域都是关于母牛生小牛的，因此输入域1和输入域2之间是相关而不相似的，它们之间的关系应该是直搭。经过语义加工之后，整合空间中最终得到了谚语的隐喻意义"어미 소는 암송아지보다 수송아지 낳기가 더 힘들다는 뜻"。如图 3-58 所示：

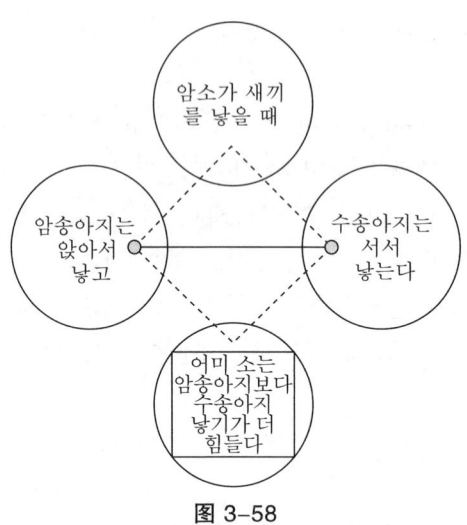

图 3-58

谚语"암소가 새끼를 낳을 때 암송아지는 앉아서 낳고, 수송아지는 서서 낳는다"的形式与"정월 보름날 아침 소가 밥을 먼저 먹으면 풍년 들고, 나물을 먼저 먹으면 흉년 든다"相似,都是由两个结构相似但是意义相关的分句组成。这也是区分叠加与直搭的难点。因为从不同的角度考虑,两个分句之间的关系既可以看作是相关,也可以看作是相似。

如"암송아지는 앉아서 낳고"和"수송아지는 서서 낳는다"在上文中,是把它们之间的关系理解为了与生小牛相关的"相关关系",但是如果把它们的共同抽象结构理解为抽象的"母牛生小牛的过程",那么两个输入域的内容就是相似的了。再例如"소가 밥을 먼저 먹으면 풍년 들고"与"나물을 먼저 먹으면 흉년 든다"上文中也把它们之间的关系理解为相关而不相似,因为在谚语的理解中这是牛关于食物的不同的选择所代表的不同寓意。但是如果把这两个分句之间的关系理解为更加抽象的"牛吃东西代表着一定的寓意",那么这两个分句之

间的关系又可以看作是相似的。

那么，怎么去决定两个结构一样，意义又成类比关系的语义呢？本书从语用的角度分析到底在具体的谚语中，应该采取哪种理解方式。即，从谚语固定的隐喻意义去反推，在谚语意义形成时所走的路径。如谚语"암소가 새끼를 낳을 때 암송아지는 앉아서 낳고, 수송아지는 서서 낳는다"的隐喻意义是"어미 소는 암송아지보다 수송아지 낳기가 더 힘들다는 뜻"。在谚语的理解中，两个输入域"암송아지는 앉아서 낳고"和"수송아지는 서서 낳는다"是作为相关的两个意义分别进行语义理解的，也就是说，在这句谚语中应该把"암송아지는 앉아서 낳고"和"수송아지는 서서 낳는다"看作是直搭。

同理，谚语"정월 보름날 아침 소가 밥을 먼저 먹으면 풍년 들고, 나물을 먼저 먹으면 흉년 든다"的意义是"음력 1월 15일 아침, 소에게 밥과 나물을 주었을 때 소가 밥을 먼저 먹으면 풍년이 돌고, 나물을 먼저 먹으면 흉년이 든다는 뜻"。在这个理解义中，"소가 밥을 먼저 먹으면 풍년 들고"与"나물을 먼저 먹으면 흉년 든다"也是作为相关的两个意义分别进行理解的。并没有像叠加类谚语那样，从两个输入域中抽象出一个共同的意义。因此，这句谚语的这部分意义的结构也被看作是直搭。

（3）直搭中包含复合。韩国谚语中，直搭中包含复合类谚语共有 2 条，彼此形式有所不同。

例：소 잡아 제사 지내려고 말고, 살아서 닭 잡아 봉양하랬다.

정월 초하루부터 계산해서, 첫번째 축일에 짝수가

되면 소 값이 떨어지고, 흑수가 되면 소 값이 올라간다.

谚语"소 잡아 제사 지내려고 말고, 살아서 닭 잡아 봉양하랬다"也是以直搭为基础的多重复合结构的谚语。如图 3-59 所示：

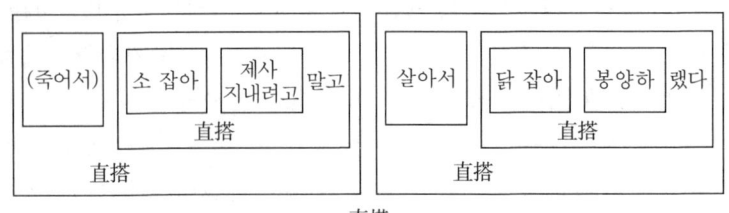

图 3-59

语义的最外层结构是谚语的前句"소 잡아 제사 지내려고 말고"与后句"살아서 닭 잡아 봉양하랬다"，它们之间呈线性的转折关系，是直搭。从语义的对称角度，前句还可以认为是省略了一部分语义，是与后句开头部分的"살아서"相对应的"죽어서"。因此，谚语的完整意义应该是"죽어서 소 잡아 제사 지내려고 말고, 살아서 닭 잡아 봉양하랬다"。而在两个分句中的"살아서"与"죽어서"又与后面的部分"소 잡아 제사 지내려고 말고"与"닭 잡아 봉양하랬다"呈条件关系的直搭结构。"소 잡아 제사 지내려고 말고"与"닭 잡아 봉양하랬다"又可以分别理解为"소 잡아"与"제사 지내려고"；"닭 잡아"与"봉양하다"双双呈条件关系的直搭。因此，这句谚语可以看作是省略了一部分的直搭再包含复合类的谚语。一般来说，有语义对比的谚语，后半句是主旨句。在本条谚语中，不仅从语义的角度突出主旨内容，在句子的结构上也作了强调。本来应该对称的谚语由于一部分的缺省，反而突出了没有省略的那一部

分"살아서"。因此,这句谚语也从结构上突显了"살아서"这一部分的内容,谚语的重点在于后半句劝导大家趁父母健在的时候多尽孝道,不要等到"子欲养而亲不待"。

谚语"정월 초하루부터 계산해서, 첫번째 축일에 짝수가 되면 소 값이 떨어지고, 홀수가 되면 소 값이 올라간다"可以看作:"정월 초하루부터 계산해서"为前提条件,"첫번째 축일에 짝수가 되면 소 값이 떨어지고, 홀수가 되면 소 값이 올라간다"为结论,属呈条件关系的直搭类谚语。谚语作为前提条件的部分结构较简单。后面的结论部分结构比较复杂。如图3-60所示:

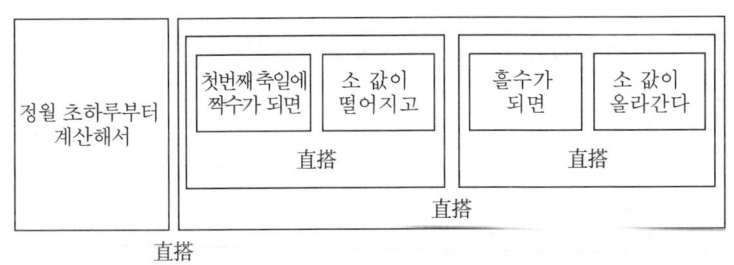

图 3-60

首先,结论部分可以分为"첫번째 축일에 짝수가 되면 소 값이 떨어지고"与"홀수가 되면 소 값이 올라간다"两部分,而后半句中"첫번째 축일에"在不影响语义的情况下被省略掉了。所以这两句话在结构上是相似的,但是语义上是分开来理解,而不是从两句话中提炼出一个共同的抽象结构,因此,"첫번째 축일에 짝수가 되면 소 값이 떨어지고"与"홀수가 되면 소 값이 올라간다"这两句话的关系是相关而不相似的,也是直搭。而这两句话又可以分别看作是"첫번째 축일에 짝수가 되면"与"소 값이 떨어지고"以及"홀수가 되면"

111

与"소 값이 올라간다"之间呈推论关系的直搭结构。因此，谚语"정월 초하루부터 계산해서, 첫번째 축일에 짝수가 되면 소 값이 떨어지고, 흘수가 되면 소 값이 올라간다"也是直搭中包含复合类谚语的一种。

二、本喻同现的谚语隐喻形式

韩国谚语中本体与喻体同现的谚语数量并不多，一共有8条，占韩国谚语的1.4%。本体与喻体同现的谚语全部为本体在后、喻体在前的类型。单纯的叠加类型的谚语有4条，直搭中包含叠加的谚语有3条，直搭中包含复合的谚语有1条。

（一）叠加类谚语

本喻同现的谚语中，单纯的叠加类型的谚语最多，一共有4条。

> 例：동네 송아지는 이웃집 황소를 닮고, 자식은 아비를 닮는다.
> 소새끼는 제주로 보내고, 사람새끼는 서울로 보낸다.
> 송아지는 이웃 황소 닮고, 자식은 아비를 닮는다.
> 뜨는 소가 부리기 좋고, 성깔 있는 머슴이 일 잘한다.

如谚语"송아지는 이웃 황소 닮고, 자식은 아비를 닮는다"是单纯叠加类型的谚语。如图3-61所示：

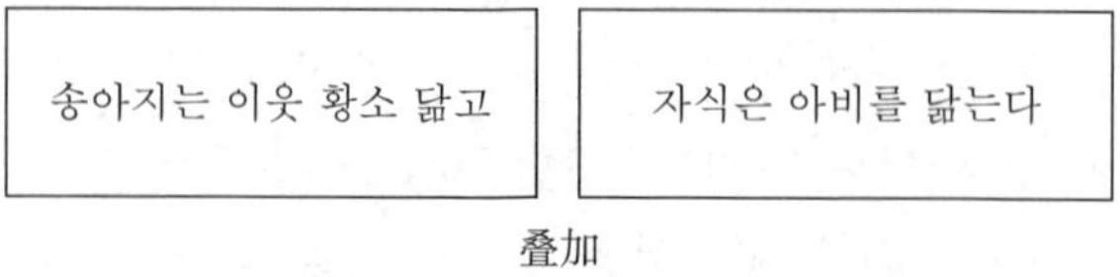

| 송아지는 이웃 황소 닮고 | 자식은 아비를 닮는다 |

叠加

图 3-61

谚语的前句与后句的逻辑关系是平等的,因此属于并列关系。过去农村的牛都是在村里有牛的人家互相进行交配繁殖的,所以牛犊跟邻居的牛长得很像,对于人来说,孩子因为遗传了父亲的基因,所以跟自己的父亲长得很像。谚语的前句"송아지는 이웃 황소 닮고"与后句"자식은 아비를 닮는다"在类属空间中所投射的共同的抽象结构是相似的,都是讲的遗传的相似性。一般来说,后面的那一句是重点。在这句谚语的两个分句中,着重强调的也是后句,也就是整个句子的主旨句。

　　叠加类型本喻同现的谚语比较特殊的部分在于整合空间。如图 3-62 所示:

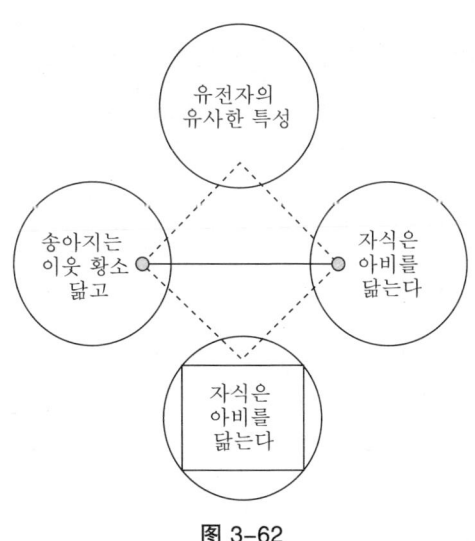

图 3-62

　　一般来说整合空间会有选择地接受来自两个输入域投射而来的部分因素,并且在浮现结构中生成特殊的含义。但是叠加类型本喻同现的谚语则是把谚语的喻体部分,也就是谚语的其

中一个分句整体投射到整合空间中。整句谚语的意义就是突出这个分句的意义。如谚语"송아지는 이웃 황소 닮고, 자식은 아비를 닮는다"就是把后句"자식은 아비를 닮는다"整体投射到整合空间中,这句谚语的意义就是突出后句的意义"자식은 아비를 닮는다"。

(二)直搭类谚语

1. 直搭中包含叠加

直搭中包含了叠加的结构稍微复杂一些。例如,谚语"놀다가 죽은 암소나 밭갈이 하다 죽은 황소나, 죽기는 마찬가지다"的前句"놀다가 죽은 암소나 밭갈이 하다 죽은 황소나"与后句"죽기는 마찬가지다"的语义是由前句推理出后句,是相关而不相似,是直搭;"놀다가 죽은 암소"与"밭갈이 하다 죽은 황소나"是并列结构,无论是哪一种牛的死法,其实生命的逝去都是一样的。对于前句中描述的牛的情形,属于意义的叠加。所以这句谚语的结构为在直搭中包含了叠加。如图3-63所示:

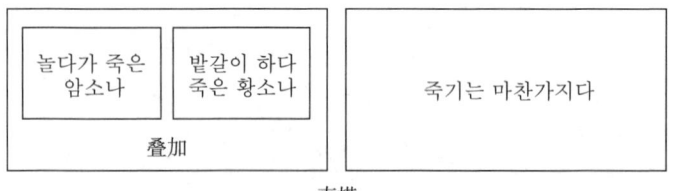

图3-63

从整合空间的角度来看的话,谚语"놀다가 죽은 암소나 밭갈이 하다 죽은 황소나, 죽기는 마찬가지다"前句的两个分句"놀다가 죽은 암소나"与"밭갈이 하다 죽은 황소나"分别属于输入空间1和输入空间2,它们投射在类属空间的共同的抽象结

构是谚语的后半句 "죽기는 마찬가지다"。如图 3-64 所示:

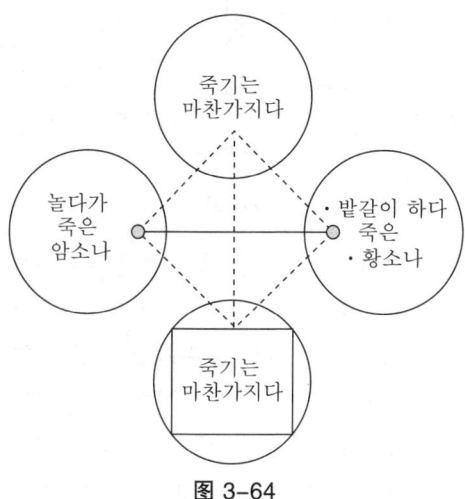

图 3-64

这个结构完整地投射到了整合空间中, 形成了谚语的意义。谚语的本体 "놀다가 죽은 암소나 밭갈이 하다 죽은 황소니" 与喻体 "죽기는 마찬가지다" 同现在谚语当中, 因此, 直搭中包含了叠加的这个谚语属于本喻同现的谚语。

2. 直搭中包含复合

直搭中包含复合类谚语有 1 条。

例: 밭갈이하다 죽은 소나, 놀다 죽은 염소나, 죽으면 저승가기는 일반이다.

谚语 "밭갈이하다 죽은 소나, 놀다 죽은 염소나, 죽으면 저승가기는 일반이다" 的意义是 "일하다 죽은 사람이나 편히 놀다 죽은 사람이나 죽기는 매일반이라는 뜻"。这句谚语的语义形式如图 3-65 所示:

115

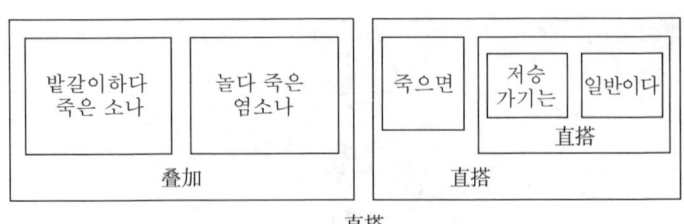

图 3-65

在这句谚语的第一个语义层次是"밭갈이하다 죽은 소나, 놀다 죽은 염소나"与"죽으면 저승가기는 일반이다"。在第一个分句中，根据韩国谚语以物为喻体的语义结构的分析方法，可以把前句转化为"소가 밭갈이하다 죽거나, 염소가 놀다 죽거나"，并与后句"죽으면 저승가기는 일반이다"在语义上呈相关关系，为线性排列，是让步关系的直搭。前一个分句又可以分为"밭갈이하다 죽은 소나"与"놀다 죽은 염소나"两个语义相互并列的分句，它们之间呈叠加关系。而后句"죽으면 저승가기는 일반이다"又可以分为"죽으면"与"저승가기는 일반이다"两部分，其语义结构是呈条件关系的直搭。而其中"저승가기는"与"일반이다"也可以看作为直搭。因此，这句谚语是直搭中包含多重语义结构的复合类谚语。

第三节 中韩谚语隐喻形式的异同点

一、中韩谚语隐喻形式的相同点

谚语的表现形式分为本喻同现的谚语和隐含本体的谚语两大类。中国谚语中本体与喻体同现的谚语共有 64 条，占中国谚语的 17.4%，隐含本体的谚语 304 条，占中国谚语的 82.6%。

韩国谚语中本体与喻体同现的谚语数量并不多，一共有 8 条，只占韩国谚语的 1.4%，绝大部分为隐含本体的谚语，共 562 条，占韩国谚语的 98.6%。如图 3-66 所示：

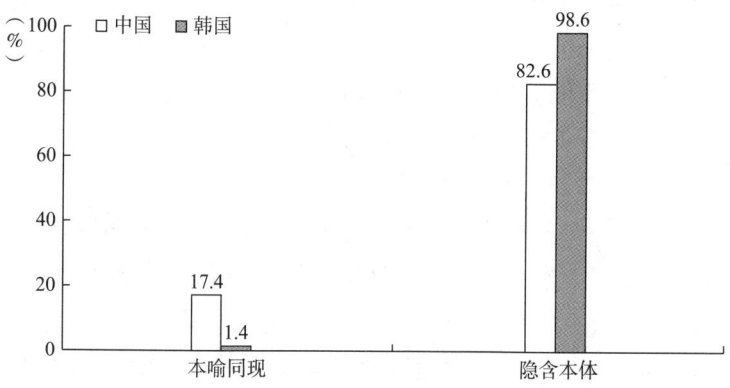

图 3-66　中韩本喻同现与隐含本体的谚语占比图

由图 3-66 可以看出，在两国谚语中隐含本体的谚语都占大多数，而本喻同现类型的谚语都是少数。这正反映了两国谚语的一个共同特点，这个特点独立于两民族之间文化背景的差异性之外——谚语的运作往往是建立在其隐喻义而非字面义的基础上。从图 3-66 中可以看出，中韩谚语高达 82.6% 和 98.6% 都为隐含本体的谚语。由于谚语的隐喻性特征，需要使用者把谚语的源域与目标域进行连接，根据语境在字面义上进行语用意义的整合处理，这是谚语的认知过程，也是隐喻的认知过程。这也反映了人们在碰到一种比较陌生、新鲜的事物或事件时，会用生活中较为熟悉的和容易理解的事物或事件进行类比，从而帮助人们理解和掌握新知识。

例如，在表示自己受了冤枉、被人连累时，可以说"真是别人牵牛我拔桩啊！"此种表达，不用详细表述事件的过程，只通过一个谚语,就能把当事人的境遇和此刻的心情表现得淋漓尽致。这种"高级"的语言表达形式,正符合了人类认知的思维方式,因此能够使人们产生共鸣,甚至能够跨越语言的桥梁,直抵人的内心深处。尤其是对某种无法用语言表达的意境,恰如其分的一句谚语,就能使人立刻心领神会。这也是为什么谚语常常能够更加传神地表达思想,甚至有时只用简短的一句话就胜过千言万语的原因。

(一)中韩隐含本体的谚语隐喻形式的相同点

中国隐含本体的谚语中糅合类谚语为 6 条,占隐含本体的中国谚语的 2.0%;叠加类谚语为 100 条,占 32.9%;截搭类谚语 49 条,占 16.1%;直搭类谚语 149 条,占 49.0%。

韩国谚语中隐含本体的谚语占绝大多数,其中糅合型谚语为 11 条,占韩国隐含本体的谚语的 1.9%;叠加类型的谚语为 51 条,占 9.1%;截搭类型的谚语为 273 条,占 48.6%;直搭类型的谚语为 227 条,占 40.4%。如图 3-67 所示:

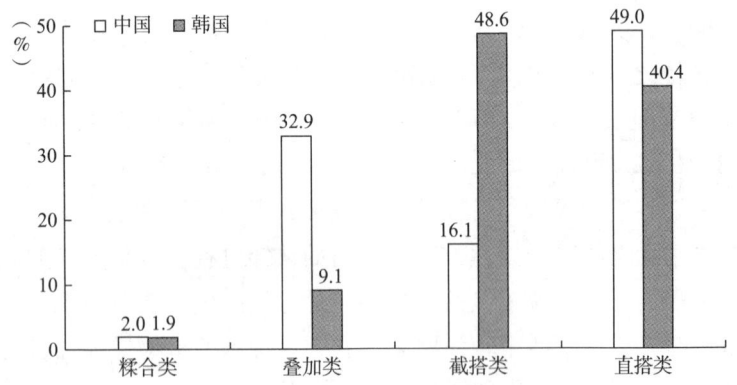

图 3-67 中韩隐含本体的谚语隐喻形式占比图

由图 3-67 可以看出,中韩各类型谚语相比较,糅合与直搭类的谚语比例相近。其中，糅合类谚语的占比最少，那么为什么糅合类的谚语占比都那么少？从整合过程的复杂程度上进行分析，可以发现，在四种整合的过程中，糅合类整合的过程最为复杂，思维的抽象活动较多；从经济性原则上看，糅合类谚语因为复杂，所以使用的就较少。参见表3-1，糅合类谚语的两个输入域之间是相似的关系，两个输入域分别向一个形式中添加成分。相似关系具有隐喻性特征，相关关系具有转喻性特征，在第四章中会讲到隐喻比转喻的抽象程度更高，隐喻可以看作是多个转喻的连续体。因此，基于相似关系的两个输入域的思维距离也更远一些，这就加大了思维的难度。

另外，糅合的两个输入域要分别向一个结构中添加成分，相比之下，截搭与直搭类谚语，不但两个输入域之间是相关关系，而且从名称就可以看出，两个输入域的内容是搭在一起的，结合后的内容还是泾渭分明的两个部分，好比是"物理结合"；而糅合要把两个输入域的内容打散后再融合到一起，结合后的内容是"你中有我，我中有你"的一个整体，好比是"化学结合"。与叠加类谚语相比，糅合和叠加虽然都是基于相似性，但是叠加类谚语对分句的形式不加改变，直接叠加在一起；而糅合类谚语却要将两个输入域的形式打破，分别从中选择出需要的部分，还要按照一个完整的形式进行组装。选择哪个成分，用什么组合搭配，都需要在思维中进行衡量和取舍，这无形中就加大了思维的工作量。因此，与其他三种组合方式相比，糅合类整合的过程最为复杂，这也许就是为什么糅合类谚语数量最少的原因所在。

同理，两国直搭类谚语的比例都很高，因为直搭类整合是四种整合类型中较为简单的。首先，直搭类整合的两个输入域是基于相关关系；其次，其两个输入域的内容是不经过修饰，直接搭在一起的，与其他类型的谚语相比，其整合过程相对简单。

从中韩糅合类谚语本身的特点出发，可以发现，糅合类谚语两个输入域具有比较典型的组合方式，这在中韩谚语中是相似的。如两国谚语中都有"什么像什么""什么是什么""什么与什么相比"，还有"什么怎么样"这几种类型。其中前3个类型的谚语有明显的语法标志。如"什么像什么"中的"春牛如战马""더운 여름 그늘에 누운 소처럼 일하지""낯짝이 얼룩소 오줌 같다""소같이 먹는다""쇠털 같은 세월이다"中的"如""…처럼""…같다""…같이"等；还有"什么是什么"，如"牛是种田人的哑巴儿子""고집이 소 고집이다"中的"是""이다"等；"什么与什么相比"如"소 귀신보다 질기다"中的"보다"等。

中韩叠加类谚语中，都包含了两个域的单纯叠加类谚语与叠加中包含直搭类的谚语，如"菜不移栽不发，牛无夜草不肥"与"도깨비도 숲이 있어야 모이고, 소도 언덕이 있어야 비빈다"都是两个输入域的单纯叠加类谚语。"冬天喂牛喂在腿上，春天喂牛喂在嘴上"与"소 귀는 편편해야 성미가 순하고, 돼지 귀는 아래로 처져야 성미가 순하다"都是叠加中包含直搭类的谚语。

中韩截搭类谚语都包含两个概念域语义相冲突的类型，概念域语义相冲突也是截搭类谚语的一个突出的特征。如"按着牛头吃不得草"与"갓 난 송아지 범 무서운 줄 모른다"都是概念错位型截搭类谚语。

中韩谚语中，直搭类谚语都为占比较大的类型。在中国隐含本体的谚语中，直搭类谚语占49.0%，在所有谚语类型中占比最大；韩国直搭类谚语占比为40.4%，仅次于截搭类谚语的

48.6%。

中韩直搭类谚语都包括单纯直搭类谚语，以及复合直搭类的谚语。按照语义逻辑结构类型，单纯直搭类谚语还可以细分成因果、条件、目的、推论、转折和让步六种类型。复合直搭类谚语则均包括直搭中包含叠加类型的谚语、直搭中包含直搭类型的谚语，以及直搭中包含复合类型的谚语。所以说，两国直搭类谚语无论在数量的占比，还是分类情况上都十分的相似。

中国单纯直搭类谚语中，因果关系的谚语占隐含本体的单纯直搭类谚语的 16.2%；条件关系的谚语占 33.1%；目的关系的谚语占 1.5%；推论关系的谚语占 5.4%；转折关系的谚语占 33.8%；让步关系的谚语占 10.0%。而韩国单纯直搭类谚语中，因果关系、条件关系、目的关系、推论关系、转折关系以及让步关系的谚语分别占隐含本体的单纯直搭类谚语的 17.1%、26.1%、2.0%、12.1%、19.1% 和 23.6%。

表 3-2　中韩直搭类谚语分类表

	中国	韩国
因果关系	16.2%	17.1%
条件关系	33.1%	26.1%
目的关系	1.5%	2.0%
推论关系	5.4%	12.1%
转折关系	33.8%	19.1%
让步关系	10.0%	23.6%

由表 3-2 可以看出，中韩直搭类谚语中，表示因果、条件和目的的直搭类谚语占比相似。这说明这三种逻辑关系的使

用，在中韩两国的谚语中比较相似。

（二）中韩本喻同现的谚语隐喻形式的相同点

中国谚语中本体在前、喻体在后的谚语有 6 条，在本喻同现的谚语中占 9.4%；本体在后、喻体在前的谚语有 58 条，在本喻同现的谚语中占 90.6%。韩国谚语中本体与喻体同现的谚语全部为本体在后、喻体在前的类型。

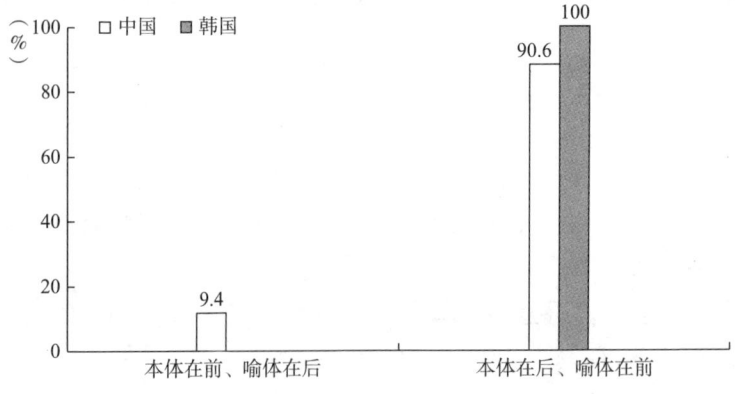

图 3-68　中韩本喻同现的谚语隐喻形式占比图

由图 3-68 可以看出，韩国谚语中本体与喻体同现的谚语全部为本体在后、喻体在前的类型，中国本体在后、喻体在前的类型也占大多数。究其原因，一个完整的事件是很多个分事件的连续体，而这些分事件可以看作是一条因果关系链。在这个链条上，是一个个串联整个事件中的分事件，每个分事件都可以看作是前一个事件的结果和后一个事件的原因。人的逻辑关系通常也是按因果关系的顺序排列的。而谚语所表达的中心思想，就可以看作是结论，前面的内容是铺陈，重点是后面的结果，所以按照正常的逻辑顺序，大部分谚语应该是隐喻的本体在后、喻体在前的类型。

中国本喻同现的谚语中，糅合类谚语共 5 条，叠加类谚语共 39 条，直搭类谚语共 20 条，分别占本喻同现类谚语的 7.8%、60.9% 与 31.3%。韩国本喻同现的谚语中，叠加类谚语共 4 条，直搭类谚语共 4 条，分别占本喻同现类谚语的 50.0% 与 50.0%。

从谚语类型更加细致的分类上分析，如图 3-69。中韩本喻同现的谚语中都包含了单纯叠加类、直搭中包含叠加语和直搭中包含复合类谚语。从图 3-69 和图 3-70 中可以看出，中韩本喻同现的谚语中，50% 都为单纯叠加类谚语。本喻同现的谚语中单纯叠加的语义整合方式最为简单直接，谚语作为一种特殊的传达语义的隐喻形式，效率最高的方式往往占比最大。可以发现，中韩谚语的各类型的谚语对比中也基本遵循着这个经济性原则。

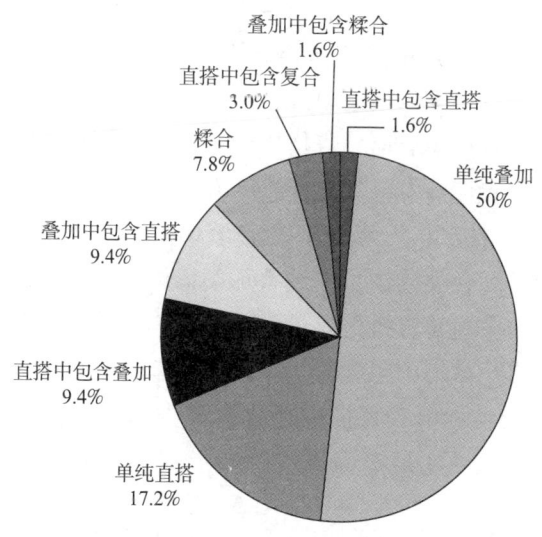

图 3-69　中国本喻同现的谚语形式类型占比图

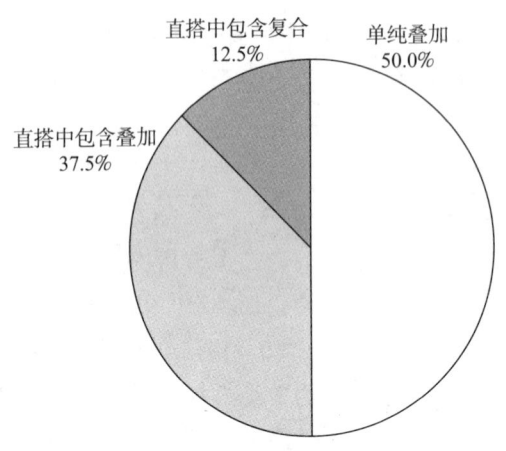

图 3-70 韩国本喻同现的谚语形式类型占比图

（三）中韩谚语隐喻形式类型的相同点

1. 中韩谚语隐喻形式小类的相同点

在 368 条中国谚语中，谚语形式一共有十种类型，它们分别是糅合类谚语、单纯叠加类谚语、叠加中包含糅合类谚语、叠加中包含直搭类谚语、单纯截搭类谚语、截搭中包含叠加类谚语、单纯直搭类谚语、直搭中包含叠加类谚语、直搭中包含直搭类谚语和直搭中包含复合类谚语。

在韩国的 570 条谚语中，谚语形式一共有十一种类型，它们分别是糅合类谚语、单纯叠加类谚语、叠加中包含糅合类谚语、叠加中包含直搭类谚语、单纯截搭类谚语、截搭中包含叠加类谚语、截搭中包含直搭类谚语、单纯直搭类谚语、直搭中包含叠加类谚语、直搭中包含直搭类谚语和直搭中包含复合类谚语。表 3-3 是中韩谚语的各形式类型的数量与所占百分比。

表 3-3　中韩谚语隐喻形式类型统计表

	中国（共 368 条）		韩国（共 570 条）	
糅合	11	3.0%	11	1.9%
单纯叠加	116	31.5%	50	8.8%
叠加中包含糅合	1	0.3%	2	0.4%
叠加中包含直搭	22	6.0%	3	0.5%
单纯截搭	47	12.8%	266	46.7%
截搭中包含叠加	2	0.5%	4	0.7%
截搭中包含直搭	/	/	3	0.5%
单纯直搭	141	38.3%	199	34.9%
直搭中包含叠加	14	3.8%	11	1.9%
直搭中包含直搭	8	2.2%	18	3.2%
直搭中包含复合	6	1.6%	3	0.5%

如表 3-3 所示，中韩谚语中，都包含了糅合类谚语、单纯叠加类谚语、叠加中包含糅合类谚语、叠加中包含直搭类谚语、单纯截搭类谚语、截搭中包含叠加类谚语、单纯直搭类谚语、直搭中包含叠加类谚语、直搭中包含直搭类谚语和直搭中包含复合类谚语。

按照所占比例由大到小的顺序进行排列，中韩谚语各语义类型的图表如图 3-71、3-72。可以看出，单纯直搭、单纯叠加和单纯截搭三种类型的谚语占了中韩谚语的绝大部分。这三种类型的谚语在中国谚语中总共占了 82.6%，在韩国谚语中占了 90.4%。说明单纯直搭、单纯叠加和单纯截搭是谚语最普遍的形式。

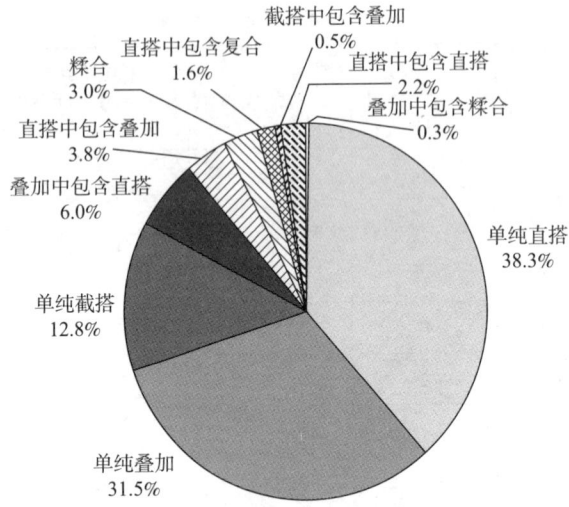

图 3-71　中国谚语形式类型占比图

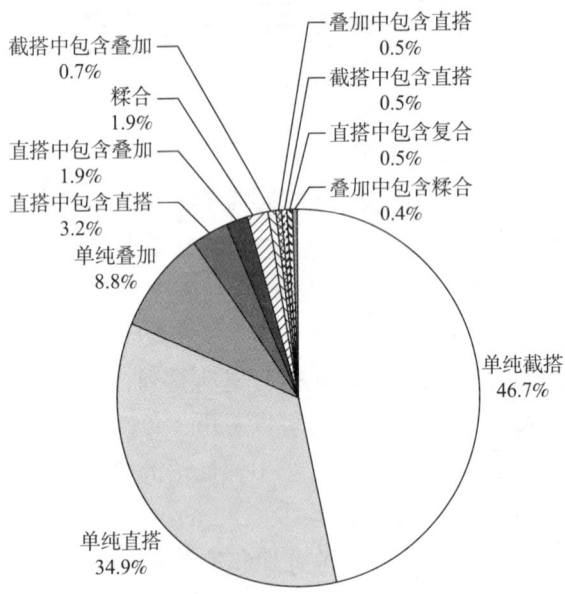

图 3-72　韩国谚语形式类型占比图

2. 中韩谚语隐喻形式大类的相同点

综合来说，谚语隐喻形式大类包括本喻同现与隐含本体两类，在所有谚语中，中国的糅合类谚语共 11 条，占中国谚语的 3.0%；叠加类谚语共 139 条，占中国谚语的 37.8%；截搭类谚语共 49 条，占中国谚语的 13.3%；直搭类谚语共 169 条，占中国谚语的 45.9%。韩国的糅合类谚语共 11 条，占韩国谚语的 1.9%；叠加类谚语共 55 条，占韩国谚语的 9.7%；截搭类谚语共 273 条，占韩国谚语的 47.9%；直搭类谚语共 231 条，占韩国谚语的 40.5%。

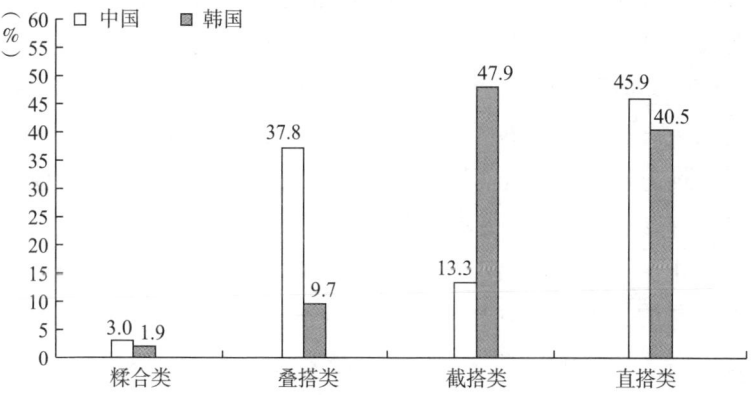

图 3-73　中韩谚语形式类型占比图（大类）

由图 3-73 可见，中韩谚语中糅合与直搭类的谚语比例相似。在两国谚语中，糅合类谚语都是占比最小的类型，直搭类谚语都属于占比较大的类型。

二、中韩谚语隐喻形式的不同点

如图 3-66 所示，相比较而言，中国谚语中，本喻同现类型的谚语数量更多，在韩国谚语中则绝大部分为隐含本体的谚语。从谚语的字面义的显露程度上来看，中国语义明确的谚语较多，而韩国则更加倾向于隐含语义的说法。

（一）中韩隐含本体的谚语隐喻形式的不同点

如图3-67所示，中韩隐含本体的谚语中，叠加与截搭类的谚语数量差别较大。

在糅合类谚语中，韩国谚语中语法标志都参与了谚语语义的构建，更加明确了两个概念之间的关系；而中国谚语除了两条谚语中出现了"如""是"等语法标志外，大部分谚语都是"什么怎么样"的类型，没有语法标志参与，糅合的方式更加抽象。吕叔湘先生曾经指出，"汉语的语法关系常常要靠读者或听者自己去领会，尤其在表示动作或事物的关系上，几乎全赖'意会''不靠言传'。"[1] 所以，汉语更强调前后逻辑关系，语法关系带有一定的模糊性。汉语的这种形态变化不大的语言形式对思维起反作用，从而形成汉语重视逻辑推理的特点。[2] 就语义的特点来看，汉语更具模糊性，韩国语更具明示性。

中国叠加类谚语占隐含本体的谚语的32.9%，而韩国叠加类谚语的占比只有9.1%。从数据上看，中国谚语采叠加型比韩国谚语要普遍得多。

中国谚语中，单纯叠加类谚语分为两个输入域的叠加与三个及以上输入域的叠加，而韩国谚语中单纯叠加类谚语只包含两个输入域的叠加。中国谚语中，复合叠加类谚语占叠加类谚语的16.0%，而韩国谚语中复合叠加类谚语只占9.8%。可以看出中国的复合叠加类谚语在叠加类谚语中占比更多。通过叠加

---

[1] 李海英：《中国传统思维方式与汉朝语言转换——以整体思维和具象思维为中心》，中央民族大学2006年硕士学位论文。

[2] 太平武：《从语言的角度看中国人和韩国人思维方式的特点》，载《Journal of Korean Culture》2006年第9期。

类谚语的对比，我们发现，中国的叠加类谚语不仅所占的比重更大，而且种类也更加丰富，说明叠加类谚语在中国的使用更加普遍。

中国谚语喜用叠加的表现形式，是中华民族传统的谚语表达方式所共有的特点，也是中国古典诗歌与民歌所共有的特点——从听觉上看，追求大致整齐匀称的节奏和韵律，满足广大群众所喜爱的和谐的音乐美；从视觉上看，喜欢用对偶，满足一种匀称对应的整齐美。这两个特点，同中华民族生活中其他方面的审美心理是一致的，汉语的谚语结构形式特点，总括成一句话，就是韵律性，或者说是"诗化"形式。就是汉语的谚语很像中国的古典诗歌，具有古典诗歌的许多特征。主要表现在两个方面，一是注意语句的韵律特征的音乐性；二是追求构成方式的艺术化。[1]

中韩谚语在截搭类谚语的类型上差异最大。首先，从数量的占比上看，在隐含本体的谚语中，中国的截搭类谚语占16.1%；而韩国的截搭类谚语占48.6%，是韩国占比最大的谚语类型。而在中国，截搭类谚语的占比却排在直搭与叠加之后，是使用频率不太高的一个谚语类型。

其次，从截搭类谚语的下级分类上看，中国的截搭类谚语包括单纯的截搭和截搭中包含叠加两种类型，而韩国的截搭类谚语还包括截搭中包含直搭的类型。其中，中国单纯截搭的谚语，都是概念错位这一种类型的谚语，但是韩国单纯的截搭类谚语除了概念错位类的截搭，还包括概念对应类的截搭。并且在概念对应类的截搭谚语中，还可以细分为以物为喻体的谚语与平述型谚语。可见无论从数量的占比还是下级的分类角度，

---

[1] 孙维张：《汉语熟语学》，吉林教育出版社1989年版，第304页。

韩国的截搭类谚语都要比中国的截搭类谚语丰富得多。

尤其值得注意的是以物为喻体的谚语分类。这是专门针对韩国谚语的一个特殊的类型。因为这一类谚语具有区别于中国谚语非常显著的特征,而且数量也比较多。

在隐含本体的直搭类谚语的类型上,如表3-2所示,中国谚语更多地使用转折和条件关系的直搭,而韩国谚语更多地运用条件和让步关系的直搭。从思维方式上看,中国谚语习惯运用转折的方式强调语义;而韩国谚语则习惯运用让步的方式强调语义。当同为表达"二者相较取其一"的意思时,中国谚语"合要一条牛,不如独得一只狗"中,转折的思维方式更加直截了当;韩国谚语"내일 쇠다리보다 오늘 개 다리가 낫다"中,让步的思维方式则较为缓和。

另外,如表3-4所示,复合直搭类谚语中,中国谚语的直搭中包含叠加、直搭中包含直搭,以及直搭中包含复合类型的谚语所占比例分别为42.1%、36.8%与21.1%。而韩国谚语的比例则为28.6%、64.3%与7.1%。

表3-4　中韩复合直搭类谚语形式统计表

	中国	韩国
直搭中包含叠加	42.1%	28.6%
直搭中包含直搭	36.8%	64.3%
直搭中包含复合	21.1%	7.1%

从比例上看,中国谚语以直搭中包含叠加的类型居多,韩国谚语以直搭中包含直搭类型的居多。韩国谚语中经常出现一长串修饰语修饰话题的结构,直搭中包含直搭类型的谚语就属于这种例子。而汉语更加注重于逻辑思维,句型以短句为主,

句子多对称出现,也正是直搭中包含叠加类型的谚语。

另外,以中韩谚语中最为复杂的直搭中包含复合的所有谚语为例,可以发现中韩谚语在中心句的组织方式上的不同。韩国语一般是先说明过程,之后自然得出结论;汉语则具有双重性质,既可以先说出结论,之后叙述过程;又可以先说出过程,之后再得出结论。

> 例:饭饱酒足,闲逛闲耍,终日昏昏,不如牛马。
> 牛是农家宝,有勤无牛白起早。
> 人心比天高,得牛讲马好。
> 소 잡아 제사 지내려고 말고, 살아서 닭 잡아 봉양하랬다.
> 정월 초하루부터 계산해서, 첫번째 축일에 짝수가 되면 소 값이 떨어지고, 흘수가 되면 소 값이 올라간다.

韩国谚语的表达方式是,首先陈述理由和说明,之后陈述判断或结论。如韩国直搭中包含复合的 2 条谚语,"소 잡아 제사 지내려고 말고, 살아서 닭 잡아 봉양하랬다" 与 "정월 초하루부터 계산해서, 첫번째 축일에 짝수가 되면 소 값이 떨어지고, 흘수가 되면 소 값이 올라간다",都是结论在后。而在中国谚语中,从连接词、语言类型、复合句的特点等方面都具有双重性,因此,谚语"饭饱酒足,闲逛闲耍,终日昏昏,不如牛马"的重心在后,"牛是农家宝,有勤无牛白起早"与"人心比天高,得牛讲马好"的重心在前。

(二)中韩本喻同现的谚语隐喻形式的不同点

中国本喻同现的谚语中包含糅合类谚语;单纯叠加类谚语、叠加中包含糅合,以及叠加中包含直搭的类型的谚语;截搭中包含叠加类谚语；直搭类谚语中包括单纯的直搭、直搭中包含叠加和直搭中包含复合类型的谚语；而韩国本喻同现的谚语只有单纯叠加与直搭中包含叠加类型的谚语。

中国本喻同现的谚语多为叠加类，韩国则直搭类与叠加类一样多。这符合汉语喜用"诗化"的语言，即多用类比的方式，把语义平行排列，从具体事物或事件中提取抽象概念；而韩国语则多把语义进行横向扩张，语义之间呈线性排列。

从叠加与直搭类谚语更加细致的分类上分析，中韩本喻同现的谚语中，中国叠加类谚语不仅占比上更大，种类也更加丰富。中国本喻同现的谚语的隐喻形式各类型按照占比大小排列有：单纯叠加、单纯直搭、直搭中包含叠加、叠加中包含直搭、糅合、直搭中包含复合、叠加中包含糅合、截搭中包含叠加和直搭中包含直搭九种类型的谚语。而韩国本喻同现的谚语中，只有单纯叠加、直搭中包含叠加与直搭中包含复合三种类型的谚语。

（三）中韩谚语隐喻形式类型的不同点

1. 中韩谚语隐喻形式小类的不同点

如图 3-71 和 3-72 所示，韩国谚语中占比最大的是单纯截搭型谚语，最大的特点是概念域的错位或对应，建立在具体的概念基础上进行意义的错位或对应搭建，非常得具体、形象。相反，中国的单纯叠加型谚语数量远远大于韩国，而单纯叠加型谚语的特点是从两个相似的事物中提取共同的抽象特征，对语义进行高度的抽象化与范畴化，非常具有抽象特征。中国谚语中占比最大的单纯直搭类谚语，虽然也以转喻为基础，但是通常在显性的意义之外，还要进行进一步高度抽象的隐喻，才能得到其隐性的意义。

另外，中韩谚语在所有单纯形式的语义类型之外，比例也不均衡。中国谚语中所有复合型的谚语加起来占比超过14.4%，说明复合型的谚语也占有相当的比重。而韩国谚语所有复合类型加起来总占比不超过7.7%，虽然种类不少，但是数量很少，高达92.3%以上的谚语为单纯形式的谚语。

2. 中韩谚语隐喻形式大类的不同点

如图3-73示，中韩谚语在叠加与截搭类谚语上的差别最大。如前文所述，与汉语相比，韩国语话题的结构多采取具体名词或个体（个别）概念，这是因为韩国语的形象思维要高于汉语，表现在谚语中，其特点就是韩国谚语描述得更加具体和细腻。而汉语更加注重于逻辑思维，句型以短句为主，句子多对称出现。主语多为"人"或行为的施事者，按照逻辑顺序前后搭配出现。与韩国谚语相比，中国谚语话题的类指和泛化程度要高于韩国谚语。

第四章 中韩谚语隐喻形成方式对比

国外的认知语言学家提出了五种隐喻和转喻的相互作用模式。它们分别是Goossens的"隐转喻"理论（metaphtonymy）、Radden和Barcelona的隐喻的转喻理据、Riemer的后隐喻和后转喻理论、Ruiz de Mendoza的概念相互作用模式以及Geeraerts的棱柱形模式（prismatic model）。

本书综合Ruiz de Mendoza（2000）、Dirven（2002）、Goossens（1990）以及Díez Velasco（2001）对转喻、隐喻和隐转喻的研究范围，作出了以下对应表4-1、4-2、4-3。

表4-1　Ruiz de Mendoza（2000）和Dirven（2002）研究范围表

	转喻		隐喻	
Ruiz de Mendoza（2000）	指称转喻	谓述（predicative）用法转喻	单对应隐喻	多对应隐喻
Dirven（2002）	线性（linear）转喻	连接（conjunctive）转喻	包含（inclusive）转喻（包含在隐喻中的转喻）	

如表4-1所示，Ruiz de Mendoza（2000）和Dirven（2002）都是对转喻和隐喻的连续体进行的全面的分析。二者都把研究范围分成转喻和隐喻两部分。其中转喻根据抽象性的有无，分为两部分，一个是单纯的转喻，即指称转喻或线性（linear）转喻，另一个是有一定的语义引申，这种转喻具有一定的抽象性

质，即谓述（predicative）用法转喻或连接（conjunctive）转喻。虽然名称不同，但是它们所特指的研究范畴基本上是一致的。对于隐喻，二者的研究范畴一致，但是研究的方法不同。Ruiz de Mendoza（2000）是从隐喻源域与目标域的对应关系的角度出发，把隐喻分为单对应隐喻和多对应隐喻；而 Dirven（2002）则是从转喻与隐喻的互动关系的角度出发，这里所指的包含转喻是包含在隐喻中的转喻。

表 4-2　Goossens（1990）研究范围表

	隐喻			
Goossens（1990）	来自转喻的隐喻（Metaphor from metonymy）	隐喻中的转喻（Metonymy within metaphor）	转喻中的隐喻（Metaphor within metonymy）	隐喻语境中的非转喻化（Demotonymisation in a metaphorical context）

表 4-2 中，Goossens（1990）的研究范围则仅限于 Dirven（2002）所指的包含转喻的范畴，即只把研究范围限定在了隐喻和转喻的互动关系上。Goossens（1990）把隐喻和转喻的互动关系分为四类，即来自转喻的隐喻（Metaphor from metonymy）、隐喻中的转喻（Metonymy within metaphor）、转喻中的隐喻（Metaphor within metonymy）和隐喻语境中的非转喻化（Demotonymisation in a metaphorical context）。

表 4-3　Díez Velasco（2001）研究范围表

	隐喻			
	源域		目标域	
单对应	源域中的转喻延伸		目标域中的转喻延伸	
多对应	源域的对应要素之一的转喻压缩	隐喻源域的对应要素之一的转喻扩展	目标域的对应要素之一的转喻压缩	目标域的对应要素之一的转喻扩展

Díez Velasco 则认为转喻本身的性质决定了在概念互动中对隐喻起到辅助性（subsidiary）的作用，即隐喻中必然包含转喻。隐喻与转喻的互动范围也自然是限定在了隐喻范畴之中。与 Goossens（1990）不同，Díez Velasco（2001）综合借鉴了 Ruiz de Mendoza（2000）和 Dirven（2002）二者的研究方法，把隐喻的分类建立在三条标准之上：一是转喻映射发生的位置（隐喻的源域或目标域）；二是转喻的范围（单对应隐喻或多对应隐喻）；三是转喻意义的扩展方式（延伸或压缩）。因此，Díez Velasco（2001）对于隐喻的分析方法最为全面，总共总结出 6 种关系模式，即：①隐喻源域中的转喻延伸；②隐喻目标域中的转喻延伸；③隐喻目标域的对应要素之一的转喻压缩；④隐喻源域的对应要素之一的转喻压缩；⑤隐喻源域的对应要素之一的转喻扩展；⑥隐喻目标域的对应要素之一的转喻扩展。

结合以上对隐转喻的分类方法，本书拟运用以下分析方法对中韩谚语进行对比分析。

首先，是判断整个谚语是隐喻还是转喻的。主要依据的是谚语的源域和目标域是否在同一个认知域（ICM）中，如果谚语的字面义（源域）与谚语在实际使用中的意义（目标域）在同一个认知域（ICM）中，那么，这个谚语就是转喻性的；如果谚语的字面义（源域）与谚语在实际使用中的意义（目标域）不在同一个认知域（ICM）中，那么这个谚语就是隐喻性的。

其次，在总结前人对谚语隐转喻的分类方法之后，对隐喻性谚语进行分类分析。本书对于隐喻性谚语的分类标准借鉴了 Ruiz de Mendoza（1997，1999，2000）隐转喻的分类标准之中的两条：一是转喻映射发生的位置（隐喻的源域或目标域);二是转喻的范围(单对应隐喻或多对应隐喻),并且结合Goossens(1990)提出的隐喻和转喻的互动关系总结出的中韩谚语隐喻与转喻相互作用模式的对比类型,用以考察对于谚语隐转喻的语义扩展方式。本书研究中韩谚语隐喻形成方式的模型如下:

1. 转喻类谚语

(1)单纯转喻。单纯转喻是指谚语的语义从源域(字面义)A,到目标域(隐喻义)A'只经过了一次转喻的过程。如图 4-1 所示:

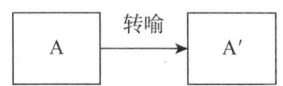

图 4-1 单纯转喻形成方式模型图

如"白露之后牛羊配,寒露之前鸡换羽"是介绍白露和寒露节气的谚语,谚语的字面义到语用义的映射过程在同一个"季节"认知域中。

(2)转喻中包含转喻。转喻中包含转喻是指谚语整体的语义从源域的 A、B 到目标域的 A'、B'映射过程在同一个认知域中,因此谚语在语用层面上的整体意义是转喻的。而在从源域到目标域的多个语义要素的映射过程中,包含了语义要素 A 到 A'的转喻映射。如图 4-2 所示:

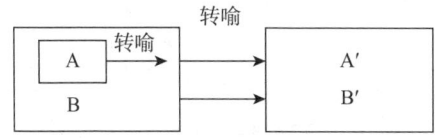

图 4-2 转喻中包含转喻形成方式模型图

如"春冷冻死牛"是指"倒春寒非常冷",源域与目标域同在"气候域"中,没有跨域,因此是转喻类谚语。谚语中的语义要素"冻死牛"指"十分寒冷",可以看作是"果代因"的转喻。

(3)转喻中包含隐喻。转喻中包含隐喻是指谚语整体的语义A、B从源域到目标域A'、B'的映射过程在同一个认知域中,因此谚语在语用层面上的整体意义是转喻的。而在从源域到目标域的多个语义要素的映射过程中,包含了语义要素A到A'的隐喻映射。如图4-3所示:

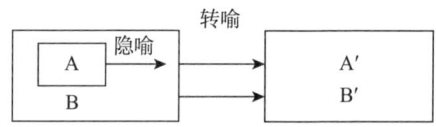

图4-3 转喻中包含隐喻形成方式模型图

如"常常晒太阳,身体壮如牛"谚语整体的意义是转喻的,但其中的语义要素"身体壮如牛"是隐喻的。

2. 来自转喻的隐喻类谚语

(1)连续转喻。有一种谚语是由连续的转喻引申而来,谚语由表面意义A,先经过一个转喻到A',再经过一个转喻过程到A",从A到A"的语义是跨域的,也就是隐喻的,整个过程可以看作是来自转喻的隐喻。如图4-4所示:

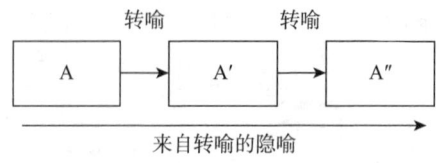

图4-4 连续转喻形成方式模型图

如"官房漏,官牛瘦"可以看作是由个别官家所属物品的破败景象转喻为"官家的东西总是非常的破败"。再由"官家的东西总是非常的破败"这个事件中的一个方面转喻为整个事件"人们总是不像爱护自己的私人物品那样爱护公共财物"。整个意义延伸的过程是转喻的连续体,从谚语整体的源域到目的域是隐喻的,因此这个谚语是来自转喻的隐喻。

(2)典故。来自典故的谚语基本都是通过简短的话语 A,代表典故的整个故事 A',所以可以看作为转喻中的"以分事件代整个事件",这是谚语的显性意义。然后通过故事提炼出谚语想要表达的意思 A",这个过程属于转喻中的"以整体代部分",然后在谚语具体的使用过程中,经过隐喻,在其他的认知域中使用其隐含的意义 A'"。如图 4-5 所示:

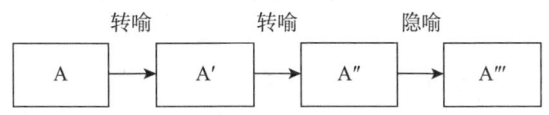

图 4-5 典故隐喻形成方式模型图

如"背着牛头不认账"先通过转喻还原到故事本身,然后又通过转喻的过程,得到谚语想表达的意思,即形容一个人"死赖",明明做过的事却厚着脸皮否认。最后在谚语的使用过程中,在其他认知域中通过隐喻达到想要表达的目的,形容那些"干了坏事还拒不承认的人"。

3. 隐喻类谚语

(1)一个输入域的隐喻。隐喻中包含隐转喻类谚语指的是源域 A、B 与目的域的 A'、B' 的语义要素呈对应关系的谚语,一个输入域的谚语就是这种类型。谚语的源域与目的域之间彼此是相似而不相关的关系,因此这个意义的引申过程属于隐喻。如图 4-6 所示:

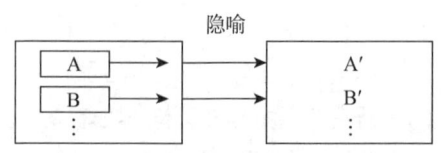

图 4-6　一个输入域的隐喻形成方式模型图

谚语"丢下黄牛撵蚊子"的隐喻意义是"因小失大"。"丢下"隐喻为"放弃";"黄牛"隐喻为"大的东西";"撵"隐喻为"追求";"蚊子"隐喻为"小的东西",所以整句谚语"丢下黄牛撵蚊子"的"显性的隐喻意义"可以看作是"放弃大的追求小的",又经过进一步的隐喻,引申成为"因小失大"。整个句子的每一个部分都从源域到目的域呈现出一一对应的映射关系。

(2) 两个输入域的隐喻。两个输入域的隐喻类型的谚语一般是由于输入域 A、B 之间存在着共同的抽象结构 C,这个共同的抽象结构 C 就像是概念整合理论中的类属空间。在这个类属空间中的内容为在两个输入域中高度抽象出来的意向图示,因此这个意义的引申过程属于隐喻。在从输入域中提取出这个高度抽象的共同的意向图示结构之后,再经过一个跨域的隐喻,最终得到谚语的隐喻意义 C'。如图 4-7 所示:

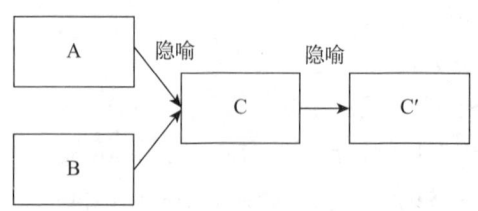

图 4-7　两个输入域的隐喻形成方式模型图

如"菜不移栽不发,牛无夜草不肥"中,两个输入空间的"菜不移栽不发"与"牛无夜草不肥"在类属空间中抽象出来的意向图示"做农活也有窍门才能做好",再经过一个跨域的隐喻,从"农事框架"通过隐转喻到"泛指做事情的框架",得到谚语的隐喻意义"做事情要做好都有窍门"。

(3)三个及以上输入域的隐喻。三个及以上输入域的隐喻类型的谚语一般是由于输入域 A、B、C……之间存在着共同的抽象结构 D,这个共同的抽象结构 D 就像是概念整合理论中的类属空间。在这个类属空间中的内容为在各个输入域中高度抽象出来的意向图示,因此这个意义的引申过程属于隐喻。在从输入域中提取出这个高度抽象的共同的意向图示结构之后,再经过一个跨域的隐喻,最终得到谚语的隐喻意义 D'。如图 4-8 所示:

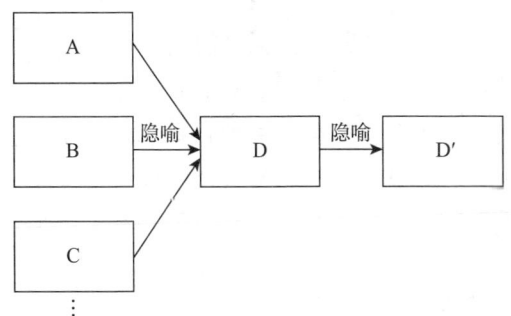

图 4-8　三个及以上输入域的隐喻形成方式模型图

如"放牛得耍,放马得骑,放羊脚杆脱层皮"通过这三个不同的概念映射投射到类属空间中,提取出它们共同的抽象结构"不同的动物放牧的方法也不尽相同"。这个意义的引申过程属于隐喻。再经过一个跨域的隐喻,得到谚语的隐喻意义"不同的事情要做好,就要用不同的方法"。谚语从输入域的"农事框架"到隐喻义"泛指做事情的框架",这个意义的引申过程可以看作是来自转喻的隐喻。

第一节　中国谚语隐喻形成方式

一、隐含本体的谚语隐喻形成方式

（一）转喻类谚语

转喻以概念的邻近性为基础，即转喻类谚语的源域与目标域之间的映射是基于相似性的映射。谚语的字面意义就是其所要表达的内容，也就是说，本体（谚语）与其传达的知识是来自同一个认知框架中，没有发生认知域的框架转移现象。隐喻与转喻都是人类的一种思维方式，是人类认识和理解客观世界的一种工具。而转喻是隐喻的基础，是人类隐喻思维处于最基础阶段的认知工具，其普遍性不言而喻。

中国转喻类谚语以农谚为代表，以传输劳动生活的经验为主。除此之外，还有与气象有关的谚语和与生活经验有关的谚语。有些谚语中既包含有农业的内容也涉及气象。

（1）气象谚。气象谚与天气、节气和气象有关。

例：白露之后牛羊配，寒露之前鸡换羽。
三九冻破头，三伏热死牛。
十二月里雷打冬，十个牛圈九个空。
云雾绕山头，淹死老黄牛。

如谚语"白露之后牛羊配，寒露之前鸡换羽"是介绍白露和寒露两个节气的时候动物的生理变化情况；"三九冻破头，三伏热死牛"是描述三九天的寒冷和三伏天的酷热；"十二月里雷打冬，十个牛圈九个空"讲的则是冬天打雷的时候是非常严寒的时节，连牛都冻死了。"云雾绕山头，淹死老黄牛"则是通过观察天气现象预测要下雨，通过下雨可能产生的严重后果对人们提出警示。它们都属于气象谚，以向人们介绍长期积累的气象知识为目的，是单纯的转喻。

（2）农谚。在中国谚语的转喻类谚语中，出现最多的是农谚。这是因为谚语是劳动人民在长期的劳动生活中提炼出的经典语言。在过去，农耕是人们最日常的，也是占据最多精力的事情，有关农业的谚语自然也最为丰富多彩，涉及人们生活的各个方面。

> 例：耕地看石头，耙地看牛头。
> 谷怕午时风，老牛怕过冬。
> 穷人一条牛，性命在里头。
> 想靠犁头发家，亲自牵牛赶马。

"耕地看石头，耙地看牛头"等是与耕种有关的谚语；"谷怕午时风，老牛怕过冬"等是与农耕的劳动力——牛的生活习性和饲养有关的谚语；"穷人一条牛，性命在里头"与"想靠犁头发家，亲自牵牛赶马"等则是突出了牛作为农耕劳动工具的重要性。

（3）生活经验谚。传授生活经验和人生哲理的谚语在中国"牛"谚语里的占比不多。

> 例：常常晒太阳，身体壮如牛。
> 最纯洁的是牛奶，最肮脏的是病菌。
> 九头牛扳不过一个"理"字。
> 说出来的话牛都踩不烂。

"常常晒太阳，身体壮如牛""最纯洁的是牛奶，最肮脏的是病菌"等都是关于传授生活经验的谚语；"九头牛扳不过一个'理'字"与"说出来的话牛都踩不烂"是有关人生哲理的谚语。

在转喻类谚语中，有的谚语整句话是作为一个意义整体进行转喻的，也有的谚语中包含了转喻或隐喻。根据谚语中包含的内容进行分类，转喻类谚语还可以分为单纯转喻、转喻中包含了转喻、转域中包含隐喻的谚语三类。

1. 单纯转喻类谚语

单纯转喻是指谚语的语义从源域到目标域只经过了一次转喻的过程。单纯转喻类谚语共有54条。

例：白露之后牛羊配，寒露之前鸡换羽。
春耕到，牛是宝。
冬天牛不瘦，春耕不发愁。
腊月南风吹三天，牛犊出屋要撒欢。

如谚语"白露之后牛羊配，寒露之前鸡换羽"是介绍白露和寒露两个节气的时候动物的生理变化情况。如图4-9所示：

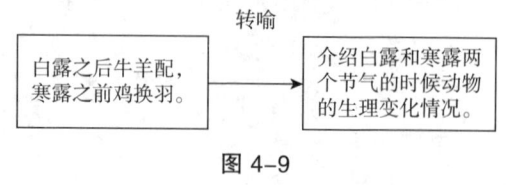

图 4-9

谚语"白露之后牛羊配，寒露之前鸡换羽"中没有包含其他隐喻或转喻的情况。谚语的字面义到语用义的映射过程在同一个"季节"认知域中。

如谚语"春耕到，牛是宝""冬天牛不瘦，春耕不发愁""腊月南风吹三天，牛犊出屋要撒欢"等，都是陈述一个事实，谚语的字面意义就是其所要表达的内容，也就是说，本体（谚语）与其传达的知识是出来同一个认知框架中，没有发生认知域的框架转移现象。相比之下，隐喻是发生了认知域的框架转移的，如"牛皮灯笼肚里亮"的字面义虽然是说的"灯笼"，但是其隐喻的所指是"人"，这句谚语隐喻的是"人的心里明白"，隐喻性谚语的字面义与隐喻义不在同一个认知框架中。

2. 转喻中包含转喻类谚语

转喻中包含转喻是指谚语整体的语义从源域到目标域的映射过程在同一个认知域中，因此谚语在语用层面上的整体意义是转喻的。而在从源域到目标域的多个语义要素的映射过程中，又包含了语义要素的转喻映射。转喻中包含转喻的谚语共有28条，此类谚语中被包含的转喻有部分代整体与整体代部分两种；另外，谚语中包含的转喻数量不同，种类也不同。

例：春冷冻死牛。
人力犁地吼吼叫，不如耕牛伸个腰。
千锹万锹，不如老牛一伸腰。
用牛不怕百天，就怕背上三鞭。

转喻中包含转喻的谚语中，结构较为简单的如"春冷冻死牛"是指"倒春寒非常冷"，源域与目标域同在"气候域"中，没有跨域，因此是转喻类谚语。"春冷冻死牛"这句谚语中，"冻死牛"既可以看作是一种夸张的手法，也可以认为是部分代整体的转喻中的"因果ICM"，谚语的字面意义是"春天太冷，以至于可以把牛给冻死"，在这里"冻死牛"是"果代因"

的转喻。

下面以较复杂的谚语"人力犁地吼吼叫,不如耕牛伸个腰"为例做分析,如图4-10所示:

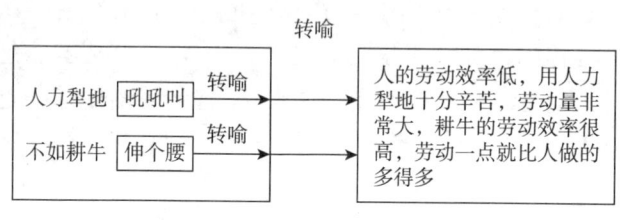

图4-10

谚语"人力犁地吼吼叫,不如耕牛伸个腰"中"吼吼叫"是部分代整体的转喻中的"因果ICM",由"结果"——人的表现"吼吼叫"指代原因"十分辛苦,很劳累",谚语的前半句的意思是"人的劳动效率低,用人力犁地十分辛苦,劳动量非常大"。后半句"不如耕牛伸个腰"的意思是"耕牛的劳动效率很高,劳动一点就比人做的多得多"。"伸个腰"是部分代整体的转喻中的"事件ICM",由"分事件"——"老牛伸个腰"指代整个事件"牛耕地"。

谚语"千锹万锹,不如老牛一伸腰"的图4-11所示如下:

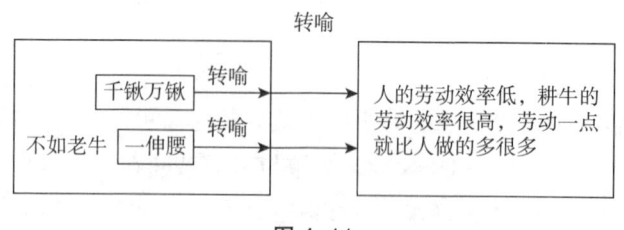

图4-11

"千锹万锹,不如老牛一伸腰"中"千"和"万"是部分代整体的转喻中的"等级ICM",由代表数字上限的"千"和

"万"来指代"很多","千锹万锹"是"部分代整体"的转喻中的"事件ICM",由人耕地劳动无数个分事件"一锹一锹"的干活组成的"千锹万锹"来指代"人力耕田"整个事件。"老牛一伸腰"是"部分代整体"的转喻中的"事件ICM",由分事件"老牛伸个腰"指代整个事件"牛耕地"。

3. 转喻中包含隐喻类谚语

转喻中包含隐喻是指谚语整体的语义从源域到目标域的映射过程在同一个认知域中,因此谚语在语用层面上的整体意义是转喻的。而在从源域到目标域的多个语义要素的映射过程中,包含了语义要素的隐喻映射。转喻中包含隐喻的谚语共有25条,其中有带有明显语法标志的隐喻,也有不带语法标志的隐喻。

>例:常常晒太阳,身体壮如牛。
>牛马是功臣,好比家里一口人。
>牛吃饱,田吃饱,种田老汉饿不了。
>十二月里雷打冬,十个牛圈九个空。
>冬天无牛睡高枕头,春天无牛急得像猴。
>人心比天高,得牛讲马好。

如谚语"常常晒太阳,身体壮如牛"与"牛马是功臣,好比家里一口人"中的"如"与"好比"就是明显的表示隐喻的语法标志。而谚语"牛吃饱,田吃饱,种田老汉饿不了"与"十二月里雷打冬(指冬天的雷),十个牛圈九个空"中的"田吃饱"与"雷打冬"则是拟人,是把"田"和"雷"喻为"人",是没有语法标志的隐喻。

如图4-12所示,谚语"常常晒太阳,身体壮如牛"的语用义是指经常晒太阳，可以促进体内维生素 D 的合成，可以补钙，骨骼强壮身体就健壮。

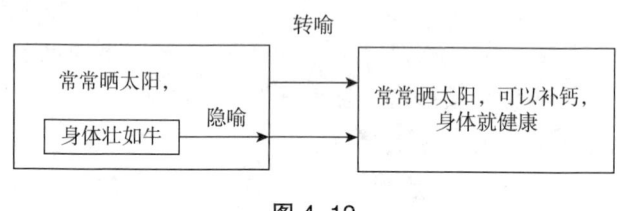

图 4-12

谚语的字面义与语用义都是讲的常晒太阳身体健壮这一事实，在一个认知域中，因此这句谚语是转喻性的。但是在谚语的内部语义要素中"身体壮如牛"是一个隐喻的形式，源域是"身体"，目标域是"牛"，一个在"人类域"中，一个在"动物域"中，二者在映射的过程中跨越了认知域，是隐喻。因此，这句谚语"常常晒太阳，身体壮如牛"是转喻中包含了隐喻的谚语。

谚语"冬天无牛睡高枕头，春天无牛急得像猴"的意义是说"冬天没有牛的话，就不用喂牛，所以高枕无忧；相反，如果春天如果没有牛的话，就没法耕地，所以着急上火"。所以，这句谚语的字面义与其所传达的有关牛的生活经验是在同一个认知框架 ICM 中，意义没有跨域，因此这句谚语从语用的角度看，首先应该是转喻的。但是在这个转喻性质的谚语中，包含了两个不同类型的隐喻表达。如图 4-13 所示：

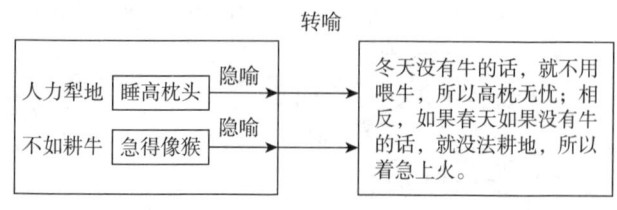

图 4-13

第四章 中韩谚语隐喻形成方式对比

在前句"冬天无牛睡高枕头"中,"睡高枕头"的语义来源于典故"高枕无忧"。"高枕无忧"的出处为《史记·张仪列传》(亦见刘向《战国策·魏策一》):"事秦,则楚韩必不敢动,无楚韩之患,则大王高枕而卧,国必无忧矣。"其意思是"垫高枕头睡觉,无忧无虑",也比喻放松警惕。在谚语的前句"冬天无牛睡高枕头"中,"睡高枕头"就是来自转喻的隐喻。后句"春天无牛急得像猴"中"急得像猴"则是有语法标志"像"的典型的隐喻。把人着急的样子比喻成像猴子一样抓耳挠腮,是从"人"的框架跨域到"猴子"的动物框架中,是隐喻的表达。

谚语"人心比天高,得牛讲马好"中,虽然前句与后句都有隐喻,但是这句谚语本身从语用的角度看,引申义"人的欲望没有节制,总觉得没有得到的才更好"。依然说的是"人心",谚语的字面义与引申义仍处在同一个认知框架内,没有进行跨域,因此,这句谚语是转喻性的。只是谚语的两个分句中都是用隐喻的方式来表达语义而已。如图4-14所示:

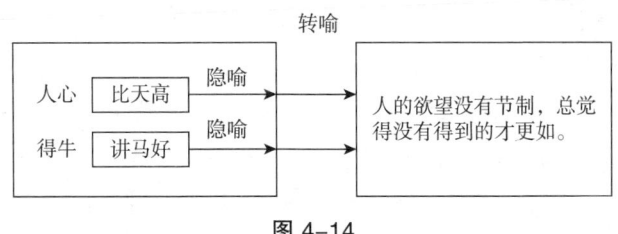

图4-14

前句"人心比天高"是通过"天没有边际"的特点来隐喻"人心无节制的贪婪";后句"得牛讲马好"是用一个具体的事例,先转喻为"得到这个,却觉得那个更好"然后转喻为"总觉得没有得到的东西更好"。从"得牛讲马好"到"总觉得没有得到的东西更好"如果看作是同处"人的做法"这个认知域

149

中的话，就是转喻；如果看作是"事件域"与"心里域"两个认知域的跨域表达，就是隐喻。在本书中把"得牛讲马好"算作隐喻的表达，因此，"人心比天高，得牛讲马好"从谚语的隐喻的形成方式的架构上分类，是转喻中包含隐喻型的谚语。

（二）来自转喻的隐喻类谚语

在中国谚语中，来自转喻的隐喻类谚语共有19条，占隐含本体的所有谚语的6.2%。来自转喻的隐喻，可以分为两种类型：连续转喻类与典故类，绝大多数以出处为典故的谚语为主。

1. 连续转喻类谚语

有一种谚语是由连续的转喻引申而来，谚语由表面意义到其比喻意义是跨域的，也就是隐喻的，整个过程可以看作是来自转喻的隐喻。这种类型的谚语比较少见，在中国有关"牛"的谚语中，只有2条。

例：官房漏，官牛瘦。
牧童横骑牛背上，短笛无腔仗口吹。

这两条谚语都是通过描写具体的事物、场景，通过画面一般的感观，让人们去感受谚语所要表达的意境，这反映了中国文化中"意合"的特点。像中国古代绘画一样，多为写意画，无论是山水写意还是人物写意，重要的不是细节准确，而是意向的统一，注重的是感觉的和谐一致。这是非常抽象化的表达方式，不能用一个具体的标准去衡量。

"官房漏，官牛瘦"描述的是属于官家的东西破败不堪的情形。从这个凄凉的场景中，首先让读者有个心理上的感观认识，然后再引申出谚语所要表达的含义。如图4-15所示。这个过程可以看作是转喻中"整体与部分 ICM"中的"部分代整体":由个别官家所属物品的破败景象转喻为"官家的东西总是非常的破败"。再由"整体与部分 ICM"中的"分事件代整事件":由"官家的东西总是非常的破败"这个事件中的一个方面转喻为整个事件"人们总是不像爱护自己的私人物品那样爱护公共财物"。整个意义延伸的过程是转喻的连续体,而谚语的意义也从表面意义"官房漏,官牛瘦"变成了比喻意义"人们总是不像爱护自己的私人物品那样爱护公共财物",整个谚语意义的引申过程是来自转喻的隐喻。

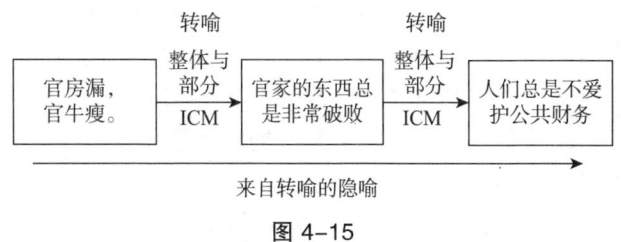

图 4-15

谚语"牧童横骑牛背上,短笛无腔仗口吹"像充满诗意的画境一样,描述了牧童放牧悠闲的场景,表达一种闲适的心情。如图 4-16 所示:

图 4-16

中国谚语很像中国的古典诗歌,具有古典诗歌的许多特征。有的诗句因其形象生动、语意深刻、富有哲理性,因而得

151

到广泛流传，也可变为谚语。诗化谚语极为自然，在结构上、语句上无需作什么变动，直接化出化入，最重要的一点，就是二者在韵律上极为一致。[1]同样，诗的意境也蕴含在谚语之中，诗化谚语也像诗歌一样通过"意合"传递语义。

2. 典故类谚语

典故与特定的历史与文化背景密切相关，是一种独特的语言形式，体现了特殊文化背景下人们的思想观念和思维方式。典故也可以看作是一种历史文化的隐喻，是在寓言故事、历史事件和神话传说等的暗示下，感知、体验和理解身边的环境和事态的心理行为、语言行为和文化行为。从本质上讲，典故的产生和使用都是隐喻性的。典故中包含的隐喻文化要通过联想、映射等一系列认知活动才能得到充分的体现，而这一系列认知活动，都是以文化语境为基础的隐喻运作。

典故的隐喻性正是源于蕴含其中的文化特征。如果对典故中蕴含的文化特征不了解的话，就很难从字面意义理解它的真实所指。认知语言学理论为我们提供了研究典故的一种有效的方法论，即通过概念映射把典故的字面义（喻体）映射到它所形成的文化渊源（喻义），即典故形成的理据，再把文化渊源投射到现实中所描述的对象（本体），通过这一复杂的过程，就在本体、喻体、喻义三者之间建立起联系，也使典故的隐喻性显现出来，从而实现交际中话语意义的准确理解。[2]

来自典故的谚语基本都是通过简短的话语代表典故的整个故事，所以可以看作为转喻中的"以分事件代整个事件"，这是谚语的显性意义。然后通过故事提炼出谚语想要表达的意

---

[1] 孙维张：《汉语熟语学》，吉林教育出版社1989年版，第298页。
[2] 武恩义：《英汉典故对比研究》，中央民族大学2005年博士学位论文。

第四章 中韩谚语隐喻形成方式对比

思,这个过程属于转喻中的"以整体代部分",然后在谚语具体的使用过程中,经过隐喻,在其他的认知域中使用其隐含的意义。如果用事件的"理想认知模型"(ICM)来解释的话,相当于通过"理想认知模型"(ICM)一部分唤起整个模型。由于共享同一个认知模型,人们储存在记忆中的一系列事件的连贯体,可以通过提及连贯体上具体的某一部分得到指称。典故类谚语就是通过所提及的部分事件(或事物)来理解整个事件。这种推理也使得我们能够推断出典故类谚语中没有提及的隐含意义。谚语是由该民族的文化传统所形成的对一些事物的特殊看法,以谚语这种特殊的语言形式表达出来。这些谚语出自典故,用于表达一些特殊的意义。

在中国谚语中,典故类的谚语共有 17 条,占来自转喻的隐喻类谚语的 89.5%。

例:背着牛头不认账。
放走偷牛的,逮个拔桩的。
过河卒子,力大如牛。
硬牛皮,吹不胀。

"背着牛头不认账"的解释是"死赖,别人把事实摆了出来还不承认"。如图 4-17 所示:

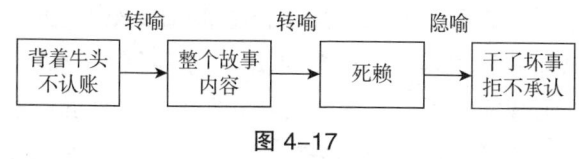

图 4-17

这则谚语来源于一个典故:过去,有个张三很想吃牛肉,他听说邻居家把牛宰了。于是半夜时分,悄悄溜入邻居院子里，找到了牛头，背在了背上。刚一迈步，没想与刚从厕所出来的邻居撞了个满怀。邻居马上意识到，这是个强盗，于是赶快抱住了强盗的一条腿，大声呼喊："我家院子里有强盗了，赶快帮我抓强盗。"刹那间，街坊邻居都涌进了邻居的院子里。大伙儿掌灯一看，原来是张三，背上还背着一个大牛头。张三铁青着脸百般巧辩。老族长发话了："张三啊张三！你真是背着牛头不认账啊！"从此以后，"背着牛头不认账"就专指那些干了坏事，拒不承认的人。

　　首先要理解这句谚语，就要先明白整个故事的梗概。从"背着牛头不认账"通过转喻还原到故事本身，然后又通过转喻的过程，得到谚语想表达的意思，是形容一个人"死赖"，明明做过的事却厚着脸皮否认。然后在谚语的使用过程中，在其他认知域中通过隐喻表达语用义，形容那些"干了坏事还拒不承认的人"。

　　谚语"过河卒子，力大如牛"是一则象棋用语。象棋对弈中，卒子越过河界以后，就能起大作用——象棋规则中卒子只能向前、不能后退，但过了河之后可以横着走，威力更大。谚语"过河卒子，力大如牛"比喻原先不起眼的小人物也有大用处了。

　　谚语"硬牛皮，吹不胀"本意是说牛皮太厚太硬，杀牛时不要吹牛皮，因为吹也吹不动，没有一点实际效果。引申为人不能说大话，大话于事毫无益处。在这句谚语中，也有一个有关于"吹牛皮"的典故，追根溯源，"吹牛"源于屠夫——杀猪宰羊，血放完了以后，屠夫会在猪羊的腿上靠近蹄子处割开一个小口，用一根铁条插进去捅一捅，然后把嘴凑上去使劲往里吹气，直到猪羊全身都膨胀起来。这样，剥皮的时候就会很方便，用刀轻轻一拉，皮就会自己裂开。这叫"吹猪"或"吹羊"。如果用这种方法对付牛,就叫"吹牛"。但宰牛的时候,屠夫极少用这种方法,因为牛体形庞大,皮又很坚韧,皮下脂肪又少,要把整头牛吹胀起来,非有极为强健的横膈肌和巨大的肺活量不可,断非常人所能为。谁要是说他能吹牛,那他十之八九是在"说大话"。也正是由此,"吹牛皮"的隐喻含义就成了大家耳熟能详的"说大话",但是因为语义过于精简,人们慢慢对这个词的由来失去了天然的联想,"吹牛皮"的语义就慢慢固化为平时的使用意义了。如图 4-18 所示:

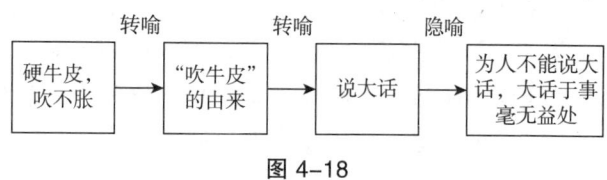

图 4-18

谚语"硬牛皮,吹不胀",就是在"吹牛皮"的隐喻义发展过程中的一个演化的分支。在同样的原始语义向字面义的引申过程中,"硬牛皮,吹不胀"更加注重的是牛皮吹不起来的原因是"牛皮太硬",因此在屠宰过程中,想要吹起牛皮来剥皮不可行,也就是"吹不胀"。由此这句谚语的隐喻义引申为人不能说大话,大话于事毫无益处。此类谚语蕴含了隐晦但是丰富的传统文化信息,如果不了解谚语中蕴含的这些历史文化内容的话,只从谚语的字面意义很难推测出谚语的隐含意义。

(三)隐喻类谚语

认知语言学认为,人们的概念系统是隐喻性的,隐喻是我们理解抽象概念和进行思维推理的主要认知机制。隐喻认知机制帮助我们通过更加具体、明晰的事物去理解相对抽象或模糊的事物。笔者认为,转喻是隐喻的理据,所有的隐喻都可以分解为很多个转喻所形成的结果。因此,在隐喻中也包含转喻,可以把隐喻中的转喻理据看作为隐转喻的连续体。例如，一个输入域的隐喻就是隐喻中包含隐转喻的谚语；而多个输入域的隐喻类谚语，则是输入域之间拥有一个共同的抽象结构，谚语的隐喻义就是由这个抽象意义中引申而来。

在中国隐含本体的谚语中隐喻类谚语共有178条，占58.6%，是最多的谚语类型。根据输入域的多少，隐喻类谚语又可以分为一个输入域的隐喻类型的谚语、两个输入域的隐喻类型的谚语和三个及以上输入域的隐喻类型的谚语，以一个输入域的隐喻类型的谚语数量最多。其中，一个输入域的隐喻类型的谚语有103条，占隐喻类谚语的57.9%；两个输入域的隐喻类型的谚语有67条，占隐喻类谚语的37.6%，三个及以上输入域的谚语共有8条，占隐喻类谚语的4.5%。

1. 一个输入域的隐喻类谚语

隐喻中包含隐转喻类谚语指的是源域与目的域的语义要素呈对应关系的谚语，一个输入域的谚语就是这种类型。一个输入域的隐喻类型的谚语一般源域与目的域之间存在着共同的意义结构，这个共同的意义结构就像是概念整合理论中的类属空间。这个类属空间中的内容为源域与目的域中的共同元素，可以是输入域中所涉及的某一个百科知识的共同点，也可以是高度抽象出来的意向图示，由于源域与目的域之间彼此是相似而不相关的关系，因此这个意义的引申过程属于隐喻。在从源域与目的域中提取出这个相似的结构之后，再经过一个跨域的隐喻，最终得到谚语的隐喻意义。

在中国谚语中，这一类型的谚语共有103条，占隐含本体的隐喻类谚语的57.9%，是数量最多的一个类型。

例：丢下黄牛撵蚊子。

第四章 中韩谚语隐喻形成方式对比

按着牛头吃不得草。
犟牛也怕鞭子响。
牛的犄角易躲，人的舌头难避。

谚语"丢下黄牛撵蚊子"的隐喻意义是"因小失大"。整个谚语意义的引申过程如图4-19所示：

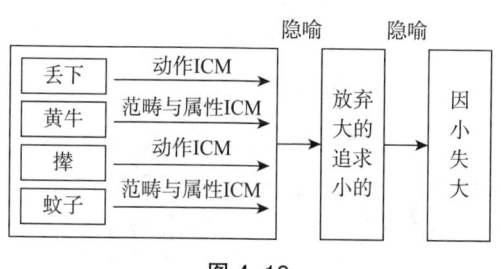

图 4-19

"丢下"在"部分代部分"中的"动作 ICM"中，是以动作代结果的转喻，然后隐喻为"放弃"，此过程可以看作为来自转喻的隐喻；"黄牛"在"整体与部分 ICM"中的"范畴与属性 ICM"中，以黄牛这个种属范畴代其属性"体积大"，然后隐喻为"大的东西"；动词"撵"在"部分代部分"中的"动作 ICM"中，是以动作代结果的转喻，然后隐喻为"追求"；"蚊子"在"整体与部分 ICM"中的"范畴与属性 ICM"中，以蚊子这个种属范畴代其属性"体积小"，然后隐喻为"小的东西"，所以整句谚语"丢下黄牛撵蚊子"的"显性的隐喻意义"可以看作是"放弃大的追求小的"。"放弃大的追求小的"这个经过了"来自转喻的隐喻"加工之后，又经过进一步的隐喻，引申成为"因小失大"。整个句子的每一个部分都从源域到目的域呈现出一一对应的映射关系。在使用谚语的隐喻意义时，为了达到更加抽象的意义，还可以对隐喻义进行进一步的引申。

谚语"按着牛头吃不得草"的隐喻形成方式如图 4-20 所示:

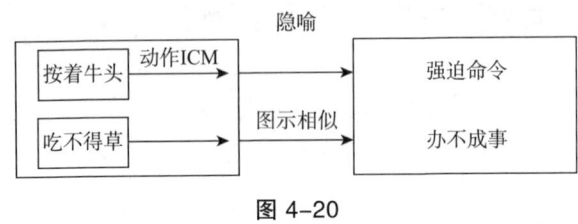

图 4-20

"按"这个动作指代其目的或者结果,是强迫牛去吃草,所以"按着牛头"这个动作可以看作是来自转喻的隐喻,从动作转喻到其目的"强迫牛吃草",然后又从"强迫牛吃草"隐喻为"强迫命令别人"。整个意义引申的过程也可以看作是来自转喻的隐喻。

而"吃不得草"则隐喻为"办不成事",二者在抽象的意义上具有图示的相似性,都是去做一件事却没有得到结果。"吃不得草"隐喻为"办不成事"的过程,也可以进一步分析为来自转喻的隐喻。把"牛吃草"到"办成事"看作是"动作ICM"中的"动作代结果"转喻,"牛想吃草而不得"到"人想办事而不成"则为一一对应的隐转喻关系。

以上就是谚语由显性的意义"按着牛头吃不得草"到隐性的意义"强迫命令行不通,办不成事"的引申过程。"按着"和"牛头"可以看作是从源域到目的域的隐转喻一一对应关系,"吃不得草"可以看作图示相同的隐喻,也可以再进一步分析为一一对应的隐转喻关系。

再如谚语"犟牛也怕鞭子响"隐喻意义是"再倔强的人也怕挨打"。其引申过程如图 4-21 所示:

第四章 中韩谚语隐喻形成方式对比

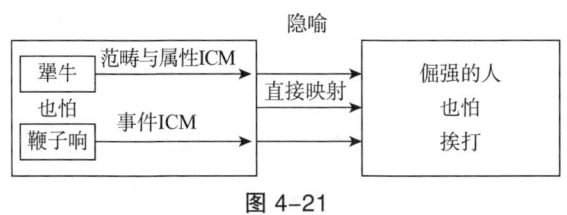

图 4-21

"犟牛"先从"范畴与属性 ICM"的"犟牛"转喻为其属性"倔强",然后再由"倔强"这个属性,转喻为"倔强的人"这一范畴。这个过程是典型的隐转喻,也可以看作是由"犟牛"隐喻为"倔强的人"。关联词"也怕"作为本句的关联词,承担句子的语法关系,决定了上下文"犟牛"和"鞭子响"的逻辑关系。"鞭子响"由"事件 ICM"中的"分事件代事件",即打人这个整体事件中的一部分——"鞭子响"代整个挨打的事件。

在这个谚语句子中,"犟牛"和"鞭子响"是隐转喻,"也怕"作为表示句子语法与逻辑关系的部分,从源域直接映射到了目的域。

2. 两个输入域的隐喻类谚语

两个输入域的隐喻类型的谚语一般是由于输入域之间存在着共同的抽象结构,这个共同的抽象结构就像是概念整合理论中的类属空间。在这个类属空间中的内容为在两个输入域中高度抽象出来的意向图示,因此这个意义的引申过程属于隐喻。在从输入域中提取出这个高度抽象的共同的意向图示结构之后,再经过一个跨域的隐喻,最终得到谚语的隐喻意义。隐含本体的谚语中,两个输入域的隐喻类型的谚语共有 67 条。

例:菜不移栽不发,牛无夜草不肥。
吃饭要知牛马苦,着丝应记养蚕人。

159

饿了吃牛犄角都觉嫩，饱了吃羊羔都觉硬。
好牛也要竹鞭打，好马也要笼头拉。

谚语"菜不移栽不发，牛无夜草不肥"中前一句"菜不移栽不发"与后一句"牛无夜草不肥"都处在"农事"框架内，如果把二者放在概念整合理论的两个输入空间的话，"菜不移栽不发"与"牛无夜草不肥"在类属空间里抽象出一个共同的图示结构"做农活也要有窍门才能做好"。如图4-22所示：

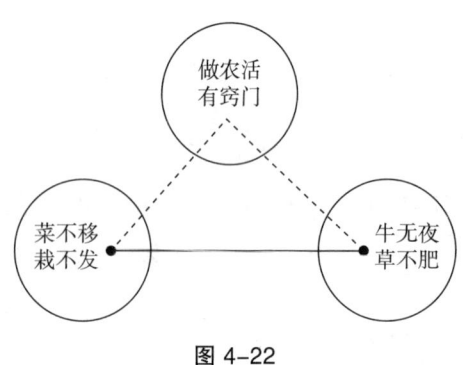

图 4-22

两个输入空间的"菜不移栽不发"与"牛无夜草不肥"处于概念映射层次上，而在类属空间中的内容为在两个输入域中高度抽象出来的意向图示，处于概念映射层次的上层范畴——意向图示层次上。因此这个意义的引申过程属于隐喻。再从输入域中提取出这个高度抽象的共同的意向图示结构之后，"做农活也有窍门才能做好"再经过一个跨域的隐喻，从"农事框架"通过隐转喻到"泛指做事情的框架"，最后一步意义的引申过程可以看作是来自转喻的隐喻。最终得到谚语的隐喻意义"做事情要做好都有窍门"。如图4-23所示：

第四章 中韩谚语隐喻形成方式对比

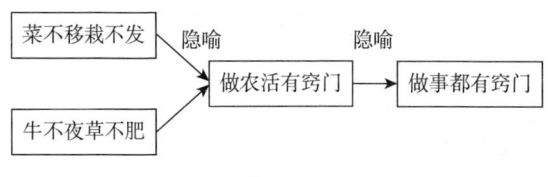

图 4-23

两个输入域的隐喻类型的谚语根据具体的使用情况，两个分句的前后顺序可以互换，因此分句前后顺序不同，谚语重点强调的意义是不同的。如谚语"菜不移栽不发，牛无夜草不肥"的前句"菜不移栽不发"与后句"牛无夜草不肥"可以互换位置，成为"牛无夜草不肥，菜不移栽不发"。

3. 三个及以上输入域的隐喻类谚语

三个及以上输入域的隐喻类型的谚语一般是由于输入域之间存在着共同的抽象结构，这个共同的抽象结构就像是概念整合理论中的类属空间。在这个类属空间中的内容为在三个及以上输入域中高度抽象出来的意向图示，因此这个意义的引申过程属于隐喻。在从输入域中提取出这个高度抽象的共同的意向图示结构之后，再经过一个跨域的隐喻，最终得到谚语的隐喻意义。

中国谚语中，三个及以上输入域的隐喻类型的谚语共有 8 条。其中三个输入域的谚语有 7 条，还有 1 条是四个输入域的谚语。

例：放牛得耍，放马得骑，放羊脚杆脱层皮。
牛吃长，马吃短，骡子吃的细又软。
牛耕地，马碾场，毛驴套在磨盘上。
黑汉犟牛铁青马，青沙骡子不用打。

谚语"放牛得耍,放马得骑,放羊脚杆脱层皮"是三个输入域的隐喻类谚语,如图4-24所示:

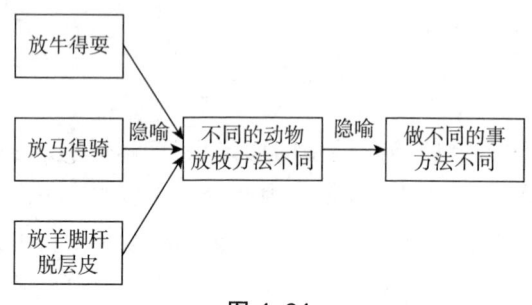

图 4-24

谚语"放牛得耍,放马得骑,放羊脚杆脱层皮"的三个输入域分别是谚语的三个并列分句。这三句话分别描写了放牛、放马和放羊的不同方法。通过这三个不同的概念映射投射到类属空间中,提取出它们共同的抽象结构"不同的动物放牧的方法也不尽相同"。由三个输入域中高度抽象出来的意向图示,处于概念映射层次的上层范畴——意向图示层次上,这个意义的引申过程属于隐喻。再从输入域中提取出这个高度抽象意向图示结构之后,"不同的动物放牧的方法也不尽相同"再经过一个跨域的隐喻,从"农事框架"到"泛指做事情的框架",这个意义的引申过程可以看作是来自转喻的隐喻。最终得到谚语的隐喻意义"不同的事情要做好,就要用不同的方法"。

谚语"黑汉犟牛铁青马,青沙骡子不用打"是四个输入域的隐喻类谚语,如图4-25所示。谚语的四个输入域分别是谚语的四个并列的词语"黑汉""犟牛""铁青马"和"青沙骡子",它们共用一个谓语"不用打"。在这句话中,"不用打"的意思是"用不着打,因为打了也没有用"原因就是这四个输入域投射到类属空间的那个抽象结构"脾气倔强"。

第四章 中韩谚语隐喻形成方式对比

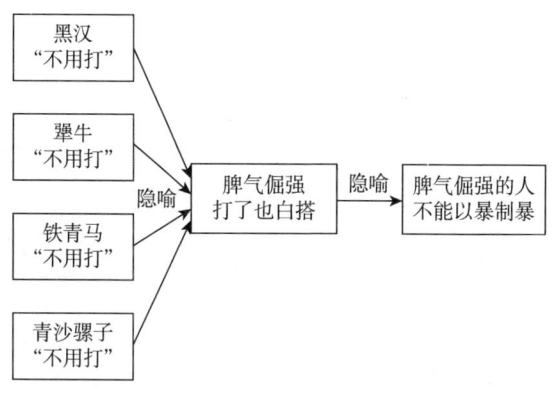

图 4-25

而这个概念与这句谚语的隐喻意义在具体的语境中又可以根据语境作出更加具体的解释。如果用于对人的描述上，谚语"黑汉犟牛铁青马，青沙骡子不用打"就比喻"对付脾气倔强的人，不能用以暴制暴这种粗鲁的方法"。而如果是用在描述牲畜的语境之中，这句谚语就比喻"对待脾气倔强的牲畜不能只靠打，想要制服它，必须要用其他的方法来引诱"等。从范畴的层次上来看，四个输入域的内容，即谚语的表面意义"黑汉不用打""犟牛不用打""铁青马不用打"和"青沙骡子不用打"与它投射在类属空间中的图示抽象结构"脾气倔强，打了也白搭"是下位与上位的关系，是由具体到抽象；而谚语在语境中的比喻意义又把这个抽象的意义具体化了，谚语的比喻意义"对付脾气倔强的人，不能用以暴制暴这种粗鲁的方法"与"对待脾气倔强的牲畜不能只靠打，想要制服它，必须要用其他的方法来引诱"等又变成了抽象结构"脾气倔强，打了也白搭"的下位范畴。这是谚语在具体语境中应用时的意义延伸过程。

谚语的意义合成过程也可以用概念整合理论的四空间模型来解释，如图 4-26 所示：

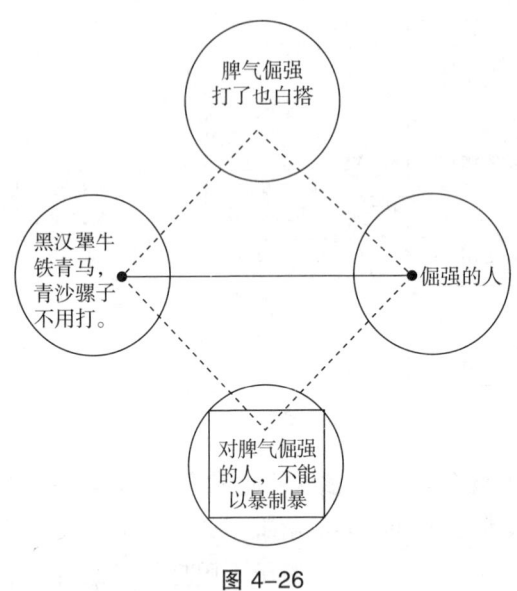

图 4-26

谚语"黑汉犟牛铁青马,青沙骡子不用打"是输入域 1 的内容,输入域 2 则是语境中谚语所要隐喻的内容,如果是比喻人,那么就是"犟强的人",两个输入域在类属空间中拥有共同的抽象结构"脾气倔强,打了也白搭"。输入空间中的语义要素和结构有选择地进入整合空间,形成新的概念结构。输入域 1 和输入域 2 把其所包含的语义要素分别投射到整合空间中,整合空间接受来自两个输入空间的所有背景、结构和百科知识。

在方框所圈定的区域——整合空间的层创结构内,进行语义的构建、完善和扩展加工,得到了新的意义——浮现意义,也就是谚语"黑汉犟牛铁青马,青沙骡子不用打"在语境中的意义,"对付脾气倔强的人,不能用以暴制暴这种粗鲁的方法"。

三个及以上输入域的隐喻类型的谚语,多个输入域共有一个抽象结构，而这个抽象的结构多为条件图示，或者有的图示结构的上位范畴也可以抽象为条件图示。如"炒菜要油，耕田要牛""点灯不离油，耕地不离牛""对公牛要防前，对叫驴（公驴）要防后"等的共有抽象结构是"做事的条件"；"菜不移栽不发，牛无夜草不肥"二者在类属空间中共有的抽象意义是"做农活有窍门"，而"做农活有窍门"的上位意义可以是"把事情做好的条件是找到窍门"，"把事情做好的条件是找到窍门"的上位概念是"做事的条件"，也是条件图示；"吃饭要知牛马苦，着丝应记养蚕人"中共有抽象结构是"享受别人的劳动成果时要懂得感恩"而这个意思的上位结构可以看作是"享受之前的条件"，它的上位概念可以是"做事的条件"；"饿了吃牛犄角都觉嫩，饱了吃羊羔都觉硬"则可以看作是"不同情况下吃饭的感觉不同"，在抽象到它的上位概念，可以理解为"吃出不同味觉的条件"，再上位的概念可以是"做事的条件"，经过不同程度的抽象之后，这些谚语多个输入域的共同抽象结构都可以看作是条件图示中的"做事的条件"。

谚语"没有犄角的牛爱斗架，没有知识的人好吵架""母牛的奶多，闲人的话多""牛肉有筋，鱼肉有刺""品质是忠诚的好，牛羊是肥壮的好""谁家的烟囱不冒烟，谁家的牛犊不撒欢""鹰贵有翼，牛贵有力""杂草多的地方牛羊壮，群众多的地方智慧广""最纯洁的是牛奶，最肮脏的是病菌"等两个输入域隐喻类型的谚语的共有抽象结构经过或多或少的再抽象过程，其上位概念都可以看作是条件图示中的"事物的条件"。

经过以上分析，三个及以上输入域的隐喻类型的谚语的输入域之间共有的抽象结构都可以看作是条件图示，一部分是条件图示中的"做事的条件"，一部分是条件图示中的"事物的条件"。

二、本喻同现的谚语隐喻形成方式

在中国谚语中,本喻同现的谚语一共有 64 条,占所有谚语的 17.4%。由于要本体和喻体同时出现,因此本喻同现的谚语都有两个分句,或是意义上的两个分句。如"草入牛口,其命不久"和"对牛弹琴,枉费精神"就是两个分句中,一个是本体,一个是喻体。"牛皮灯笼肚里亮"和"牛前马后要提防"虽然只有一个单句,但是在语义上可以分解为"牛皮灯笼"与"肚里亮",以及"牛前马后"与"要提防"两个分句。

这类谚语的特点是,两个输入域中有一个输入域虽然跟另外一个输入域的内容看起来是并列的,但是谚语意在重点强调其中一句的意义,一般的情况是强调后面一句的意义,但也有少数的谚语强调句在前。

(一)本体在后、喻体在前的谚语

本体在后、喻体在前的谚语共有 58 条,包含三个类型。一类是一个输入域的隐喻——意义双关类谚语,共 18 条;一类是两个输入域的隐喻——本体在输入空间类谚语,共 34 条;还有一类是两个输入域的隐喻——本体在类属空间类谚语,共 6 条。分别占本体在后、喻体在前的谚语的 31.0%、58.6% 和 10.4%[1]。

1. 一个输入域的隐喻——意义双关

双关类谚语是只存在于本体在后、喻体在前的谚语中的一个特殊的类型。双关是汉语修辞格之一,在一定的语言环境中,利用词的多义或同音的条件,有意使语句具有双重意义,

---

[1] 此数值为百分之 10.34482……,为使各小项和为"1",此处统计为 10.4%。

言在此而意在彼,这一种修辞手法就叫作双关。简言之,就是字面上是一个意思,而暗含着另一个意思。双关分为意义双关和谐音双关。在中国谚语中,出现的都是意义双关的类型。

双关类谚语类似歇后语的表达方式。都是将一句话分成两部分来表达某个含义,前一部分是隐喻或比喻,后一部分是意义的解释。双关的后句就相当于歇后语的后半截,只要把谚语前后两部分中间的",",换成"——",就是歇后语了。歇后语也分两种类型:逻辑推理式歇后语与谐音式歇后语,而双关类谚语属于逻辑推理式的结构。

双关类谚语属于一个输入域的隐喻,前句为喻体,后句为本体。通过前句的隐喻表达,经过推理之后得出后句想要表达的真实意图。双关的特别之处在于后句意义的双面性,既可以与前句处在同一个认知域中,作为自然推理的结果;又可以跨域作为另外一个意思,成为隐喻的本体。正是由于谚语后句双关的特点,谚语的意义更加具有趣味性,需要对后句的语义进行转换才能悟出其隐喻意义。这种诙谐而形象的语义识解方式独具一格,区别于其他一个输入域的隐喻型谚语。

  例:对牛弹琴,一窍不通。
  牛皮灯笼肚里亮。
  牛耕田,鸭食谷;有的受苦,有的享福。
  牛角对羊角,还是各顾各。

谚语"对牛弹琴,一窍不通"隐喻的形成方式如图4-27所示。"对牛弹琴"是一个典故,通过对着牛弹琴这个典故,可以推理出牛对音律是一窍不通,完全听不懂琴声。同时也可以把这个典故看作是来自转喻的隐喻,以此隐喻人对某事一窍不通。所以谚语的后句"一窍不通"是个双关语,谚语所要表达的意义,是作为隐喻义的那个意思。

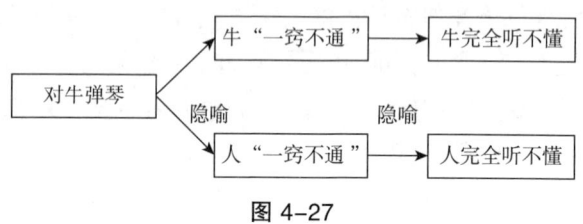

图 4-27

"牛皮灯笼肚里亮"加上个语法标志"——",成为"牛皮灯笼——肚里亮"就是典型的歇后语了。这句谚语隐喻的形成方式如图 4-28 所示:

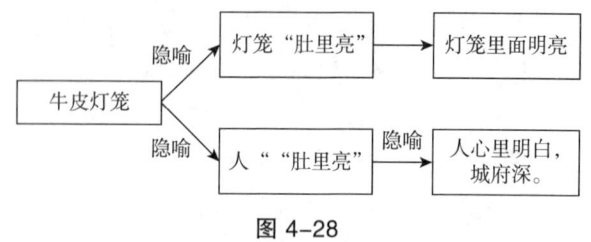

图 4-28

牛皮灯笼的材质很厚,虽然外面光影不强,但是内里光线不减,依旧明亮。比喻人心里很明亮,很明白。但是外表看不出,或者比喻人很有城府。"肚里亮"的表面意义,也就是与"牛皮灯笼"处在同一个"灯笼"框架之内的意义,就是把"灯笼"隐喻为"人的肚子",通过牛皮灯笼不透光的特性,推理出"灯笼里面亮"的意思。而作为双关的另外一个语义,则是跨域的意义,把"人"比作"牛皮灯笼","肚里亮"则是隐喻为"人的心里明白",由此引申出"人很有城府",通过"肚里亮"的两个方面的隐喻意义,达到双关的效果。谚语"牛皮灯笼肚里亮"的隐喻意义就是取的"人心里很明白,很有城府"之义。

2. 两个输入域的隐喻——本体在输入空间

两个输入域的本喻同现的隐喻类谚语,同隐含本体的谚语一样,首先输入域之间存在着共同的抽象结构,这个共同的抽象结构就像是概念整合理论中的类属空间。在这个类属空间中的内容为在两个输入域中高度抽象出来的意向图示,因此这个意义的引申过程属于隐喻。但是,本喻同现的隐喻类谚语在从输入域中提取出这个高度抽象的共同的意向图示结构之后,并没有像隐含本体的谚语一样,再经过一个跨域的隐喻,最终得到谚语的隐喻意义。而是把语用语义又反指回其中一个输入域的内容中去,因此本体处在输入空间。

两个输入域的本喻同现的隐喻类谚语,有两种类型,一个是本体在后、喻体在前的类型,一个是本体在前、喻体在后的类型。因此本体在后、喻体在前的谚语中也包括部分两个输入域的本喻同现的隐喻类谚语。

> 例:没有犄角的牛爱斗架,没有知识的人好吵架。
> 牛不吃草定有病,人不说话定有因。
> 水草多的地方牛羊肥,读书多的人学问深。
> 有牛不会用,有福不会享。

谚语"没有犄角的牛爱斗架,没有知识的人好吵架"是本体在后、喻体在前的谚语。谚语的两个输入域"没有犄角的牛爱斗架"和"没有知识的人好吵架"拥有一个共同的抽象结构"缺少做某事的必备条件"。

这句谚语所重点强调的是后面一句"没有知识的人好吵

架",所以谚语的隐喻意义又回指了谚语后句。谚语"没有犄角的牛爱斗架,没有知识的人好吵架"隐喻义的形成过程如下图 4-29、4-30 所示:

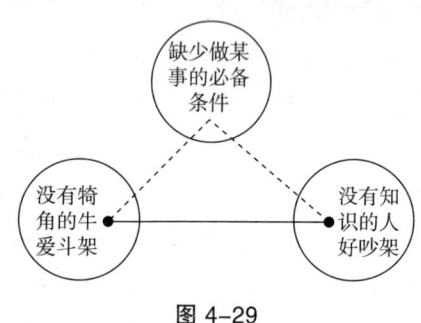

图 4-29

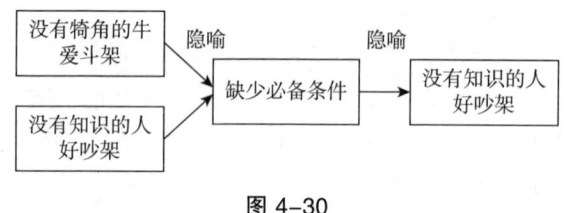

图 4-30

首先谚语从前句与后句两个输入空间中提取出相似点,即类属空间中两个输入域共同的抽象结构"缺少做某事的必备条件",再从这个抽象的语义回指作为主旨句的那个输入域的内容"没有知识的人好吵架"。从隐喻义的形成方式上看,这条谚语属于本体在输入空间的隐喻类型的谚语。

3. 两个输入域的隐喻——本体在类属空间

有一类本体在后、喻体在前的谚语,谚语的前半句包含两个输入域的内容,后半句是主旨句,在隐喻的形式上属于直搭中包含叠加的类型。这类谚语的本体,也就是主旨句位于类属空间中。

例：买老牛，置破车，凑合一时是一时。
牛吃稻草鸭吃谷，个人自有各自福。
牛前马后少跟走，是非之地莫停留。
牛蹄尖，马蹄圆，无事不到你门前。

如谚语"买老牛，置破车，凑合一时是一时"的前半句包含了两个输入域。其中输入域1是"买老牛"，输入域2是"置破车"。两个输入域的共同的抽象结构是"凑合一时是一时"，为类属空间的内容。如图4-31所示：

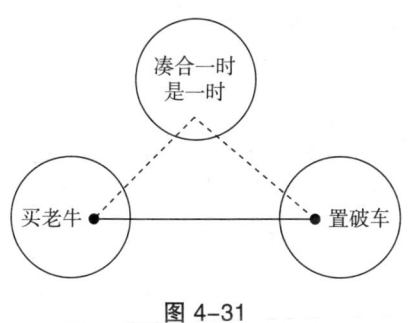

图 4-31

如图4-31所示，"买老牛，置破车，凑合一时是一时"的本体"凑合一时是一时"位于类属空间。这句谚语的隐喻义形成的方式如图4-32所示：

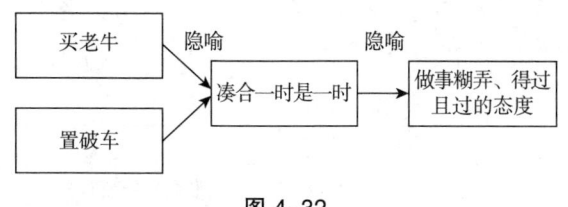

图 4-32

如图4-32所示，从"买老牛"与"置破车"这两个具体的事件,经过隐喻的跨域映射,得到了隐喻意义"凑合一时是一时"。而"凑合一时是一时"又可以根据语境的需要,从形容做事情的"态度跨越 ICM",形容人的态度,相当于在经过一次隐喻的过程,得到最终的隐喻意义"形容人做事糊弄、得过且过的态度"。

(二)本体在前、喻体在后的谚语

中国谚语中,本体在前、喻体在后的谚语有 6 条,在本喻体同现的谚语中占 9.4%。

1. 一个输入域的隐喻

本体在前、喻体在后的谚语中,一个输入域的隐喻类谚语有 2 条。

例:货物银钱当面看,不要隔山买老牛。
人强心强命不强,水仙花插在牛粪上。

谚语"货物银钱当面看,不要隔山买老牛"是一个输入域的隐喻类谚语。如图 4-33 所示。这句谚语的意义是"交易的时候,货物和欠款要当面确定清楚",就是谚语的前一句所表达的内容,而谚语的后句"不要隔山买老牛"是对前句的补充说明,"隔山买老牛"比喻"办事冒失,没有弄清情况,就轻易决定"。谚语"货物银钱当面看,不要隔山买老牛"是转喻中包含隐喻的谚语。

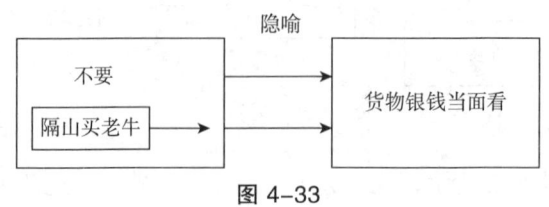

图 4-33

谚语"人强心强命不强,水仙花插在牛粪上"的隐喻义的形成方式如图 4-34 所示:

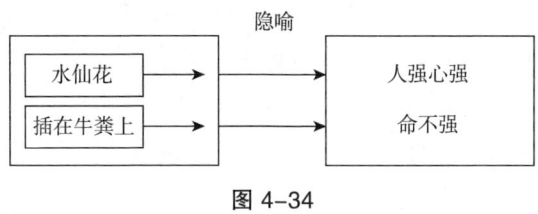

图 4-34

"人强心强命不强,水仙花插在牛粪上"的喻体"水仙花插在牛粪上"中,美丽的"水仙花"的隐喻对应"人强心强",但却偏偏境遇不佳"插在牛粪上",比喻其"命不强"。

2. 两个输入域的隐喻——本体在输入域

两个输入域的隐喻类谚语共有 4 条。

例:话越精越好,牛越壮越好。
老人怕老心,老牛怕返春。
品质是忠诚的好,牛羊是肥壮的好。
人凭有礼貌,牛凭有肥膘。

谚语"品质是忠诚的好,牛羊是肥壮的好"是两个输入域的隐喻类谚语,如图 4-35 所示:

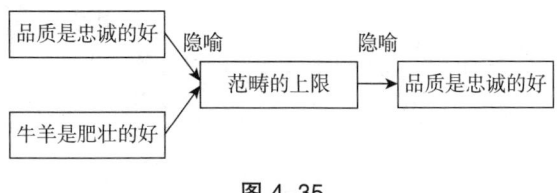

图 4-35

谚语的前句也就是输入域 1 与谚语的后句也就是输入域 2 拥有一个共同的抽象结构，也就是两个输入域的相似的图示结构"范畴的上限"。品质的上限是忠诚，牛羊的上限是肥壮。同样，这句谚语的隐喻意义也回指了其中的一句，只不过与其他本喻同现的谚语不同的是，这句谚语的隐喻意义回指的是前句"品质是忠诚的好"。

第二节 韩国谚语隐喻形成方式

一、隐含本体的谚语隐喻形成方式

（一）转喻类谚语

韩国隐含本体的转喻类谚语共 167 条，占所有隐含本体的谚语的 29.7%。农谚和生活谚占大多数，共有 146 条，占隐含本体的转喻类谚语的 87.4%。气象谚有 21 条，占 12.6%。

（1）气象谚。气象谚以向人们介绍长期积累的有关气象的知识为目的，是单纯的转喻。

例：오뉴월 더위에 암소 뿔이 물러빠진다.
정이월 바람에 검은 암소 뿔이 오그라진다.
밭갈이하는 소가 발을 핥으면 비가 온다.
소가 산에서 낮은 곳으로 내려오면 뇌우가 온다.
동쪽 놀에는 냇가에 소를매지 말랬다.
무지개가 서쪽에 서면 강 건너에 소를 매지 말랬다.

有一类谚语讲天气的冷热，如谚语"오뉴월 더위에 암소 뿔이 물러빠진다""정이월 바람에 검은 암소 뿔이 오그라진다"等；有一类谚语是通过对自然界的 一些征兆预测气象的变化，如谚语"밭갈이하는 소가 발을 핥으면 비가 온다""소가 산에서 낮은 곳으로 내려오면 뇌우가 온다"等；还有一些谚语是通过一些现 象对天气作出预测后，对人们的活动进行指导，如谚语"동쪽 놀에는 냇가에 소를매지 말랬다"和"무지개가 서쪽에 서면 강 건너에 소를 매지 말랬다"等。

（2）农谚。农谚与人们的生活息息相关，牛作为农耕时代最重要的生产工具，出现在生活的方方面面。

　　例：소는 농가에 밑천이다.
　　소는 농가에서 땅 다음 가는 재산이다.
　　소와 돼지를 한우리에서 기르면, 소는 마르고 돼지는 살찐다.
　　젖 떨어진 송아지를 함께 기를 때는 송아지 외양간도 따로 만들어 주어야 한다.
　　소는 바깥주인을 따르고, 개는 안주인을 따른다.
　　소 귀는 편편해야 성미가 순하고, 돼지 귀는 아래로 처져야 성미가 순하다.
　　새해 들어 첫 소날〔표日〕맷돌방아를 씨면 가축이 안 된다.
　　소가 새끼 난 지 사흘 안에는 외양간에 타인은 못 들어가게 한다.

既有与农耕相关的谚语，如"소는 농가에 밑천이다""소는 농가에서 땅 다음 가는 재산이다"；也有养殖方面相关的谚语，如"소와 돼지를 한우리에서 기르면, 소는 마르고 돼지는 살찐다""젖 떨어진 송아지를 함께 기를 때는 송아지 외양간도 따로 만들어 주어야 한다"等；还有与牛本身的特征相关的谚语，如"소는 바깥주인을 따르고, 개는 안주인을 따른다""소 귀는 편편해야 성미가 순하고, 돼지 귀는 아래로 처져야 성미가 순하다"等；最特别的是与牛的生产、饮食等有关的一些风俗、习俗相关的谚语，如"새해 들어 첫 소날 맷돌방아를 씨면 가축이 안 된다""소가 새끼 난 지 사흘 안에는 외양간에 타인은 못 들어가게 한다"等。

（3）生活经验谚。在韩国谚语的转喻类谚语中，有相当一部分是有关生活经验的谚语。"계집아이도 외양간 치는 것도 가르쳐 시집 보내랬다"与"며느리는 소 잘 되는 집에서 얻으랬다"都是与过去的婚嫁习俗有关的谚语，讲的是过去韩国农村女孩嫁人前要学会喂牛等农作知识；"여름 소고기 맛은 풀내 난다"是介绍季节与牛肉味道有关的谚语；"처녀와 부룩송아지는 쓸데 써봐야 안다"的意思是"처녀는 커서 시집갈 때에야 얌전한지 아닌지를 알게 돼 부룩송아지는 다 큰 뒤에야 부리기가 좋고 나쁨을 알게 된다는 뜻"，是对人与物好坏的判断标准。"흉년이 들면 소 값이 내린다"讲的是收成不好的时期的社会现象，是有关时代更迭时的社会表象。这些谚语通过对婚嫁习俗、生活物资、饮食、思维方式，以及对社会现象等的观察，总结出了方方面面对生活有益的经验，体现了韩国劳动人民的思维方式与人生智慧。

韩国转喻类谚语还可以分为单纯转喻、转喻中包含了转喻、转喻中包含隐喻的谚语3类。

1. 单纯转喻类谚语

韩国谚语中，单纯转喻共有96条。占韩国隐含本体的转喻类谚语的57.5%。

第四章　中韩谚语隐喻形成方式对比

例: 검은 풀 먹이면 소 죽는다.

농우에는 누런 소를 기르고, 승마에는 흰 말을 기르랬다.

무지개가 서쪽에 서면 강 건너에 소를 매지 말랬다.

소고기는 겨울이 돼야 제 맛이 난다.

소가 새끼 난 지 사흘 안에는 외양간에 타인은 못 들어가게 한다.

谚语"검은 풀 먹이면 소 죽는다",在词典中的意义为"검은 풀은 질소 성문이 많으므로, 이런 풀을 먹이면 제대에 질산염이 축적되고 중독을 일으켜 소가 약해지기 때문에 인산과 가리분이 있는 사료가 요구된다는 뜻"。如图 4-36 所示:

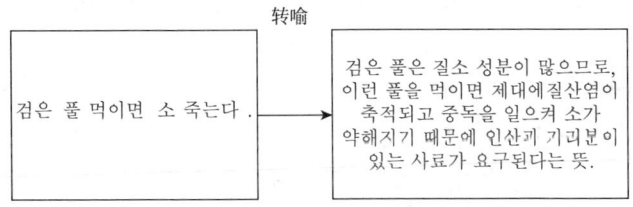

图 4-36

这句谚语中没有包含其他隐喻或转喻的情况,是单纯的转喻。同理,谚语"농우에는 누런 소를 기르고, 승마에는 흰 말을 기르랬다"意义是"누런 소는 힘을 여무지게 쓰기 때문에 농우에 좋고 흰 말은 임금이나 장군들이 즐겨 타던 말이라 좋다는 뜻"。谚语"소가 새끼 난 지 사흘 안에는 외양간에 타인은 못 들어가게 한다"的语义是"어미 소와 송아지가 놀라거나 부정을 탈 수 있으므로 소가 새끼를 난 지 사흘 안에는 외부인의 출입을 금지해야 한다는 뜻"。都是对某件事的陈述,没

有发生认知域的框架转移现象，语义中没有进行隐喻或转喻的过程，也是单纯的转喻。

2. 转喻中包含转喻类谚语

韩国谚语中，转喻中包含转喻的谚语共有 61 条，占转喻类谚语的 36.5%。转喻性谚语中，包含的转喻有 "部分代整体" 与 "整体代部分" 两种。谚语中包含的转喻数量不同，种类也不同。

例：초 정월 바람결에 검은 암소 뿔이 휜다.

소 잡아 제사 지내려고 말고, 살아서 닭 잡아 봉양하랬다.

외상이면 사돈집 소도 잡아먹는다.

집구석이 되려면 집 나간 송아지가 새끼 배서 들어온다.

谚语 "초 정월 바람결에 검은 암소 뿔이 휜다" 的隐喻形成方式如图 4-37 所示。这句谚语的意义是 "음력 정월 초순에 부는 바람은 쇠뿔이 굽을 정도로 몹시 춥다는 뜻"。谚语所要表达的意义与字面义在同一个认知域内，所说的是正月初的风很冷，因此这句谚语在语用的角度上看，首先它是转喻性的。在这句谚语中，还包含了一个转喻的表达，就是 "검은 암소 뿔이 휜다"。这是一个夸张的表达方式，也可以认为是 "部分代整体" 的转喻中的 "因果 ICM"，因为正月初的风一吹，气温太低，以至于把黑母牛的角都给冻弯了。"검은 암소 뿔이 휜다" 是 "结果代原因" 的转喻。因此，"초 정월 바람결에 검은 암소 뿔이 휜다" 是转喻中包含转喻的谚语。

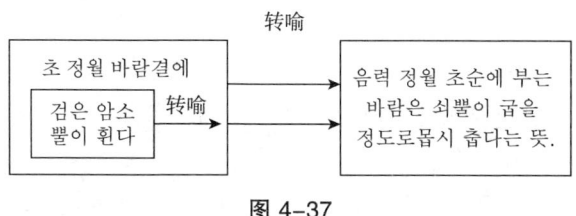

图 4-37

谚语"소 잡아 제사 지내려고 말고, 살아서 닭 잡아 봉양하랬다"的隐喻形成方式如图 4-38 所示:

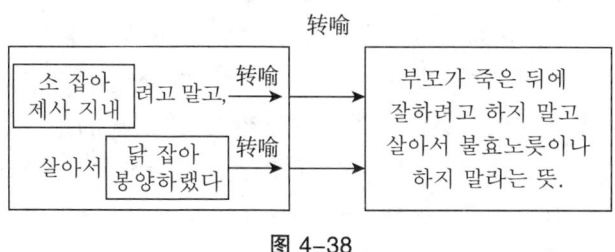

图 4-38

这句谚语的意义是"부모가 돌아기신 뒤에 잘하려고 하지 말고, 살아서 불효 노릇이나 하지 말라는 뜻"。谚语的引申义与字面义都是孝敬父母的内容,因此是转喻。但是与谚语"초정월 바람결에 검은 암소 뿔이 휜다"不同的是,这句谚语中包含了两个转喻,"소 잡아 제사 지내다"是"部分代整体"的转喻,指代"부모가 돌아가신 뒤에 잘해준다",而"닭 잡아 봉양하다"代"불효 노릇이나 하지 말라는 뜻"。

3. 转喻中包含隐喻类谚语

转喻中包含隐喻的谚语共有 10 条,占转喻类谚语的 6.0%。其中有的隐喻带有明显语法标志。

例:낯짝이 얼룩소 오줌 같다.
말같이 먹고, 소같이 마신다.

179

소는 농가에 밑천이다.
일년 농사가 벼락 맞은 쇠고기가 되었다.
쇠털같이 많은 날에 일만 하다 죽는다.

谚语 "낯짝이 얼룩소 오줌 같다" "말같이 먹고, 소같이 마신다"与 "쇠털같이 많은 날에 일만 하다 죽는다"中的"같다"就是明显的隐喻的语法标志。没有语法标志的隐喻有谚语 "소는 농가에 밑천이다"与 "일년 농사가 벼락 맞은 쇠고기가 되었다"等,它们是用一个具体的事物来比喻某个事物。

谚语 "낯짝이 얼룩소 오줌 같다"的隐喻形成方式如图 4-39 所示。这句谚语的主语是"낯짝",谚语指的是"얼굴을 씻지 않아 더럽다"说的是同一件事,所以这句谚语是转喻的。但是谚语中包含了一个隐喻的表达 "얼룩소 오줌 같다"是对脸很脏这一现象的一个比喻描写。

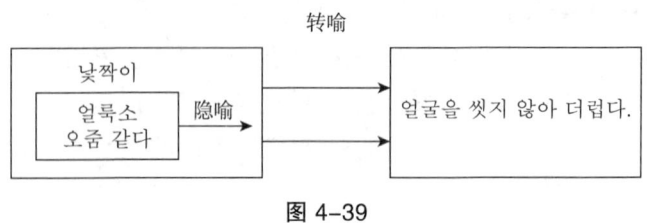

图 4-39

(二) 来自转喻的隐喻类谚语

韩国谚语中,来自转喻的隐喻类谚语共有 173 条,占所有隐含本体谚语的 30.8%。来自转喻的隐喻可以分为两大类,典故类和连续转喻类。二者最大的区别就是典故类有故事情节,一般由历史上的著名典故或是包含着民俗风俗等特殊的知识。经过长期的口口相传,谚语的意义已经固化,很难找到之前的转喻理据。而连续转喻类谚语,意义结构则相对简单,但是要通过连续的转喻过程才能推理出谚语所要表达的意义。由于转喻的过程较多，往往最终的语义与谚语的字面意义跨越了不同的语义框架，所以最后呈现的意义是隐喻性的。这两种类型都是由转喻的理据引申为隐喻的，区别只在于转喻理据的来源与隐转喻的引申跨度有所不同，有些谚语很难明确区分到底是哪个类型。

1. 连续转喻类谚语

来自转喻的隐喻类谚语中，有一种情况就是整个谚语是由连续的转喻引申而来，谚语由表面意义到其比喻意义是跨域的，也就是隐喻的，整个过程可以看作是来自转喻的隐喻。连续转喻类谚语共有 124 条，占隐含本体的来自转喻的隐喻类谚语的 71.7%。

  例：성난 황소 바위밭기다.
    자라 콧구멍에 소 몰고 간다.
    쥐구멍으로 소를 몰려고 한다.
    황소가 바늘구멍으로 빠져 나가겠다.

"성난 황소 바위밭기다"的隐喻意义是"무모한 행동은 하지 말라"。属于连续转喻类型的谚语。它的意义的引申过程如图 4-40 所示：

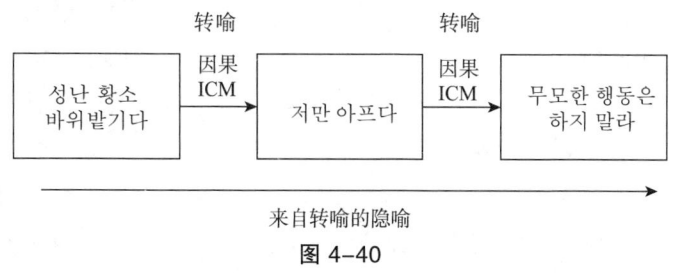

图 4-40

首先，在转喻"部分代部分"的"因果 ICM"中，原因"성난 소가 화풀이를 바위에 해봤자"代结果"저만 아프다"。然后在另一个"因果 ICM"中，原因"저만 아프다"代结果"무모한 행동은 하지 말라"。所以谚语由"성난 황소 바위받기다"经过两次转喻得到了引申义"무모한 행동은 하지 말라"，而这个引申义可以看作是来自转喻的隐喻。

"자라 콧구멍에 소 몰고 간다"有两个比喻意义，意义 1 指的是"소견이 없는 답답한 사람을 비유하는 말"。如图 4-41 所示：

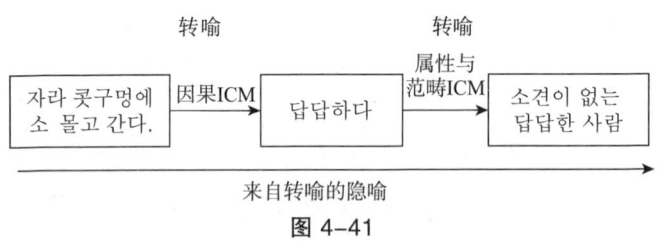

图 4-41

首先，谚语的表面意义是"在乌龟鼻子里赶牛"，是在一个很小的地方放进去一个很大的东西，给人的感觉是非常"답답하다"，由"자라 콧구멍에 소 몰고 간다"到"답답하다"这个意义的引申过程是"因果 ICM"下的"原因代结果"的转喻。再经过"范畴和属性 ICM"中的"属性代范畴"的转喻将"답답하다"转喻为"소견이 없는 답답한 사람을 비유하는 말"。整个意义延伸的过程是转喻的连续体，而谚语的意义也从表面意义"자라 콧구멍에 소 몰고 간다"变成了比喻意义"소견이 없는 답답한 사람을 비유하는 말"，整个谚语意义的引申过程是来自转喻的隐喻。

"자라 콧구멍에 소 몰고 간다"的意义 2 指的是"되지도 않을 어리석은 짓을 한다는 뜻"。如图 4-42 所示。经过"范畴

与成员 ICM"中的"成员代范畴"转喻,"자라 콧구멍에 소 몰고 간다"的意义可以引申为"되지도 않는 일",然后在"动作 ICM"中的"结果代动作"转喻的作用下,"되지도 않는 일"的意义又引申为了"되지도 않을 어리석은 짓을 한다",即从"不可能的事"转喻为"做不可能的事"。整个谚语意义的引申过程是从对具体事件的描写"자라 콧구멍에 소 몰고 간다",经过转喻为"되지도 않는 일",再转喻为"되지도 않을 어리석은 짓을 한다",从谚语的表面意义"자라 콧구멍에 소 몰고 간다"到谚语的比喻意义"되지도 않을 어리석은 짓을 한다"是来自转喻的隐喻。

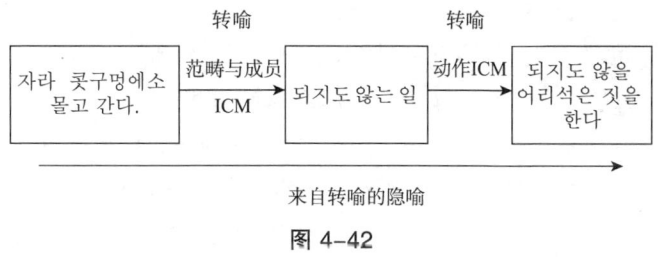

图 4-42

2. 典故类谚语

在韩国谚语中,这类谚语一部分源于历史故事或者蕴含特殊知识,一部分是由于语言过于精简,需要把内容补充完整之后,再从中提取要表达的意义。典故类谚语共有 49 条,占来自转喻的隐喻类谚语的 28.3%。

例:네 담이 아니면 내 쇠뿔이 부러지랴.
송아지에게 천자 가르치기다.
송아지 온 발자국은 있어도 간 발자국은 없다.
유두에 소 타지 말고, 추석에 소 타랬다.

"네 담이 아니면 내 쇠뿔이 부러지랴"的解释是"자기 잘못으로 입은 피해를 공연히 남에게 전가한다는 뜻"。从这句话中，我们可以还原故事的整个梗概：有一天，一个人的牛不小心撞到了墙上，把牛角给撞断了。然后牛的主人跑去牛撞的那面墙的主人那里，对墙的主人说了这样一番话，"네 담이 아니면 내 쇠뿔이 부러지랴."在这件事上，墙的主人十分无辜，其实是牛的主人强词夺理，故意耍赖，想要把由于自己的过失而产生的后果强行推诿到别人的身上，以此转嫁责任和损失。而这句谚语"네 담이 아니면 내 쇠뿔이 부러지랴"也意指"너 때문에 아니 날 손해가 났다고 억지 쓸 때 쓰는 말"。这句谚语的隐喻义的形成方式如图 4-43 所示。从谚语字面语言"네 담이 아니면 내 쇠뿔이 부러지랴"通过转喻还原到故事本身，然后又通过转喻的过程，得到谚语想表达的意思，"너 때문에 아니날 손해가 났다고 억지 쓸 때 쓰는 말"，即想要把由于自己的过失而产生的后果强行推诿到别人的身上，以此转嫁责任和损失。最后在谚语的使用过程中，在其他认知域中通过隐喻达到想要表达的目的，形容那些"想要把由于自己的过失而产生的后果强行推诿到别人的身上，以此转嫁责任和损失的人或事"。

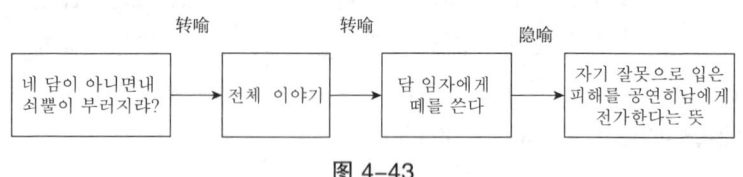

图 4-43

"유두에 소 타지 말고, 추석에 소 타랬다"这个谚语就包含了特殊的民俗知识，如果想要完全理解谚语的意思，需要对谚语的知识背景有所了解。在韩国有着这样一个风俗，每到节日之时，农事顺利的人家都会让牛驮着长工跟村子里的人一起

第四章 中韩谚语隐喻形成方式对比

举行庆祝活动。所以这个谚语首先可以把谚语的显性意义理解是:"유두 명절의 벼농사를 보고 소에 대우는 것보다 수확기를 앞둔 추석 때의 상황을 보고 대우는 것이 더 정확하듯",即"流头"节日之时,正是水稻作业之时,在此时进行庆祝活动,不如等到中秋节看到收获的情况之后在进行庆祝活动更好。只有了解了谚语中所涉及的民俗知识,才能充分理解这句谚语所表达的意义。

这句谚语的隐喻形成方式如图4-44所示:

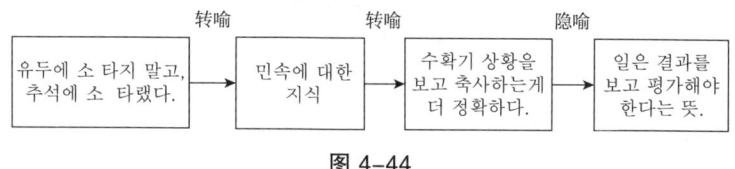

图 4-44

通过"理想认知模型"(ICM)的"部分"——"유두에 소 타지 말고, 추석에 소 타랬다"唤起整个模型——"농사가 잘 된 집에서는 명절날 머슴을 소에 태우고 부락 사람들이 축히해 주는 민속놀이가 있었는데, 유두 명절의 벼농사를 보고 소에 대우는 것보다 수확기를 앞둔 추석 때의 상황을 보고 대우는 것이 더 정확하듯"。这个谚语是通过所提及的部分事件(或事物)来理解整个事件,因为它们共享同一个认知域。我们储存在长期记忆中的这一系列连贯的事件可以通过提及事件的某一部分而得到指称。通过推理我们就能够推断出谚语的隐含意义。然后在谚语具体的使用过程中,经过隐喻,在其他的认知域中使用其隐含的意义"일은 결과를 보고 평가해야 한다는 뜻",即"应该在看到结果之后再作评价"。

(三) 隐喻类谚语

在韩国谚语中,隐喻类的谚语共有 222 条,占所有隐含本体的谚语的 39.5%,是数量最多的一个类型。

1. 一个输入域的隐喻

在韩国谚语中,一个输入域的隐喻类谚语共有 194 条,占隐含本体的隐喻类谚语的 87.4%。

> 例:개 잡아 할 잔치 소 잡아 한다.
> 가다보면 중도 보고, 소도 본다.
> 꼬리 없는 소가 남의 소 등에 파리 쫓는다.
> 기왕이면 검정 소를 잡아먹으랬다.

"개 잡아 할 잔치 소 잡아 한다"的隐喻意义是"경비를 조금만 들여도 될 것을 공연히 많이 들여서 낭비를 한다는 뜻"。整个谚语意义的引申过程如图 4-45 所示。"개"在"范畴与属性 ICM"中,是以范畴代属性,用狗这个范畴代价值小的东西,又从价值小的东西隐喻为使用经费少,此过程可以看作为来自转喻的隐喻;动词"잡아 하다"在"部分代部分"中的"动作 ICM"中,是以动作代结果的转喻,然后隐喻为"들이다";"잔치"是在"部分代部分"中的"范畴与成员 ICM"里,用"잔치"这一个场合泛指所有场合;"소"在"范畴与属性 ICM"中,是以范畴代属性,用牛这个范畴代价值大的东西,又从价值大的东西隐喻为使用经费多,此过程可以看作为来自转喻的隐喻;动词"잡아 하다"在"部分代部分"中的"动作 ICM"中,是以动作代结果的转喻,然后隐喻为"들이다"。

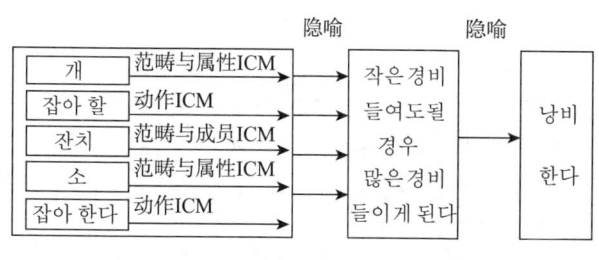

图 4-45

所以整句谚语"개 잡아 할 잔치 소 잡아 한다"的显性的隐喻意义可以看作是"작은 경비 들여도 될 경우 많은 경비 들이게 된다"。在经过了来自转喻的隐喻加工之后,这句话的整体意义又经过进一步的隐喻,引申成为"낭비한다"。整个句子的每一个部分都从源域到目的域呈现出一一对应的映射关系。在使用谚语的隐喻意义时,为了达到更加抽象的意义,还可以对隐喻义进行进一步的引申。

"가다보면 중도 보고, 소도 본다"的语义对应中则是包括了隐喻与隐转喻。如图 4-46 所示。"가다보면 중도 보고, 소도 본다"的隐喻意义为"사람이 살다보면 이런 저런 일도 당하게 된다는 뜻"。"가다보면"隐喻为"살다보면",这是个图示隐喻,把人生的过程隐喻为旅行的过程;"중도 보고"和"소도 본다"两个分句是并列关系,它们是"事件 ICM"中以分事件代整事件,指"이런 저런 일 당하게 된다",可以看作是来自转喻的隐喻。所以在这句谚语"가다보면 중도 보고, 소도 본다"中既有隐喻的对应,也有隐转喻的对应。

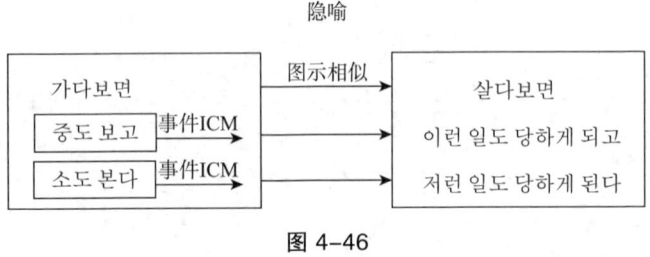

图 4-46

除了像"개 잡아 할 잔치 소 잡아 한다"这样每个词语都严格的一一对应的谚语之外,还有像"꼬리 없는 소가 남의 소 등에 파리 쫓는다"这样,以一个有完整意义的语块为单位对应的谚语。这句谚语的隐喻义的形成方式如图 4-47 所示:

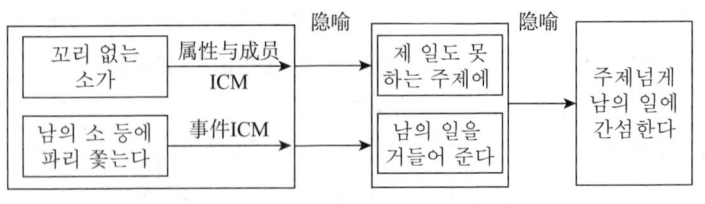

图 4-47

"꼬리 없는 소"是"没有尾巴的牛"在这里是指"没有尾巴不能自己给自己打蚊子的牛",隐喻为"제 일도 못하는 사람";"남의 소 등에 파리 쫓는다"是"去别的牛背上打蚊子",在这里隐喻为"남의 일을 거들어 준다"。整个谚语"개 잡아 할 잔치 소 잡아 한다"在经过了隐喻之后得到了初步的最接近于显性意义的隐喻义"제 일도 못하는 주제에 남의 일을 거들어 준다"。在具体语境中使用这个谚语时,它的意义还可以进一步进行抽象化,变成"주제넘게 남의 일에 간섭한다"。

谚语"기왕이면 검정 소를 잡아먹으랬다"隐喻意义是

第四章 中韩谚语隐喻形成方式对比

"기왕 할 바에는 유리한 것을 선택하라는 뜻"。其隐喻义的引申过程如图 4-48 所示。"기왕이면"作为这句话的逻辑前提，意义没有发生变化，是直接映射。"검정 소"从"范畴与属性 ICM"的"黑色的牛"转喻为其属性"好吃的牛"，然后再由"好吃的"这个属性，转喻为"유리한 것"这一范畴。这个过程是典型的隐转喻，也可以看作是由"검정 소"隐喻为"유리한 것"。"잡아먹으랬다"由"事件 ICM"中的"分事件代事件"，即用"抓什么样的牛来吃"来比喻"做出什么样的选择"。在这个谚语句子中，"검정 소"和"잡아먹으랬다"是隐转喻，"기왕이면"作为表示句子语法与逻辑关系的部分，从源域直接映射到了目的域。

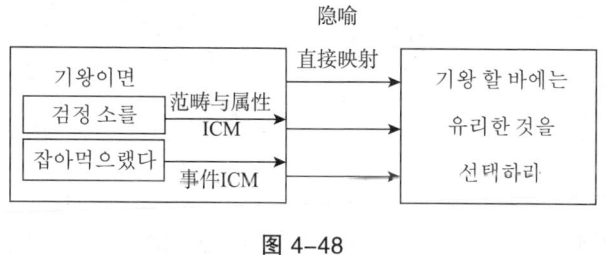

图 4-48

2. 两个输入域的隐喻

在韩国谚语中，两个输入域的隐喻类的谚语共有 28 条，占隐喻类谚语的 12.6%。

例：도깨비도 숲이 있어야 모이고, 소도 언덕이 있어야 비빈다.
먹은 소가 똥도 누고, 든 돌에 낯 붉게 마련이다.
소는 눕는 것을 좋아하고, 말은 서는 것을 좋아한다.
쇠뿔도 단김에 패고, 호박떡도 더운 김에 먹으랬다.

谚语"도깨비도 숲이 있어야 모이고, 소도 언덕이 있어야 비빈다"中前一句"도깨비도 숲이 있어야 모이고"与后一句"소도 언덕이 있어야 비빈다"都处在"动物生活习性框架"内，如果把二者放在概念整合理论的两个输入空间的话，"도깨비도 숲이 있어야 모이고"与"소도 언덕이 있어야 비빈다"在类属空间里可以抽象出一个共同的图示结构"의지할 곳이 있어야 한다"。这句谚语的隐喻形成方式如图4-49所示：

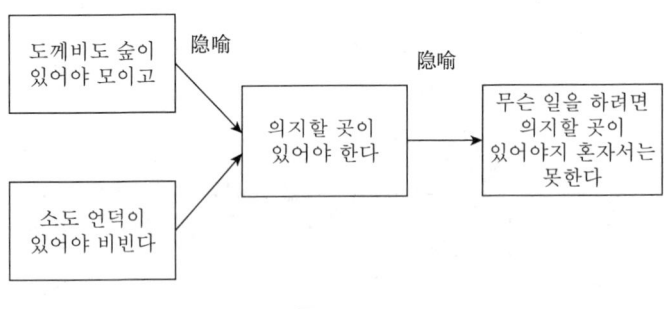

图 4-49

两个输入空间的"도깨비도 숲이 있어야 모이고"与"소도 언덕이 있어야 비빈다"处于概念映射层次上，而在类属空间中的内容为在两个输入域中高度抽象出来的意向图示，处于概念映射层次的上层范畴——意向图示层次上。因此这个意义的引申过程属于隐喻。再从输入域中提取出这个高度抽象的共同的意向图示结构之后，"의지할 곳이 있어야 한다"再经过一个跨域的隐喻，从"动物生活习性框架"通过隐转喻到"泛指做事情的框架"，最后一步意义的引申过程可以看作是来自转喻的隐喻。最终得到谚语的隐喻意义"무슨 일을 하려면 의지할 곳이 있어야지 혼자서는 못한다는 뜻"。

二、本喻同现的谚语隐喻形成方式

韩国谚语中，本喻同现的谚语数量不多，只有 8 条，都为本体在后、喻体在前的谚语。韩国本喻同现的谚语均为两个输入域的谚语，其中包括本体在输入空间的类型和本体在类属空间的类型。

（一）两个输入域的隐喻——本体在输入空间

本喻同现的谚语中，本体在输入空间的两个输入域的隐喻类谚语共有 4 条。

> 例：동네 송아지는 이웃집 황소를 닮고, 자식은 아비를 닮는다.
> 소새끼는 제주로 보내고, 사람새끼는 서울로 보낸다.
> 송아지는 이웃 황소 닮고, 자식은 아비를 닮는다.
> 뜨는 소가 부리기 좋고, 성깔 있는 머슴이 일 잘한다.

谚语 "뜨는 소가 부리기 좋고, 성깔 있는 머슴이 일 잘한다" 的两个输入域 "뜨는 소가 부리기 좋고" 和 "성깔 있는 머슴이 일 잘한다" 拥有一个共同的抽象结构 "일하는 주체의 좋은 조건"。如图 4-50 所示。谚语的两个分句分别看作为整合空间的两个输入域，它们在类属空间的空桶的抽象结构为 "做事的条件"，所以 "부리기 좋은 소" 的好条件是 "뜨는 소"，"일 잘하는 사람" 的好条件是 "성깔 있는 머슴"。这句谚语所重点强调的是后面一句 "일 잘하는 사람" 的好条件，所以谚语的隐喻意义又回指了后句 "성깔 있는 머슴이 일 잘한다"。这句谚语的隐喻义的形成方式如图 4-51 所示。

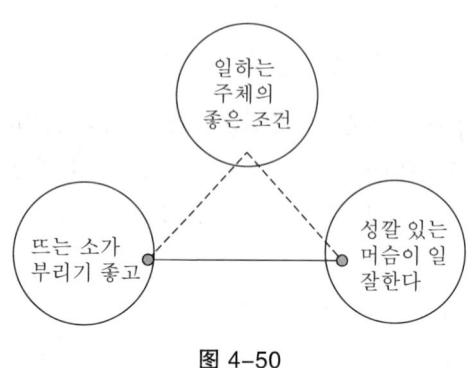

图 4-50

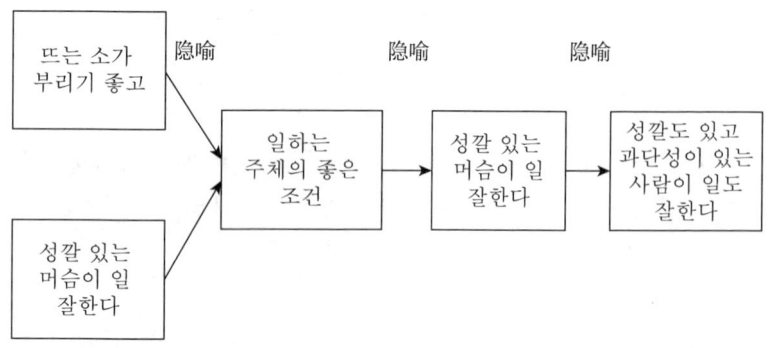

图 4-51

如前文所述，谚语从两个输入域提取了共同的抽象结构之后，又回指了主旨句"성깔 있는 머슴이 일 잘한다"，根据具体语境的需要还可以对谚语的后句进行了隐喻的引申，得到谚语的隐喻意义"성깔도 있고 과단성이 있는 사람이라야 일도 잘한다는 뜻"。因此，这条谚语属于本体在输入空间的隐喻类型的谚语。

（二）两个输入域的隐喻——本体在类属空间

本喻同现的谚语中，本体在类属空间的两个输入域的隐喻类谚语共有 4 条。

第四章 中韩谚语隐喻形成方式对比

例: 일하다 죽은 소나 놀다 죽은 염소나 죽기는 일반이다.

놀다가 죽은 암소나 밭갈이 하다 죽은 황소나, 죽기는 마찬가지다.

빠른 소나 느린 소나, 웅덩이가기는 일반이다.

谚语 "빠른 소나 느린 소나, 웅덩이가기는 일반이다" 是本体在类属空间的两个输入域的隐喻类谚语。谚语的两个输入域是 "빠른 소나" 与 "느린 소나", 都同处于谚语的一个分句之中, 即源域中; 另一个分句 "웅덩이가기는 일반이다" 是两个输入域的共享成分, 即类属空间的内容。如图 4-52 所示:

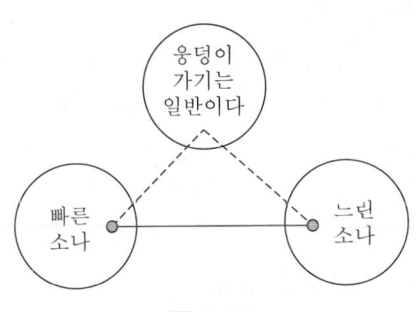

图 4-52

所以谚语 "빠른 소나 느린 소나, 웅덩이가기는 일반이다" 的后句 "웅덩이가기는 일반이다" 既是两个输入域的共享成分, 同时也是谚语的目的域。这句谚语隐喻义的形成方式如图 4-53 所示。谚语前句所在的两个输入域 "빠른 소나" 与 "느린 소나" 的类属空间的内容, 就是谚语的后句 "웅덩이가기는 일반이다"。而谚语的隐喻义是在后句 "웅덩이가기는 일반이다" 的基础之上进行隐喻引申之后所得到的意义, 即 "목적지에 가기는 마찬가지다"。

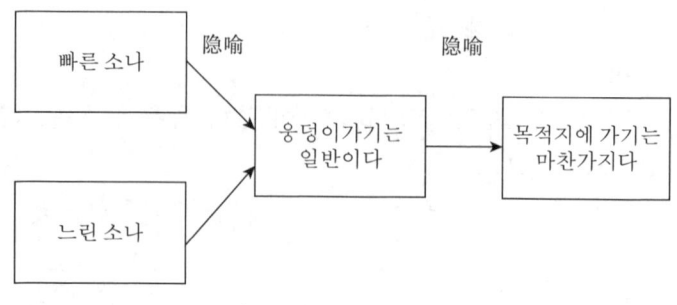

图 4-53

谚语 "놀다가 죽은 암소나 밭갈이 하다 죽은 황소나, 죽기는 마찬가지다" 也是本体在类属空间的隐喻类谚语。这句谚语可以有两种解读方式,虽然最后得到的隐喻义是一样的,但是隐喻形成的方式有所不同。

在第一种解读方法中,谚语的前一句 "놀다가 죽은 암소나 밭갈이 하다 죽은 황소나" 是先经过隐转喻得出后一句 "죽기는 마찬가지다" 的语义的。"놀다가 죽은 암소" 和 "밭갈이 하다 죽은 황소" 可以改写为 "암소가 놀다가 죽었다" 与 "황소가 밭갈이 하다 죽었다" 这两句都是描写 "죽음" 的方式,属于 "죽음" 范畴的成员。在 "范畴和成员 ICM" 中, "암소가 놀다가 죽었다" 与 "황소가 밭갈이 하다 죽었다" 指代 "죽음"。这里的 "죽음" 既可以看是 "소의 죽음" 也可以看作是 "사람의 죽음",因此这个过程可以看作是来自转喻的隐喻。这句谚语的隐喻形式如图 4-54 所示。首先提取出两个输入域在类属空间的相似性结构 "죽기는 마찬가지다",这个过程是隐转喻。之后,从 "죽기는 마찬가지다" 再引申出 "누구나 죽기는 마찬가지다" 的意义。在谚语的具体使用中,可以比喻 "人的死不分原因,不分贵贱,无论生前是什么地位,死后跟其他人一样" 的意义。

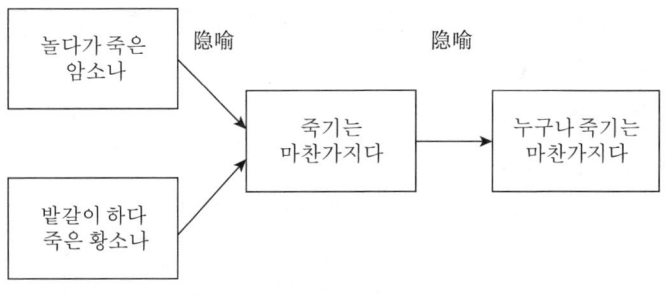

图 4-54

另外一种解读,是先把前句的两个输入域的主语"牛"隐喻为"人"。因此,两个输入域的语义分别由"놀다가 죽은 암소나"和"밭갈이 하다 죽은 황소나"隐喻为"한가하게 놀면서 잘 먹고 살다가 죽은 사람이나"和"열심히 일하며 고되게 살던 사람이나",然后再从中抽象出一个共同的意义"누구나 죽기는 마찬가지다"。这种解读方式的隐喻形式如图 4-55 所示:

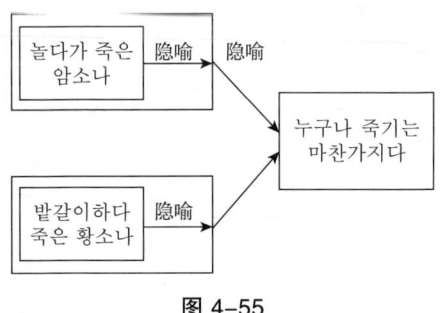

图 4-55

这种解读方式中,谚语两个输入域的语义先分别进行隐喻引申,语义从"动物域"跨域映射到"人类域",这个过程是隐喻。隐喻后的语义再从此投射到类属空间中,从类属空间中提取出两个输入域的共同的抽象结构,也就是谚语的隐喻义。

在韩国两个输入域的隐喻——本体在类属空间的谚语中，有一个特殊的现象——谐音双关。在韩国谚语中谐音双关的谚语只有 1 条。

例：쇠 눈 말 눈이 크다 해도 의눈보다 큰 것 없다.

谚语"쇠 눈 말 눈이 크다 해도 의눈보다 큰 것 없다"的意思是"소 눈이나 말 눈이 크다 해도 의눈만큼은 크지 않듯이, 무슨 일이나 의논을 해서 해결할 수 없는 일은 없다는 뜻"。在这个谚语中，运用的是双关的手法，而且是谐音双关。"쇠 눈"和"말 눈"再大，也不如"의눈"大，这是谚语的显性意义。又通过"의눈"的谐音"의논"得到谚语的谐音后句"의논보다 큰 것 없다"，意在强调"의논"的重要性，比喻"무슨 일이나 의논을 해서 해결할 수 없는 일은 없다는 뜻"。这句谚语的隐喻义的形成方式如图 4-56 所示：

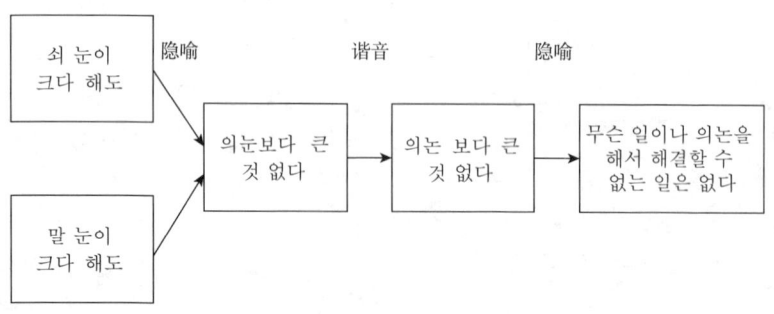

图 4-56

谚语中的"쇠 눈"和"말 눈"分别是两个输入域，在它们的类属空间中提取出二者共同的抽象结构"의눈보다 큰 것 없다"，再由"의눈"谐音为"의논"，得到"의논보다

큰 것 없다",并进行隐喻的引申,得到谚语索要表达的真实意图,表示"무슨 일이나 의논을 해서 해결할 수 없는 일은 없다는 뜻"。

第三节 中韩谚语隐喻形成方式的异同点

一、中韩谚语隐喻形成方式的相同点

(一)中韩隐含本体的谚语隐喻形成方式的相同点

中国隐含本体的谚语中转喻类谚语有 107 条,占隐含本体的谚语的 35.2%;来自转喻的隐喻类谚语共有 19 条,占 6.2%[1];隐喻类谚语共有 178 条,占 58.6%。韩国隐含本体的谚语中转喻类谚语有 167 条,占 29.7;来自转喻的隐喻谚有 173 条,占 30.8%;隐喻类谚语有 222 条,占 39.5%。

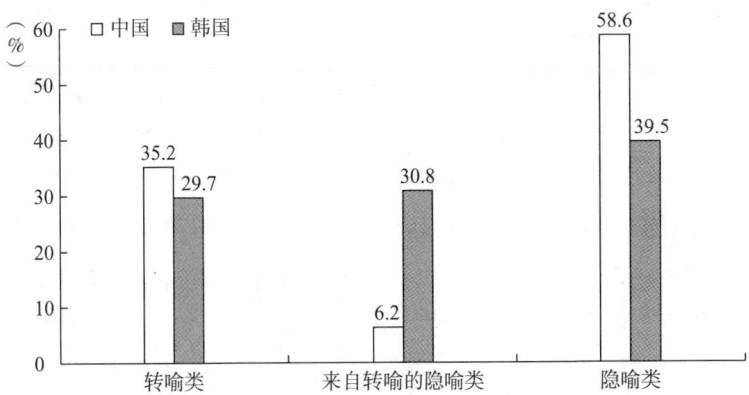

图 4-57 中韩隐含本体的谚语隐喻形成方式占比图

---

[1] 此处数值应为 6.25%,为使中国隐含本体的谚语、各小项占比之和为"1",故此处统计为 6.2%。

从图4-57中我们可以看到，相较于中韩来自转喻的隐喻类和隐喻类的谚语，转喻类谚语的占比相近，分别为35.2%和29.7%。在中韩谚语中，转喻类谚语占有相似的地位，即转喻作为认知的一种基本方式，在中韩两国的语言和思维中所占的比例是相似的。

中韩谚语都包括农谚、气象谚和生活经验谚三种主题相关的谚语。首先，由于牛是农业生产的最主要工具，因此两国谚语中农谚的占比最大，分别为76.6%和45.5%，如"耕地看石头，耙地看牛头"和"소는 농가에 밑천이다"等。其次，占比排第二位的都是生活经验谚。谚语来源于生活，运用于生活，是不同民族在自身文化影响下对自然规律和社会生活的经验总结。因为动物是与人们的生活密切相关的伙伴，它是人类认识自己的一种重要的参照物。人们把牛的外貌和习性投射到人类身上，形成各种以牛喻人的谚语。在表述一些更加抽象的哲理，如生活经验时，也会利用生活中经常出现的情形进行联想，牛作为身边最常见的动物，常常被涉及其中，如"常常晒太阳，身体壮如牛"和"계집아이도 외양간 고치는 것도 가르쳐 시집 보내줬다"等。中韩谚语中占比最少的都为气象谚。

中国隐含本体的转喻类谚语中，单纯转喻类谚语共54条，占转喻类谚语的50.5%；转喻中包含转喻类谚语28条，占26.2%；转喻中包含隐喻类谚语25条，占23.3%[1]。韩国隐含本体的转喻类谚语中，单纯转喻类谚语共96条，占转喻类谚语的57.5%；转喻中包含转喻类谚语61条，占36.5%；转喻中包含隐喻类谚语10条，占6.0%。

---

[1] 此处数值应为百分之23.36448……，为使此处各项百分比之和相加为"1"，将其统计为"23.3%"。

在图 4-58 中，转喻类谚语由左到右呈转喻性减少隐喻性增加的趋势。单纯的转喻类谚语的转喻性最强，转喻中包含隐喻的谚语由于隐喻的加入，其隐喻性要高于单纯转喻与转喻中包含转喻的谚语。

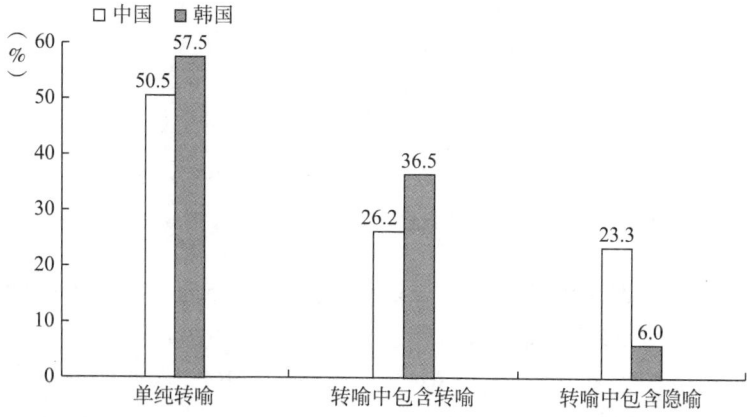

图 4-58　中韩隐含本体的转喻类谚语形成方式占比图

在中国隐含本体的谚语中，来自转喻的隐喻类谚语共有 19 条，占所有隐含本体的谚语的 6.2%。韩国谚语中，来自转喻的隐喻类谚语共有 173 条，占所有隐含本体的谚语的 30.8%。来自转喻的隐喻可以分为两大类，连续转喻类和典故类。中国谚语中，典故类谚语共 17 条，占隐含本体的来自转喻的隐喻类谚语的 89.5%，连续转喻类谚语共 2 条，占 10.5%；韩国谚语中，典故类谚语共 49 条，占来自转喻的隐喻类谚语的 28.3%，连续转喻类谚语共 124 条，占 71.7%。如图 4-59 所示。中韩谚语中，隐含本体的来自转喻的隐喻类谚语都包含了两个类型：连续转喻类谚语和典故类谚语。如"官房漏，官牛瘦"和"성난 황소 바위받기다"是连续转喻类谚语；"背着牛头不认账"和"송아지에게 천자 가르치기다"是典故类谚语。

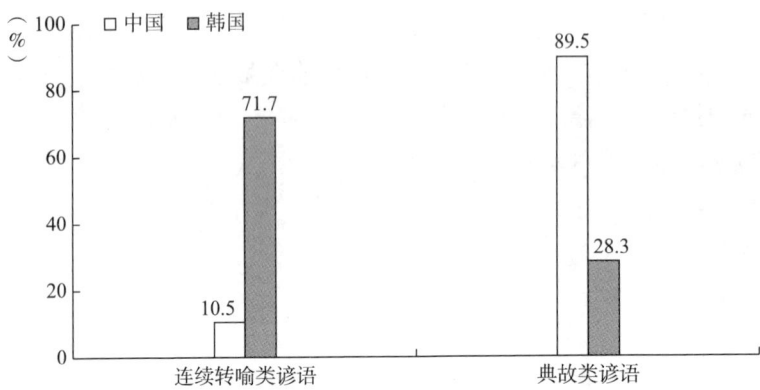

图4-59 中韩隐含本体的来自转喻的隐喻类谚语形成方式占比图

隐喻类谚语根据输入域的多少,可以分为一个输入域的隐喻、两个输入域的隐喻和三个及以上输入域的隐喻。在中国谚语中隐喻类型的谚语共有178条,占隐含本体的谚语的58.6%,是一个非常普遍的谚语类型。其中,一个输入域的隐喻类型的谚语有103条,占隐喻类谚语的57.9%;两个输入域的隐喻类型的谚语有67条,占隐喻类谚语的37.6%;三个输入域的谚语共有7条,占隐喻类谚语的3.9%,四个输入域的谚语1条,占隐喻类谚语的0.6%。

在韩国隐含本体的隐喻类谚语共有222条,占所有谚语的39.5%。在韩国谚语中,隐喻类谚语中只有两个类型:一个输入域的隐喻类型的谚语和两个输入域的隐喻类型的谚语。其中,一个输入域的隐喻类型的谚语有194条,占隐含本体的隐喻类谚语的87.4%;两个输入域的隐喻类型的谚语有28条,占隐含本体的隐喻类谚语的12.6%。

从图4-60中可以看出,中韩两国都包含了一个输入域和两个输入域的隐喻类谚语。其中一个输入域的谚语中都包含

了源域到目标域一一对应的谚语、源域到目标域呈语块对应的谚语和源域到目标域包含直接映射与一一映射相结合的谚语。如"丢下黄牛撵蚊子"和"개 잡아 할 잔치 소 잡아 한다"等的每个词都能在目标域中找到对应的语义;"按着牛头吃不得草"和"가다보면 중도 보고, 소도 본다"属于语块对应的谚语,"按着牛头"和"吃不得草"作为两个意义完整的结构隐性映射,"가다보면"与"중도 보고, 소도 본다"也是以语块的语义为单位进行映射的;谚语"犟牛也怕鞭子响"与"기왕이면 검정 소를 잡아먹으랬다"中表达语法与逻辑关系的部分"也怕"与"기왕이면"则是直接映射到目标域中去的,因此这两个谚语都属于直接映射与一一映射相结合的谚语。

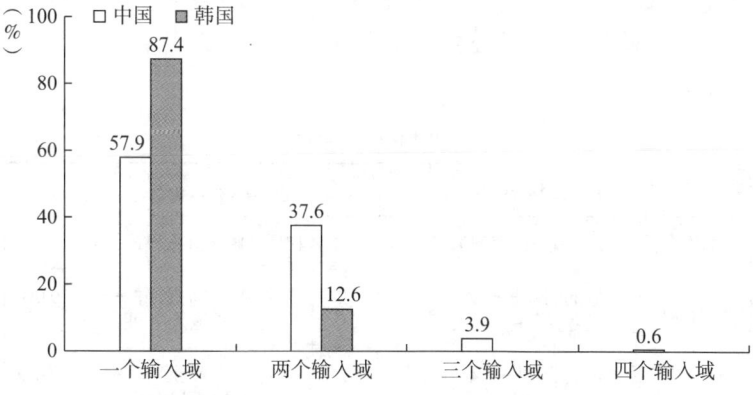

图 4-60 中韩隐含本体的隐喻类谚语形成方式占比图

(二)中韩本喻同现的谚语隐喻形成方式的相同点

本喻同现谚语的特点就是把谚语的隐含意义放到字面意义上表达出来,语言更加直白易懂。这与隐喻作为谚语本质的这种隐晦的表达方式产生了冲突,所以更具有幽默感。本喻同现的谚语保留了谚语形象性的特点，像双关类的谚语，具有歇后语的幽默性特征的同时，语义表达更加直接。

  中国本喻同现的谚语既包含本体在后、喻体在前的谚语，也包含本体在前、喻体在后的谚语，而韩国谚语只有本体在后、喻体在前的谚语。中国本体在后、喻体在前的谚语中，有一个输入域的隐喻——意义双关类的谚语，占本体在后的谚语的31.0%；两个输入域的隐喻——本体在输入空间的谚语，占58.6%；两个输入域的隐喻——本体在类属空间的谚语，占10.4%[1]。中国本体在前、喻体在后的谚语中有一个输入域的隐喻类谚语，占33.3%，和两个输入域的隐喻——本体在输入空间的谚语，占66.7%。韩国本体在后、喻体在前的谚语中包含了两个输入域的隐喻——本体在输入空间的谚语，占50.0%；两个输入域的隐喻——本体在类属空间的谚语，占50.0%。把中韩本喻同现的谚语类型和所占比例整理成表格，如表4-4所示：

表4-4 中韩本喻同现的谚语形成方式类型表

中国（64条）			韩国（8条）		
1.本体在后、喻体在前（58条）			1.本体在后、喻体在前（8条）		
1	一个输入域的隐喻——意义双关	31.0%	1	两个输入域的隐喻——本体在输入空间	50.0%
2	两个输入域的隐喻——本体在输入空间	58.6%	2	两个输入域的隐喻——本体在类属空间	50.0%
3	两个输入域的隐喻——本体在类属空间	10.4%			

---

[1] 此处数值应为百分之10.34482……，为使此处各项百分比之和相加为"1"，将其统计为10.4%。

续表

中国（64条）		韩国（8条）	
2.本体在前、喻体在后（6条）			
1	一个输入域的隐喻	33.3%	
2	两个输入域的隐喻——本体在输入空间	66.7%	

从表4-4是可以看出，在本喻同现的谚语中，两个输入域的本后喻前的隐喻，是最主要的类型，在中国本喻同现的谚语中占比在一半以上，韩国则全部为两个输入域的本后喻前的隐喻类型。

中韩谚语中都包含本体在后、喻体在前的谚语。其中，中韩谚语都包括的类型有两个：一个是两个输入域的谚语——本体在输入空间的类型；一个是两个输入域的谚语——本体在类属空间的类型。如"没有犄角的牛爱斗架，没有知识的人好吵架"和"뜨는 소가 부리기 좋고, 성깔 있는 머슴이 일 잘한다"的主旨句"没有知识的人好吵架"与"성깔 있는 머슴이 일 잘한다"都位于输入域中，这两个谚语属于两个输入域的谚语——本体在类属空间的类型。谚语"买老牛，置破车，凑合一时是一时"与"밭갈이하다 죽은 소나, 놀다 죽은 염소나, 죽으면 저승가기는 일반이다"都是属于两个输入域的谚语——本体在类属空间的类型。因为它们在隐喻的形式上都是属于直搭中包含叠加类的谚语，前句中包含了两个输入域，后句是主旨句，是在前句的两个输入域中提取出的共同的抽象意义，因此谚语的后句是类属空间的内容。

（三）中韩谚语隐喻形成方式类型的相同点

1. 中韩谚语隐喻形成方式小类的相同点

在前文中，我们认为隐喻是一个连续体，转喻是隐喻的基础，这在谚语中体现得尤为明显。Radden（2000）指出为隐喻的两个概念域提供联系和理据的是转喻。就像一条线段，两端是转喻和隐喻，而以转喻为基础的隐喻则是两者中间的部分。Radden（2000）又提出了"从字面意义到转喻再到隐喻连续体"这一论断。[1]根据对谚语的隐喻的形成方式的分类，可以把谚语的每种类型分布在这个连续体的不同位置。如图4-61所示：

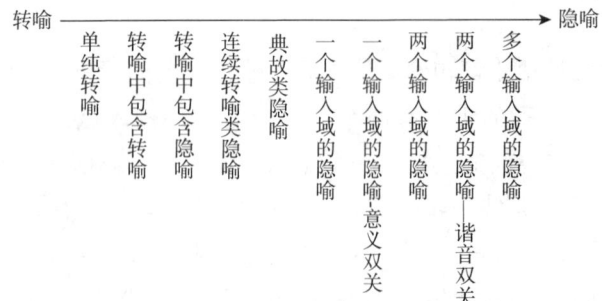

图4-61　谚语隐喻形成方式各类别在隐转喻连续体上的分布图

在图4-61中，转喻与隐喻处在连续体的两端，中间为来自转喻的隐喻。从转喻到隐喻的连续体上，越靠近转喻，形象性越高，越靠近隐喻，抽象性越高。

中间位置的连续转喻类隐喻与典故类隐喻二者在连续体上的位置哪个更靠近转喻，哪个更靠近隐喻值得商榷。典故类隐喻由于字面义与隐喻义之间的联系较为松散，甚至可以看作

---

[1]　刘正光:《论转喻与隐喻的连续体关系》，载《现代外语》2002年第1期。

中间环节的缺失导致的转喻性理据中断，因此在寻找隐喻形成时的理据时往往需要还原典故的全部内容，才能找到其转喻理据，因此与连续不断的转喻相比，典故类隐喻更加靠近隐喻一端。从图例上也可以看出典故类隐喻比连续转喻类隐喻链条多一个环节，距离转喻端更远一点。

在靠近隐喻的一端，分别是一个输入域的隐喻、一个输入域的隐喻——意义双关、两个输入域的隐喻、两个输入域的隐喻——谐音双关与多个输入域的隐喻。首先，输入域越少，参与抽象的隐喻思维的结构就越少，反之，参与隐喻的输入域越多，隐喻中的抽象结构就要同时满足多个输入域的要求，思维过程就更加复杂，也就更加靠近隐喻的一端。双关可以看作是一个特殊的、抽象意义的附加过程，附有双关意义的谚语，自然也更加复杂。双关中也包括意义双关与谐音双关，意义双关是基于意义的相似性，是隐喻性的；而谐音双关是基于语音邻近性，是转喻性的，因此如果在同样多的输入域的前提下，谐音双关更接近于转喻　端，意义双关更接近于隐喻一端。但是，在中韩谚语的隐喻形成方式的类型中，中国谚语的意义双关是在一个输入域的隐喻中，而韩国谚语的谐音双关是在两个输入域的隐喻中，那么二者的前后顺序如何，也值得考虑。

结合前文中谚语例子的分析，可以发现，在中国谚语中，一个输入域的意义双关类与两个输入域的谐音双关类谚语相比，语义的引申路径更短一些，只要经过两个连锁的隐喻过程；而谐音双关还要多一步语音邻近的转喻过程，因此，在本书中，把一个输入域的隐喻——意义双关的位置放的更靠近转喻一端，两个输入域的隐喻——谐音双关的位置放的更加靠近隐喻一端。

在368条中国谚语中，谚语的隐喻的形成方式可分为9种类型，它们分别是单纯转喻类谚语、转喻中包含转喻类谚语、转喻中包含隐喻类谚语、连续转喻类谚语、典故类谚语、一个输入域的隐喻类谚语、一个输入域的隐喻——意义双关类谚语、两个输入域的隐喻类谚语、和多个输入域的隐喻类谚语。

在韩国的570条谚语中，谚语的隐喻的形成方式一共有8种类型，它们分别是单纯转喻类谚语、转喻中包含转喻类谚语、转喻中包含隐喻类谚语、连续转喻类谚语、典故类谚语、一个输入域的隐喻类谚语、两个输入域的隐喻类谚语和两个输入域的隐喻——谐音双关类谚语。表4-5是中韩谚语的各语义类型的数量与所占百分比。

表4-5 中韩谚语隐喻形成方式类型表

隐喻形成方式的类型	中国（共368条）		韩国（共570条）	
单纯转喻	54	14.7%	96	16.8%
转喻中包含转喻	28	7.6%	61	10.7%
转喻中包含隐喻	25	6.8%	10	1.8%
连续转喻类隐喻	2	0.5%	124	21.8%
典故类隐喻	17	4.6%	49	8.6%
一个输入域的隐喻	105	28.5%	194	34.0%
一个输入域的隐喻——意义双关	18	4.9%	/	/
两个输入域的隐喻	111	30.2%	35	6.1%
两个输入域的隐喻——谐音双关	/	/	1	0.2%
多个输入域的隐喻	8	2.2%	/	/

可以看出，中韩谚语中，都包含的类型有：单纯转喻、转喻中包含转喻、转喻中包含隐喻、连续转喻类隐喻、典故类隐

喻、一个输入域的隐喻和两个输入域的隐喻类型的谚语。

2. 中韩谚语隐喻形成方式大类的相同点

综合所有"牛/소"谚语，从转喻、来自转喻的隐喻和隐喻三个大类可以得到以下数据，中国谚语中转喻类谚语占29.1%，韩国谚语占29.3%；中国来自转喻的隐喻类谚语占5.2%，韩国谚语占30.4%；中国隐喻类谚语占65.7%[1]，韩国谚语占40.4%。

由图4-62可以看出，在所有谚语中，中韩转喻类谚语的占比都接近30%，说明转喻在谚语语义的形成上起着非常重要的作用，是语义演变的重要途径之一。

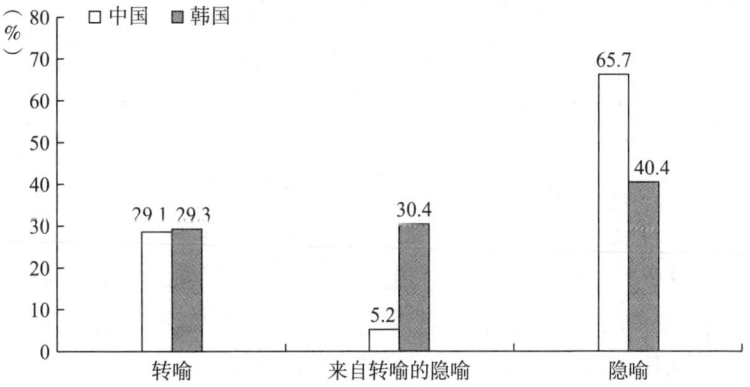

图4-62 中韩谚语隐喻形成方式占比图（大类）

二、中韩谚语隐喻形成方式的不同点

（一）中韩隐含本体的谚语隐喻形成方式的不同点

从图4-57中我们可以看到，中韩隐含本体的谚语中，来自

---

[1] 此处数值为百分之65.76086……，为使各项百分比之和为"1"，此处统计为65.7%。

转喻的隐喻类和隐喻类的谚语差别都比较大。中国谚语来自转喻的隐喻只占 6.2%,而韩国的谚语却占了 30.8%,约相差 4.9 倍之多;而中国的隐喻类谚语在数量上占比更大。从数量分布上看,韩国谚语的转喻类谚语、来自转喻的隐喻类谚语与隐喻类谚语的数量比较平均;而中国谚语转喻与隐喻类谚语占绝大多数,中间来自转喻的隐喻类谚语较少,分布规律呈现出单纯的转喻或隐喻类谚语较多,过渡阶段的来自转喻的隐喻类谚语较少。从中韩隐含本体的谚语的各类型数量变化趋势上看,韩国谚语靠近单纯转喻的谚语更多,而包含隐喻的转喻数量则急剧下降。

中国的转喻类谚语以农谚为主,气象谚与生活经验谚的数量加起来只占少数,它们在转喻类谚语中的占比分别为 76.6%、7.5% 和 15.9%。韩国的农谚、气象谚与生活经验谚在转喻类谚语中的占比分别为 45.5%、12.6% 和 41.9%。由于很多谚语在内容上会同时涉及两个或以上的谚语主题,如"三九四九,保护耕牛"既是有关气象的谚语,同时又涉及农业,所以既可以看作是气象谚,又可以看作是农谚。在本书中,没有严格的对谚语的主题进行划分,酌情把类似谚语归为其中的一类,所以这个数据只能是反映谚语主题的大致情况。

从图 4-63 中韩转喻类谚语的主题领域来看,中国的转喻类谚语多以农谚为主,还有少量的气象谚,如"白露之后牛羊配,寒露之前鸡换羽""三九冻破头,三伏热死牛""十二月里雷打冬,十个牛圈九个空"也都是从农业的角度出发去理解天气,也可以归为农谚。因此,在中国谚语中,农业相关的谚语占绝大多数。而韩国谚语最突出的特点,就是传输生活经验的谚语较多,如"계집아이도 외양간 치는 것도 가르쳐 시집 보내랬다"等。韩国善于用谚语传输与生活经验有关的人生哲理等内容。

第四章 中韩谚语隐喻形成方式对比

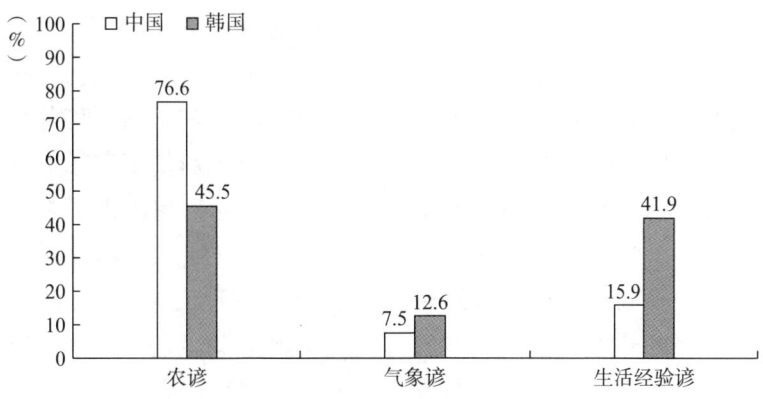

图 4-63　中韩转喻类谚语主题占比图

从图 4-58 中可以看出，在隐含本体的转喻类谚语中，韩国的单纯转喻与转喻中包含转喻类谚语的比重比中国谚语大，转喻中包含隐喻类谚语的比重比中国谚语小。即使在转喻类谚语中，这三类谚语的转喻性程度也是不同的，单纯转喻的转喻性程度更大，转喻中包含隐喻的转喻性程度最低。从图表中可以看出，在转喻类谚语中，韩国谚语的转喻性程度更高，中国谚语的转喻性程度更低，隐喻性程度相对更高。

如图 4-59 中所示，来自转喻的隐喻类谚语是处在转喻与隐喻的连续体中过渡的部分。可以看出，在来自转喻的隐喻类谚语中，中国典故类谚语占比更大，而韩国谚语中则是连续转喻类谚语占比更大。

如前文所述，典故类隐喻往往需要还原典故的全部内容，才能找到其转喻理据，其字面义与隐喻义之间的联系较为松散，甚至可以看作中间环节的缺失导致的转喻性理据中断，因此，典故类隐喻更加靠近隐喻一端；而连续转喻类隐喻更加靠近转喻一端。可以看出，在隐转喻过渡类型的谚语中，中国谚语更加趋向于隐喻性，韩国谚语更加趋向于转喻性。

209

如前文所述，中国谚语很像中国的古典诗歌，具有"诗意"特征，这不仅表现在语句的韵律性特征上，意识结构的构成方式也十分艺术化。隐转喻是谚语的建筑材料，对语言各个层面的创新使用都可能产生"诗意"，这种创新使用实际上就是对语言原有规范的偏离（deviation）。转喻的构成机制之一就是"以此代彼"，属于偏离的一种，但由于不像隐喻这样涉及两个领域，因此转喻所唤起的诗意一般不如隐喻这么强烈。理论上讲，偏离越大，就越有诗意，隐喻性谚语的"诗意"特征往往比转喻性谚语要明显。在图4-60中可以看出，虽然一个输入域的隐喻类谚语在中韩谚语中占比都很大，但是韩国谚语都处于转喻理据更明显的左端，绝大部分是最左端的一个输入域的隐喻；而中国谚语倾向更加靠右，抽象性更强的两个输入域的谚语数量更多，并且还出现了三个及以上输入域的隐喻类型。

（二）中韩本喻同现的谚语隐喻形成方式的不同点

从表4-4中可以看出，中国本喻同现的谚语的种类有5种，而韩国谚语只有2种。中国谚语中独有的类型有3种。

其中一种是一个输入域的、意义双关的、本后喻前的谚语，如"对牛弹琴，一窍不通""牛皮灯笼肚里亮"等。谚语的前半部分是输入域的内容，后半部分是谚语的比喻义。由于双关的特殊性，谚语的隐喻义可以有两种解释，一个是字面义的引申义，一个是跨ICM的语用义。

与此类似的是，韩国的谚语中也有双关的类型，但不是语义双关，而是谐音双关，如谚语"쇠 눈 말 눈이 크다 해도 의눈보다 큰 것 없다"。这句谚语从隐喻的形式上看，是直搭中包含叠加的谚语，谚语前半句的"쇠눈이 크다"和"말눈이 크다"涉及谚语的两个输入空间，而谐音的作用是发生在后半句"의눈보다 큰

것 없다"上，通过"의눈"的谐音"의논"得到谚语的谐音后句"의논보다 큰 것 없다"，意在强调"의논"的重要性。

中韩谚语最大的不同是本体在前、喻体在后的谚语，这种类型的谚语是韩国谚语所没有的。中国谚语中本体在前、喻体在后的谚语中有两个类型：一个输入域的隐喻，如"货物银钱当面看，不要隔山买老牛"；两个输入域的隐喻——本体在输入空间的谚语，如"话越精越好，牛越壮越好"等。可以看出中国本喻同现的谚语不仅在数量上，也在种类上多于韩国谚语。

（三）中韩谚语隐喻形成方式类型的不同点

1. 中韩谚语隐喻形成方式小类的不同点

对照表4-5，中韩谚语中不同的类型是一个输入域的隐喻——意义双关、两个输入域的隐喻——谐音双关和多个输入域的隐喻类谚语。谐音双关类谚语是中国谚语中所没有的类型，而一个输入域的隐喻——意义双关、多个输入域的隐喻类谚语是韩国谚语中所没有的类型。

按照所占比例由大到小的顺序进行排列，中韩谚语隐喻的形成方式的类型见图4-64、4-65。由图4-64、4-65可以看出，占中国谚语一半以上的谚语有两种类型，分别是两个输入域的隐喻和一个输入域的隐喻；韩国占一半以上的两个类型则分别是一个输入域的隐喻和连续转喻类隐喻。中国谚语中占比最大的类型是两个输入域的隐喻，而韩国则是一个输入域的隐喻。相对而言，一个输入域的隐喻是本体与喻体在语义上的对应，是从细节处入手，谚语的语义联想更加形象化；两个输入域的隐喻则是喻体的两个输入域先从类属空间中找到一个共同的抽象结构，然后这个抽象结构再与本体进行语义的对应，这个过程更加抽象化。

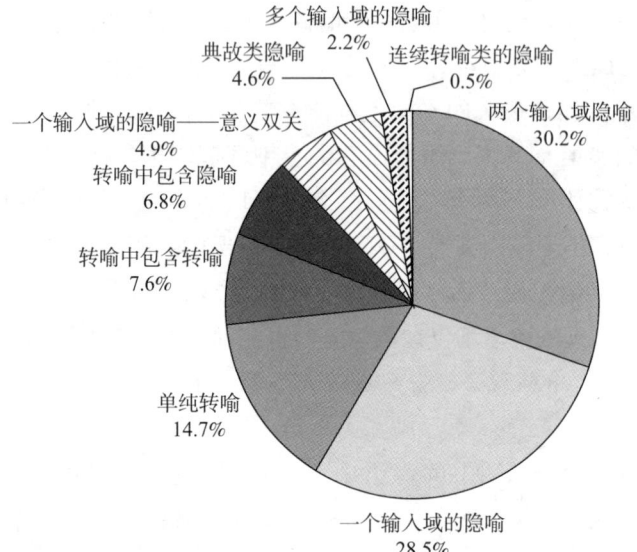

图 4-64　中国谚语隐喻形成方式占比图

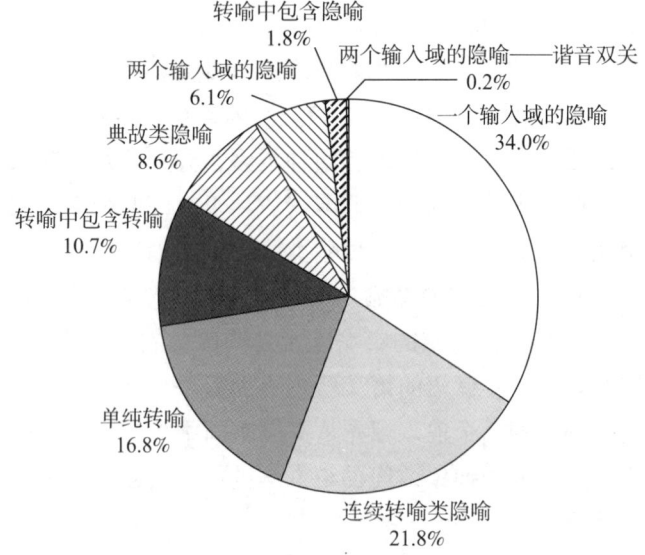

图 4-65　韩国谚语隐喻形成方式占比图

中国谚语中占比第二位的谚语类型是一个输入域的隐喻，韩国谚语是连续转喻类隐喻。连续转喻类隐喻处在转喻与隐喻的过渡阶段，其隐转喻程度在转喻与隐喻之间。显然，中国谚语更加偏向隐喻，而韩国谚语更加偏向转喻。处在中韩两国谚语的第三和第四位的类型都是单纯转喻类与转喻中包含转喻类，比例也差不多。相比之下，中国谚语在转喻类谚语的占比都比韩国谚语要小。

通过比对占比前四位、占比总和达到 80% 左右的几个谚语类型，可以发现，中国谚语与韩国谚语相比，偏向隐喻端，语义演变更加抽象化；而韩国谚语则偏向转喻端，语义演化更加的具体化、形象化。

2. 中韩谚语隐喻形成方式大类的不同点

从图 4-62 中可以看出，中韩谚语的差别之处在于来自转喻的隐喻类与隐喻类。从图表中可以非常明显地看出虽然隐喻类谚语在中韩谚语中都占有优势地位，但是中国的隐喻类谚语占比要远远大于其他类型和韩国的隐喻类谚语。这说明，在中国谚语中，隐喻是最具有代表性的语义引申方式，中国谚语的抽象思维要大于韩国谚语。中国来自转喻的隐喻类谚语占比很小，整个图表呈现两边高，中间低的趋势，而韩国的图表看起来要平均得多，来自转喻的隐喻是处于转喻与隐喻中间的位置，具有过渡性质。可以看出，韩国谚语在转喻与隐喻的使用上相对平均，过渡阶段也不例外；而中国谚语更加偏向两端，要么具体，要么抽象，在数量上隐喻占绝对优势。汉语习惯于用直观、形象的方式来反映客观事物，用意象组合的方法使语言表述富于图像化，用联想、比附的方法来论述抽象的概念道理,这是汉语的具象性特点。[1]这可以解释中国谚语偏向转喻与隐喻两个极端的现象;而韩国语的形象思维要高于汉语,更为具体和细腻,这可以解释韩国谚语与中国谚语相比更加偏向转喻的倾向。

---

[1] 金菊花:《朝鲜后期汉译谚语集〈耳谈续纂〉语言对比研究》,中央民族大学2010年博士学位论文。

第五章　中韩谚语语义对比

　　语言作为一种符号系统的特殊性在于，不仅能够携带信息和传递信息，而且具有文化承载功能。如谚语"对牛弹琴，一窍不通"不仅仅是字面义上在描述一件事，还从另一个符号层面隐喻为"某人非常愚笨"，所以用牛来喻人，会让人常常联想到"愚笨"这个概念。正因为语言符号具有上述同一般的信号和象征符号不同的性质，在一个层面上分析语言符号的民族文化语义显然是不够的。

　　从认识论上看，马克思主义实践观突出了实践及实践中认识主体的结构和活动在认识中的媒介作用，使认识中介成为与认识主体和认识客体具有同样价值的范畴。由此，认识过程可以表示为：认识客体—认识中介（符号）—认识主体。这说明，符号化过程是整个认识过程中不可缺少的要素，是联结认识主体和认识客体的必然环节。从方法论上看，将符号学理论全面引入语言文化研究之中，使人们从另一个角度、另一个层次上看到人类文明的共性，即千差万别现象后的符号学通性。把语言符号分为"一般的所指"和"隐喻的所指"，用二级符号系统去研究谚语，能更加合理地阐释为什么概念意义相同的事物在不同的文化背景下会产生不同的联想意义。

　　本章前半部分，分别考察中韩谚语的"隐喻的所指"——谚语的比喻义和"一般的所指"——谚语中的语义；后半部分

通过对"牛/소"意义引申过程的考察,分析两个民族在语言符号化过程中的异同。

从隐喻的角度看,这一章也可以看作是从谚语的本体和喻体两个方面对中韩谚语的语义进行考察。谚语具有隐喻性,谚语的隐喻意义是谚语想要传达给我们的信息,是宝贵的知识财产。从喻体角度对谚语进行考察,首先需要对谚语的功能性含义进行分类。目前学界对于谚语语义的分类标准不一。육흔《한·중·일 삼국 속담의 비교연구》(2002)中按照"意味内容"分为"处事、人间心性、言语、农事与天气、命运、男女、信仰宗教和其他"。[1]沈洪植《〈耳谈续纂〉谚语分析研究》(2005)把谚语分为了"言语、智慧哲理、人生命运、家庭伦理、事理理解、讽刺、行为关系和社会处事相关谚语"几大部分。[2]温端政(2005)将谚语分为了社会谚和自然谚两大类,其中社会谚又分为哲理谚、社会知识谚(含讽诵谚)、思想修养谚(含劝诫谚);自然谚又分为生产谚、气象谚、风土谚和生活常识谚。[3]这些都是按照谚语喻体进行的分类。

由于谚语分类词典较少,基于谚语与成语在语用上的相似之处,本书在对谚语的隐喻义进行分类时,借鉴了成语词典的分类方法。谚语与成语词典的分类条目,比较概括的是分为写人、写事、写物和事理四大类,或是分为人事、人物、自然、

---

[1] 육흔:《한·중·일 삼국 속담의 비교연구》,명지대학교 2002 박사학위논문.

[2] [韩]沈洪植:《〈耳谈续纂〉谚语分析研究》,建阳大学 2005 年硕士学位论文,转引自金菊花:《朝鲜后期汉译谚语集〈耳谈续纂〉语言对比研究》,中央民族大学 2010 年博士学位论文.

[3] 李游:《韩中动物谚语的语义对比研究——以"牛"和"马"为中心》,延边大学 2015 年硕士学位论文.

人伦四大类的；具体一些有分为形体、心理、品德、行为、社会、生活、语言、文教、事物、事理等十个类目的，和景物描写、评文论艺、教育学习、人物品行、心理情绪、言辞表达、社会斗争、社会生活、行事取法、情势形态和政治法律等十一个类目的，还有更加具体的有分为多达几十个细目的分类词典。

  本书参照词典的分类目录，根据中韩有关"牛/소"的谚语喻体的语义特点，把中韩谚语喻体语义分为写人、写物、写自然和写事理四大类别进行分析，如图5-1所示。其中，写物分为具体和抽象两个二级分类，自然分为节气与气象两个二级分类。事理分为行事取法和情势状态两个二级分类，其中，行事取法又分为工作方法、行事难易、积极认真、冷漠轻忽、消极旁观和主观片面六个三级分类，韩国谚语中无"积极认真"一项，而是"主观片面"；工作方法中又分为取法、取法得当和取法不当三个四级分类；情势状态分为变化消失、情势时机、征兆声势和状态程度四个三级分类；其中，情势时机又分为困窘、轻重主次（韩国并无此小类）、危急和时机四个四级分类；征兆声势分为征兆和声势（韩国并无此小类）两个四级分类；状态程度分为状态和程度两个四级分类。

  不仅可以从整体的角度对谚语的隐喻义进行分析，谚语中所包含的主题词汇的语义也对隐喻义的引申起着至关重要的作用。有关"牛/소"的谚语中，人们常常把"牛/소"作为谚语描述的主体，借以喻人或喻事。"牛/소"的特征对谚语语义的贡献很大，中韩两国有关"牛/소"的谚语展示出了两个民族对事物不同的观察角度，"牛/소"语义的引申过程也反映出汉韩两个民族不同的思维方式。语言是思维的载体，不同的思维方式反映到谚语中，自然会呈现出各自不同的特点。

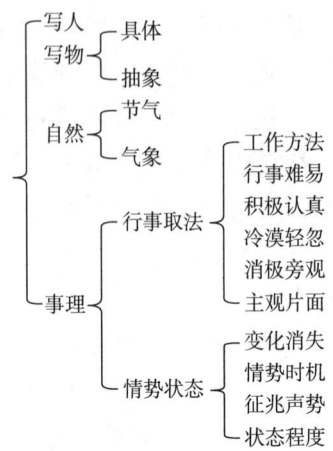

图 5-1 中韩谚语喻体语义分类图（一～三级）

第一节 中国谚语的语义

如上文所述，我们认为谚语是隐喻性的，谚语的心理表征与谚语语义扩展的认知机制——隐喻和转喻密切相关。隐喻和转喻共同把谚语从其初始的来源认知域（谚语的语源信息）扩展和抽象到其目标域上去（谚语的逻辑信息和百科信息）。对于从初始的来源域到目标域的抽象程度不高的谚语，来源域中包含的信息为隐喻的语义扩展提供了心理图像，使其具有形象性。而像典故类谚语，来源域和目标域之间原来的隐喻映现关系如果没有相应的知识储备，则很难理解其中的意义，这种隐喻也被称为"死隐喻"或"超隐喻"。总之，谚语语义扩展中的隐喻和转喻机制把谚语心理表征中的逻辑信息和百科信息连接起来，而这种连接可能是明晰的也可能是隐含的。谚语的来源域可以看作是隐喻的喻体，谚语的目的域可以看作为隐喻的本体。下文就谚语本体与喻体的义域进行分析。

一、中国谚语喻体的语义

(一) 写人的谚语

写人的中国谚语一共有 16 条，占中国谚语的 4.3%。

> 例：背着牛头不认账。
> 笨牛挨鞭多，笨人出错多。
> 好牛怕拽犁，好男怕和泥。
> 好起来是观音菩萨，不好起来是牛头夜叉。
> 牛粪灰多，懒人觉多。
> 气壮如牛，胆小如鼠。
> 人强心强命不强，水仙花插在牛粪上。
> 一朵鲜花插在牛粪上。
> 老牛力尽刀尖死，勇士为国阵上亡。
> 牧童横骑牛背上，短笛无腔仗口吹。

谚语如"背着牛头不认账"是比喻人"死赖"，指被别人把事实摆了出来还不承认；"笨牛挨鞭多，笨人出错多"指人很笨总是出错；"好牛怕拽犁，好男怕和泥"是指好男人做事直来直去，不善于调和纷争时谁也不得罪；"好起来是观音菩萨，不好起来是牛头夜叉"指人心情好坏时反差很大的表现；"牛粪灰多，懒人觉多"比喻懒人总是睡觉不干活；"气壮如牛，胆小如鼠"比喻人外强中干；"人强心强命不强，水仙花插在牛粪上"与"一朵鲜花插在牛粪上"则是多指女人与自己不相匹配的人结为婚姻；"老牛力尽刀尖死，勇士为国阵上亡"比喻勇士为国捐躯的奉献精神；"牧童横骑牛背上，短笛无腔仗口吹"是用一幅画卷一样的图景描绘，来比喻人处于此时此刻的闲适心情。

（二）写物的谚语

写物的中国谚语共有 30 条，占中国谚语的 8.2%。写物的谚语大多数是写具体事物的，大部分与牛的特征相关，还有与牛有关的事物，共有 28 条；少部分谚语是比喻抽象事物的，只有 2 条。这些谚语绝大部分是转喻性的谚语。

1. 描写具体事物的谚语

写物的谚语大多数是写具体事物的，大部分与牛的特征相关，还有与牛有关的事物。

例：家养一群牛，不愁盖新楼。
家中养得千头牛，抵做万户侯。
最纯洁的是牛奶，最肮脏的是病菌。
海绵吸水，挤出来的仍是水；牛吃青草，挤出来的是乳汁。
老牛老马护三家。
耕牛为主遭鞭打。
春牛如战马。
耕牛战马磨道驴，谁家有了谁家喜。
一头耕牛半个家，要凭牲口务庄稼。
种田有了牛，丰收不用愁。
三岁黄牛四岁马，岁半水牛田中爬。
牛过惊蛰节，骨头硬如铁。
牛好鼻上不断汗。
牛好马好一身膘。
光有土地没有牛，不如一只光腚猴。
栏内无牛空早起。

牛马是功臣，好比家里一口人。
牛是宝中宝，出力只吃草。
牛房牛房，冬暖夏凉。

"家养一群牛，不愁盖新楼"与"家中养得千头牛，抵做万户侯"是指牛可以作为财产的特征；"最纯洁的是牛奶，最肮脏的是病菌"是牛生产牛奶的特征；"海绵吸水，挤出来的仍是水；牛吃青草，挤出来的是乳汁""老牛老马护三家"和"耕牛为主遭鞭打"是有关牛的奉献精神的特征；"春牛如战马""耕牛战马磨道驴，谁家有了谁家喜""一头耕牛半个家，要凭牲口务庄稼""种田有了牛，丰收不用愁"是关于牛耕种的特征；"三岁黄牛四岁马，岁半水牛田中爬""牛过惊蛰节，骨头硬如铁""牛好鼻上不断汗""牛好马好一身膘"等谚语是讲牛的生理特征的；"光有土地没有牛，不如一只光腚猴""栏内无牛空早起""牛马是功臣，好比家里一口人"和"牛是宝中宝，出力只吃草"等是讲牛的重要性特征的谚语。此外，"牛房牛房，冬暖夏凉"是讲与牛相关的事物"牛房"的谚语。

2. 描写抽象事物的谚语

有2条谚语是描写抽象事物的。

例：九牛二虎之力。
九牛拉不回。

"九牛二虎之力"比喻力量很大；"九牛拉不回"多表示决心很坚定。

（三）写自然的谚语

有关自然的谚语分为描写节气和气象两类，共有10条，占中国谚语的2.7%。其中9条关于节气的，1条关于气象的。
1. 描写节气的谚语
描写节气的谚语是指有关季节和二十四节气的谚语。

> 例：白露之后牛羊配，寒露之前鸡换羽。
> 过了九月九，牛羊遍地走。
> 好汉难赚六月钱，好牛难做六月田。
> 三九冻破头，三伏热死牛。

"白露之后牛羊配，寒露之前鸡换羽"是关于白露和寒露节气；"过了九月九，牛羊遍地走"讲的是农历九月初九；"好汉难赚六月钱，好牛难做六月田"讲的是农历六月酷暑；"三九冻破头，三伏热死牛"讲的是三九和三伏天，等等。

2. 描写气象的谚语
关于气象的谚语是指有关天气的瞬时间变化的谚语。

> 例：云雾绕山头，淹死老黄牛。

"云雾绕山头，淹死老黄牛"这条谚语讲的是下大雨之前的征兆。

（四）写事理的谚语
有关事理的谚语最多，有312条，占所有谚语的84.8%。行事取法的谚语有194条，情势状态的谚语118条。

1. 表示"行事取法"的谚语
行事取法又分为工作方法、行事难易、积极认真、冷漠轻忽和消极旁观五个分类；工作方法中又分为取法、取法得当和取法不当三个分类。

（1）表示"工作方法"的谚语。有关行事取法的谚语中，有关工作方法的谚语最多，有 183 条，其中，取法的 110 条，取法不当的 61 条，取法得当的 12 条。

取法就是讲关于做事方法的谚语，有经验总结和劝诫两类。经验总结的是大多数，有 98 条。

> 例：菜不移栽不发，牛无夜草不肥。
> 炒菜要油，耕田要牛。
> 点灯不离油，耕地不离牛。
> 冬天喂牛喂在腿上，春天喂牛喂在嘴上。

如"菜不移栽不发，牛无夜草不肥"是总结做农活的窍门。"炒菜要油，耕田要牛"与"点灯不离油，耕地不离牛"是总结了耕牛的重要性。"冬天喂牛喂在腿上，春天喂牛喂在嘴上"则是总结了喂牛的经验。

劝诫类谚语有 12 条。

> 例：别因为落了一根牛毛，就把一锅奶油扔掉。
> 吃饭要知牛马苦，着丝应记养蚕人。
> 对公牛要防前，对叫驴要防后。
> 儿孙自有儿孙福，莫为儿孙做牛马。

谚语"别因为落了一根牛毛，就把一锅奶油扔掉"是劝诫人们不要因小失大。"吃饭要知牛马苦，着丝应记养蚕人"劝诫人们要懂得感恩。"对公牛要防前，对叫驴要防后"劝诫人们是非之地不要久留。"儿孙自有儿孙福，莫为儿孙做牛马"劝诫人们不要为儿孙事事操心，要学会放手。

取法不当的谚语是讲负面的做法。

> 例：按着牛头吃不得草。
> 打黄牛，惊黑牛，吓得花牛伸舌头。
> 丢下黄牛撵蚊子。
> 冬天不喂牛，春耕急白头。

如"按着牛头吃不得草"是指强行命令反而没有效果。"打黄牛，惊黑牛，吓得花牛伸舌头"是指做某件事却连带影响了更大的范围。"丢下黄牛撵蚊子"指因小失大。"冬天不喂牛，春耕急白头"指做事不提前做准备，到临头懊悔迟。

取法得当的谚语指有关正确的做法。

> 例：不怕慢，只怕站，老牛慢走能爬山。
> 常常晒太阳，身体壮如牛。
> 耕牛又歇又饱，耕田四十不老。
> 火到牛头烂，钱到事好办。

如"不怕慢，只怕站，老牛慢走能爬山"指坚持不懈、积少成多就能达到目标。"常常晒太阳，身体壮如牛"讲晒太阳是让身体强壮的好办法。"耕牛又歇又饱，耕田四十不老"讲使用耕牛耕田的时候要适当的休息和喂食，这样就能延长耕牛的使用寿命。"火到牛头烂，钱到事好办"是说做事情要找到最直接有效的办法。

（2）表示"行事难易"的谚语。行事取法的谚语中表示行事难易的谚语有1条。

例：大黄牛好牵，小老鼠难抓。

"大黄牛好牵，小老鼠难抓"比喻有些大而具体的事情好做，而细小而精确的事情不好做。

（3）表示"积极认真"的谚语。表示做事积极认真的有2条。

例：九牛爬坡，个个出力。
犁不到地头不卸牛。

"九牛爬坡，个个出力"显示了每个人都在出力，积极做事的态度。"犁不到地头不卸牛"则是表现了一定要把事情完成才罢休的认真态度。

（4）表示"冷漠轻忽"的谚语。表示态度冷漠轻忽的谚语有2条。

例：牛不知角弯，驴不知脸长。
牛不知力大，人不知己过。

"牛不知角弯，驴不知脸长"和"牛不知力大，人不知已过"都是说人总是忽略自己的缺点。

（5）表示"消极旁观"的谚语。表示消极旁观的谚语有6条。

例：懒牛上套，不屙就尿。
懒牛屎尿多，懒人明天多。
烂心芭蕉不怕梅雨浇，牛角尖子不怕蚊子咬。
老牛拉破车。

如"懒牛上套，不屙就尿""懒牛屎尿多，懒人明天多"都是描写人的懒惰情绪。"烂心芭蕉不怕梅雨浇，牛角尖子不怕蚊子咬"描写的是破罐子破摔无所谓的心态。"老牛拉破车"描写的是得过且过的处事态度。以上都是描写消极的态度。

2. 表示"情势状态"的谚语

有关情势状态的谚语共有 118 条，分为变化消失 7 条、情势时机 33 条、征兆声势 25 条和状态程度 53 条，共四个分类。其中，情势时机又分为困窘 9 条、轻重主次 2 条、危急 6 条和时机 16 条，四个小类；征兆声势分为征兆 23 条和声势 2 条两个小类；状态程度分为状态 31 条和程度 22 条，两个小类。

（1）表示"变化消失"的谚语。表示变化消失的谚语有 7 条，都是有关事物前后发生变化的谚语。

例：出生犊儿不畏虎，长出犄角反怕狼。
过河卒子，力大如牛。
见惯了骆驼，看不出牛大。
懒汉回头，力大如牛。

谚语"出生犊儿不畏虎，长出犄角反怕狼"讲了牛犊刚生下来与长大后不同的心态变化。"过河卒子，力大如牛"是指象棋中的卒在过界河之前与之后的作用变化巨大。"见惯了骆驼，看不出牛大"是讲人一旦打开了眼界，对事物的判断标准就会发生改变。"懒汉回头，力大如牛"指人一旦发生改变，变化是非常大的。

（2）表示"情势时机"的谚语。有关情势时机的谚语共有 33 条，其中表示困窘的有 9 条。

例：别人牵牛我拔桩。
犟牛也怕鞭子响。
牛事不发马事发。
牛蝇使健牛疲惫，忧患使贤人憔悴。

如"别人牵牛我拔桩"是指跟在别人后面做了无谓的事，结果替别人挨罚。"犟牛也怕鞭子响"指脾气再倔强也怕挨打。"牛事不发马事发"是指总有这样或那样的事情发生，不顺利。"牛蝇使健牛疲惫，忧患使贤人憔悴"指忧患让人心力交瘁。这些都属于表示情势困窘的谚语。

表示轻重主次的有2条。

例：看得见虱子，看不见牯牛。
用牛不怕百天，就怕背上三鞭。

如"看得见虱子，看不见牯牛"是指没有分清楚轻重主次。"用牛不怕百天，就怕背上三鞭"指牛可以长时间的干活，但是不能打，即想让牛好好干活，就要分清楚主次，不能打牛。

表示危急的谚语有6条。

例：草入牛口，其命不久。
敞开的牛群，有被老虎吃掉的危险。
黄牛过河各顾各，斑鸠上树各叫各。
牛急了乱挤，人急了乱说。

"草入牛口，其命不久"与"敞开的牛群，有被老虎吃掉的危险"都是指快要到性命不保的危急时刻。"黄牛过河各顾各,斑鸠上树各叫各"和"牛急了乱挤,人急了乱说"指自身难保的时候,大家就不会顾及别人的安危了。

表示时机的有 16 条谚语。

> 例:春耕到,牛是宝。
> 冬天无牛睡高枕头,春天无牛急得像猴。
> 谷怕午时风,老牛怕过冬。
> 牛有喘气之力,人有换骨之时。

如"春耕到,牛是宝"与"冬天无牛睡高枕头,春天无牛急得像猴"讲一到春天,牛要开始春耕,与冬天相比就变得重要起来。"谷怕午时风,老牛怕过冬"讲事物都有尽量避免的时候;"牛有喘气之力,人有换骨之时"讲人有蜕变的时候。

(3) 表示"征兆声势"的谚语。有关征兆声势的谚语有 25 条,其中表示征兆的有 23 条。

> 例:好牛不停犁,好马不停蹄。
> 好牛在力气,好汉在志气。
> 话越精越好,牛越壮越好。
> 没有犄角的牛爱斗架,没有知识的人好吵架。

如"好牛不停犁,好马不停蹄"是指好牛与好马的征兆是不停的耕地和不停的奔跑。"好牛在力气,好汉在志气"指好牛的征兆是力气大,好汉的征兆是志气高。"话越精越好,牛越壮越好"通过好牛的征兆类比说话有水平的征兆是精炼。"没有犄角的牛爱斗架,没有知识的人好吵架"讲的是没有知识的人就表现在容易吵架,好吵架是无知的征兆。

表示声势的谚语有 2 条。

例：寸铁入木，有九牛虎之力。

"寸铁入木，有九牛虎之力"指通过寸铁入木需要瞬时间巨大的爆发力，比喻声势迅猛。

（4）表示"状态程度"的谚语。表示状态的谚语共有 31 条。

例：乏牛不卧，卧牛不乏。
结发夫妻蜜罐子油，半路夫妻搭帮的牛。
牛不拉犁颈发痒，狗不咬人心不安。
牛吃稻草鸭吃谷，个人自有各自福。

如"乏牛不卧，卧牛不乏"描述了牛疲劳与不疲劳的状态下的表现。"结发夫妻蜜罐子油，半路夫妻搭帮的牛"讲原配夫妻和半路夫妻不同的生活状态。"牛吃稻草鸭吃谷，个人自有各自福"隐喻不同的人有各自不同的生活状态。"牛不拉犁颈发痒，狗不咬人心不安"讲如果做不成想要做的事情时，那种不安分的状态。

表示程度的谚语有 22 条。

例：九牛之一毛，大海之一滴。
斧利不怕牛皮韧，大火不怕柴草湿。
牯牛走进象群里，比比还是小弟弟。
品质是忠诚的好，牛羊是肥壮的好。

谚语"九牛之一毛，大海之一滴"比喻渺小、轻微，或很大数量中的极少数。"斧利不怕牛皮韧，大火不怕柴草湿"比喻自身的水平、程度足够高的话，就不会被环境所左右。"牯牛走进象群里，比比还是小弟弟"比喻程度没有预先想象得那么好，与更高水平相比，程度还不够高。"品质是忠诚的好，牛羊是肥壮的好"涉及品质是忠诚好。

二、中国谚语中"牛"的语义引申过程

对隐喻义的义项所属范畴的考察实际上也是对人类认知特点和思维方式考察的维度之一。因为词义拓展的范畴也能反映人类认知世界和划分世界的标准。正如张敏（1998）指出："人类概念范畴的形成受制于人类感知及运动机能的特性，人的心智在其中起到重要作用。人类概念系统是人类经验的产物，而经验是通过人体获得的。因此，概念结构既来自人类身体和社会经验的结构性质，也来自人类的天赋认知能力。"也就是说，"范畴化"过程就是人类的一种认知过程。范畴在认知语言学中是个用途很广的概念。简言之，范畴指把具有相同属性的事物进行归类。人类根据自身的经验以及对客观事物属性的了解而对事物进行归类以便更好地认知客观世界。可以说，范畴化是人类在对客观世界在认知的基础上的重新划分，由于不同的认知模式和思维方式以及不同的身体体验，从而导致不同民族对客观世界划分的范畴不同。因此，对范畴化的考察无疑是对不同民族思维特点和认知习惯考察的重要标准，范畴化的过程充分体现了人类主体性地位和认知主导地位。范畴化的过程实际上就是人类认知的过程。

前文指出，谚语的本体和喻体的各成分可以是一一对应的相似，也可以是图示相似，还可以是相关的。所以喻体的分析很难按照本体与喻体意义对应的方式进行。由于本书选取的是

有关"牛/소"的谚语,因此在分析中韩喻体的语义时,本书选取谚语中涉及的有关"牛/소"的语义场,通过对比两国谚语对喻体中"牛/소"的语义选择上的异同对两国思维方式进行对比分析。按照原型理论,首先把最典型的语义"牛/소"找出来,然后按照意义的远近,对"牛/소"的周边意义进行整理,然后对语义场中的各语义要素的意义进行分析。

(一)中国谚语中"牛"的语义范畴

在"牛"谚语中,有关"牛"的语义要素分为以下几类:

(1)涉及的是最基本的语义范畴"牛"。

如"白露之后牛羊配,寒露之前鸡换羽""别人牵牛我拔桩""菜不移栽不发,牛无夜草不肥"和"草入牛口,其命不久"等,都是有关动物"牛"的谚语。

(2)涉及"牛"的不同角度的分类。

按公母分为"公牛"和"母牛"。如"牡牛(公牛)走进象群里,比比还是小弟弟""母牛的奶多,闲人的话多""母牛养母牛,三年五头牛"等。

按外表分为"黄牛""黑牛""花牛""白牛"。如"打黄牛,惊黑牛,吓得花牛伸舌头""大黄牛好牵,小老鼠难抓""丢下黄牛撵蚊子""黄牛黑牛,能拉犁的就是好牛"和"云雾绕山头,淹死老黄牛"等。

按功能分为"耕牛"和"官牛"。如"耕牛农家宝,定要照顾好""耕牛为主遭鞭打""为了吃肉杀耕牛""一头耕牛半个家,要凭牲口务庄稼"和谚语"官房漏,官牛瘦"等。

按生活习性分还有"水牛"一类型。如"三岁黄牛四岁马,岁半水牛田中爬"和"水牛再大也撑不上兔子"等。

按年龄有"老牛"。如"不怕慢,只怕站,老牛慢走能爬山""隔山买老牛,三鞭不回头""隔山伸手打老牛"和"谷怕午时风,老牛怕过冬"等。

按性格有"懒牛""犟牛""蔫牛"。如"懒牛上套,不屙就尿""懒牛屎尿多,懒人明天多""懒人一张好嘴,懒牛四条好腿""黑汉犟牛铁青马,青沙骡子不用打""犟牛也怕鞭子响"和"蔫牛踢死人"等。

按肥瘦有"肥牛"和"瘦牛"。如"宁失肥牛,勿食己言""瘦牛的角大,蠢人的事多""瘦牛的角大,蠢人的事多""瘦牛奶汁少,愚人智慧少"和"瘦牛喂肥力气大,老畜喂肥供宰杀"等。

按饱饿分有"饱牛"。如"使饱牛,骑饿马"。

按生死分有"死牛"和"活牛"。如"死牛有人宰,活牛无人牵"。

按动作分有"长鞭不打转弯牛"。

按外貌特征,还有"无角牛"。如"没有犄角的牛爱斗架,没有知识的人好吵架""无角牛爱顶撞"等。

(3)有关"牛"的身体部位的谚语。

"牛头"相关的谚语。如"按着牛头吃不得草""背着牛头不认账""耕地看石头,耙地看牛头"和"锅小煮不下牛头"等。

"牛角"相关的谚语。如"饿了吃牛犄角都觉嫩,饱了吃羊羔都觉硬""烂心芭蕉不怕梅雨浇,牛角尖子不怕蚊子咬""牛的犄角易躲,人的舌头难避"和"牛角对羊角,还是各顾各"等。

"牛眼"相关的谚语。如"牛眼看人高"。

"牛嘴"相关的谚语。如"牛嘴吃不了磨眼里的豆"和"牛嘴里的草扯不出"。

"牛鼻子"相关的谚语。如"牵牛要牵牛鼻子,抓鱼要抠腮帮子"和"牵住牛鼻子,省劲又有效;要扳牛蹄子,费力不讨好"。

"牛耳"相关的谚语。如"敲了牛角,震了牛耳"。

"牛肋巴"相关的谚语。如"牛肋巴再长也是向里弯"。

"牛腹肚"相关的谚语。如"人心肝,牛肚腹"。

"牛背"相关的谚语。如"牧童横骑牛背上,短笛无腔仗口吹"和"牛背上练不出骁勇的骑士,水塘里练不出真正的水手"。

"牛身子、牛尾巴"相关的谚语。如"只看见牛尾巴,看不见牛身子"。

"牛蹄"相关的谚语。如"牛蹄尖,马蹄圆,无事不到你门前""牛蹄子两瓣儿,闹不到一块儿"和"牵住牛鼻子,省劲又有效;要扳牛蹄子,费力不讨好"。

"牛毛"相关的谚语。如"拔一根毛惊走一头牛""别因为落了一根牛毛,就把一锅奶油扔掉""牛毛细雨,点点入土"和"学如牛毛,成如麟角"。

"牛皮"相关的谚语。如"斧利不怕牛皮韧,大火不怕柴草湿""火烧牛皮自己连""牛皮不是吹的,火车不是推的"和"牛皮灯笼肚里亮"等。

"牛肉"相关的谚语。如"老牛肉有嚼头,老人言有听头"和"牛肉有筋,鱼肉有刺"。

"牛膘"相关的谚语。如"若要牛膘好,多吃露水草"。

在后文中,选择的是第一类和第二类,即与动物"牛"这个整体事物相关的谚语,考察"牛"语义的引申过程。

(二)中国谚语中"牛"的语义取象点及其引申意义

我们常说谚语具有比喻义和象征义,其特点源于语言的原型义,如此一来对话题原型义的理解制约着谚语的整体语义理解。语言中原型义有着普遍性,这为语义理解提供了同一条件,而外延则根据不同民族的思维特征产生差异,这是谚语特别是社会谚语义个性化和差异突出的根本所在,由此构成不同的语义理解图式。[1]

1. 基于"牛"物理特征的取象点及其引申意义

体积大是牛的最基本的特征之一,可以看作为从"整体与部分 ICM"中的"范畴与属性 ICM"中由"牛"转喻为其属性"体积大"。

例:牛大要拉犁,马大要人骑。
牛大自有破牛法。
水牛再大也撑不上兔子。
牛大压不死虱子,山大压不住泉水。

谚语"牛大要拉犁,马大要人骑"中讲,"牛"和"马"如果长得好,又高又大的话,会被人用来干活。在这句谚语中,突出的就是"牛"的"体积大"这个特征。"牛大自有破牛法"是讲牛的体积虽然大,但是仍然可以找到制服它的办法。"水牛再大也撑不上兔子"是说,虽然牛的体积大,但是不够灵活。以上谚语都是从"牛"的"体积大"这个特征出发,进行语义延伸的。

(1) 大的事物、大的利益。首先从"整体与部分 ICM"中的"范畴与属性 ICM"中由"牛"转喻为其属性"体积大",然后又从"范畴与属性 ICM"中以属性"体积大"代范畴"大的事物",整个过程跨越了不同的认知域,可以看作为的连续转喻而来的隐喻。根据谚语的使用环境,"牛"的意义可以隐

---

[1] 金菊花:《朝鲜后期汉译谚语集〈耳谈续纂〉语言对比研究》,中央民族大学 2010 年博士学位论文。

喻为具体的事物。

> 例：拔一根毛惊走一头牛。
> 大黄牛好牵，小老鼠难抓。
> 丢下黄牛撵蚊子。

谚语"拔一根毛惊走一头牛"与"丢下黄牛撵蚊子"的隐喻意义可以解释为"因小失大"，即"为了一点小的利益，而失去了大的利益"。在这里"牛"可以隐喻为"大的利益"。"大黄牛好牵，小老鼠难抓"中"大黄牛"隐喻为显而易见的"大的事物"与"小老鼠"这种"不显眼的、小的东西"通过对比，突出隐喻意义。

（2）数量多。由"整体与部分ICM"中的"构造ICM"，从"体积大"转喻为"数量多"。

> 例：九牛去一毛。
> 九牛之一毛，大海之一滴。
> 牛身上拔根毛。

如谚语"九牛去一毛""九牛之一毛，大海之一滴"与"牛身上拔根毛"中，"牛"的意义就引申为"数量多"。这些谚语都是通过"牛身上数不清的毛和区区一根毛"数量悬殊的对比，隐喻某件事微不足道。

2. 基于"牛"生理特征的取象点及其引申意义

（1）"牛"的能力。

第一，力量大。从"整体与部分ICM"中的"范畴与属性ICM"中由"牛"转喻为其属性"力量大"。

例：寸铁入木，有九牛虎之力。
过河卒子，力大如牛。
九牛拉不回。
牛有千斤之力，人有倒牛之方。

谚语"寸铁入木，有九牛虎之力""过河卒子，力大如牛""九牛拉不回"与"牛有千斤之力，人有倒牛之方"中，"牛"的意义就引申为"力量大"。"寸铁入木"需要很大的爆发力。"过河卒子"是象棋规则中卒子只能向前，不能后退，但过了河之后可以横着走，威力更大，常比喻原先不起眼的小人物也有大用处了，也比喻一个身不由己一切行动听命于人的人，还比喻毫无退路。"九牛拉不回"常用来形容态度十分坚决，再大的力量都阻止不了。"牛有千斤之力，人有倒牛之方"比喻对手再强也会有办法制伏。

［劳动力］

从"整体与部分ICM"中的"范畴与属性ICM"中由"牛"转喻为其属性"力量大"之后，由"整体与部分ICM"中的"范畴与属性ICM"以属性"力量大"代范畴"劳动力"。此类谚语中，除了表示抽象的意义"劳动力"之外，这个义项还可以根据具体分工分为耕田、拉车和拉磨。

例：牛是宝中宝，出力只吃草。
牛是种田人的哑巴儿子。
出的牛马力，吃的猪狗食。
饭饱酒足，闲逛闲耍，终日昏昏，不如牛马。

谚语"牛是宝中宝，出力只吃草"与"牛是种田人的哑巴儿子"中,"牛"就是以"劳动力"的义项出现的。"出的牛马力,吃的猪狗食"与"饭饱酒足,闲逛闲耍,终日昏昏,不如牛马"中突出的都是牛作为劳动力十分的辛苦。

［劳动力：耕田］

从"整体与部分ICM"中的"范畴与属性ICM"中由"牛"转喻为其属性"力量大"之后,由"整体与部分ICM"中的"范畴与属性ICM"以属性"力量大"代范畴"劳动力"。然后"牛"又从"劳动力"经过"范畴与属性ICM"转喻为"耕田"。

例：炒菜要油,耕田要牛。
冬天不喂牛,春耕急白头。
耕田靠牛力,互助靠心齐。
靠牛耕田,靠手吃饭。

如"炒菜要油,耕田要牛""冬天无牛睡高枕头,春天无牛急得像猴""耕田靠牛力,互助靠心齐""靠牛耕田,靠手吃饭"中,牛的作用为"耕田"的工具。

［劳动力：拉车］

从"整体与部分ICM"中的"范畴与属性ICM"中由"牛"转喻为其属性"力量大"之后,由"整体与部分ICM"中的"范畴与属性ICM"以属性"力量大"代范畴"劳动力",然后"牛"又从"劳动力"经过"范畴与属性ICM"转喻为"拉车"。

例：赶车不烧油,活活累死牛。
上山砍柴先看树,赶牛拉车要看路。

懒牛上套，不屙就尿。
老牛拉破车。

"赶车不烧油（指给车轴加注润滑油），活活累死牛""上山砍柴先看树，赶牛拉车要看路"与"老牛拉破车"中，"牛"是用来拉车的工具。"懒牛上套，不屙就尿"比喻懒人干活总是很多杂事，不好好干活。在这句谚语中，牛上套是为了拉车。

［劳动力：拉磨］

从"整体与部分 ICM"中的"范畴与属性 ICM"中由"牛"转喻为其属性"力量大"之后，由"整体与部分 ICM"中的"范畴与属性 ICM"以属性"力量大"代范畴"劳动力"，然后"牛"又从"劳动力"经过"范畴与属性 ICM"转喻为"拉磨"。

例：人怕进深山，牛怕进榨坊。

谚语"人怕进深山，牛怕进榨坊（榨油的作坊）"中"牛"则是拉磨的劳动力。

［健壮］

由"力量大"经过"整体与部分 ICM"中的"构造 ICM"，由"健壮"的要素"力量大"代抽象事物"健壮"。整个过程为连续转喻而来的隐喻。

例：常常晒太阳，身体壮如牛。
话越精越好，牛越壮越好。
牛好马好一身膘。

品质是忠诚的好，牛羊是肥壮的好。

"常常晒太阳，身体壮如牛"是说常晒太阳会增加钙的吸收，身体就会像牛一样强壮。"话越精越好，牛越壮越好""牛好马好一身膘"与"品质是忠诚的好，牛羊是肥壮的好"中都突出的是牛强壮的特征。

第二，产奶。从"整体与部分ICM"中的"范畴与属性ICM"中由"牛"转喻为其属性"产奶"。

> 例：母牛的奶多，闲人的话多。
> 瘦牛奶汁少，愚人智慧少。
> 奶少的牛吼得凶。

谚语"母牛的奶多，闲人的话多"通过"奶多"隐喻"话多"。"瘦牛奶汁少，愚人智慧少"中通过"奶汁少"隐喻"智慧少"。"奶少的牛吼得凶"把"奶少的牛"比喻为"没本事的人"。

［无私奉献］

从牛只吃青草，却能生产出美味的牛奶，隐喻为无私奉献的精神。

> 例：海绵吸水，挤出来的仍是水；牛吃青草，挤出来的是乳汁。

"海绵吸水，挤出来的仍是水；牛吃青草，挤出来的是乳汁"是从牛只吃青草，却能生产出美味的牛奶的角度，比喻索取少但贡献大，进一步隐喻无私奉献的精神。

第三，产肉。从"整体与部分ICM"中的"范畴与属性ICM"中由"牛"转喻为其属性"产肉"的特征。

例：好牛死在屠夫手。
为了吃肉杀耕牛。

如谚语"好牛死在屠夫手"中，因为牛产肉的特征，所以长得好的牛会被杀掉取肉。"为了吃肉杀耕牛"中则为了取牛肉吃，不惜把耕牛杀掉，比喻短视的行为。

["牛"的能力——财产]

因为牛是重要的劳动力，又能为人们提供奶和肉，因此人们把"牛"当作是一项非常重要的财产。因此"牛"的意义从"劳动力"经过"部分代部分ICM"中的"因果ICM"，从"劳动力"转喻为"财产"。整个过程是连续转喻而来的隐喻。

例：放牛娃儿卖不得牛，穷人媳妇穿不成绸。
贪得一头牛，失却半年粮；争得一头牛，反失一群羊。
合要一条牛，不如独得一只狗。
家中养得千头牛，抵做万户侯。

如谚语"放牛娃儿卖不得牛，穷人媳妇穿不成绸"中，对于放牛娃来说，牛是最重要的财产，不能卖。"贪得一头牛，失却半年粮；争得一头牛，反失一群羊"是比喻因小失大，贪得了一部分利益，却失去了更大的利益。"合要一条牛，不如独得一只狗"是指虽然财产很多，但是大家一起分的话，不如一个人独得一份小一点的财产。"家中养得千头牛，抵做万户侯"中，很多牛就意味着大量的财产。

（2）"牛"的食性。从"整体与部分ICM"中的"范畴与属性ICM"中，由"牛"转喻为其属性"食性"，牛的食性可以分为三类,吃草、喝水以及吃夜草的饲养方法。

第一,吃草。从"整体与部分 ICM"中的"范畴与属性 ICM"中由"牛"转喻为其属性"食性",又从"范畴与成员 ICM"中由"食性"转喻为"吃草"。

例:草入牛口,其命不久。
软草喂老牛,多活几春秋。
牛不吃草定有病,人不说话定有因。
牛走天下吃草,虎行天下吃肉。

谚语"草入牛口,其命不久"中,因为牛吃草的天性,所以一旦草进到牛嘴里就会被吃掉,比喻危在旦夕。"软草喂老牛,多活几春秋"是讲老牛的消化能力降低,吃草要吃软的,就能延长寿命。"牛不吃草定有病,人不说话定有因"是说如果牛突然改变吃草这个本能习惯,一定是事出有因。"牛走天下吃草,虎行天下吃肉"是讲吃草是牛的最基本的生理特征,永远不会变。

[吃夜草]

从牛"吃草"的"食性"中,即从"范畴与成员 ICM"中由"吃草"转喻为"吃夜草"的饲养方法。

例:菜不移栽不发,牛无夜草不肥。
牛无夜草不壮,猪无细料不肥。
牛养冬膘,马靠夜草。
牛要喂得饱,马要吃夜草。

谚语"菜不移栽不发,牛无夜草不肥""牛无夜草不壮,猪无细料不肥""牛养冬膘，马靠夜草"与"牛要喂得饱，马要吃夜草"都是关于牛吃夜草的饲养方法的。

第二，喝水。从"整体与部分ICM"中的"范畴与属性ICM"中，由"牛"转喻为其属性"食性"，又从"范畴与成员ICM"中由"食性"转喻为"喝水"。

> 例：牛不喝水难按角。
> 牛渴自然会下河。
> 牛不吃脏草，马不喝生水。
> 养牛没有巧，水足草料饱。

谚语"牛不喝水难按角"与"牛渴自然会下河"是关于牛喝水的生理特征的；另外谚语"牛不吃脏草，马不喝生水"与"养牛没有巧，水足草料饱"同时包括了吃草和喝水两种食性。

（3）"牛"的习性。

第一，放养。从"整体与部分ICM"中的"范畴与属性ICM"中可以由"牛"转喻为其生理属性"放养"。

> 例：放牛得耍，放马得骑，放羊脚杆脱层皮。
> 牛儿常放，膘肥体壮。
> 牛放十里倒，羊放十里饱。
> 牛羊放半山，驴骡放平滩。

如谚语"放牛得耍，放马得骑，放羊脚杆脱层皮""牛放十里倒，羊放十里饱"与"牛羊放半山，驴骡放平滩"讲的是不同的家畜有不同的放养方法，也可以隐喻为做不同的事需要不同的方法。"牛儿常放，膘肥体壮"讲要经常放牛，牛才能长得好。这些谚语都是基于牛要放养的习性所写的谚语。

第二，爱顶角。牛还有"爱顶角"的习性，从"整体与部分 ICM"中的"范畴与属性 ICM"中由"牛"转喻为其属性"爱顶角"。

> 例：牛打架用角顶，马打架用脚踢。
> 牛抵头，羊抵角。
> 牛顶驴破肚，两家都有过。

如"牛打架用角顶，马打架用脚踢"与"牛抵头，羊抵角"讲不同的动物打架的方式不一样，牛打架用角顶。"牛顶驴破肚，两家都有过"讲的是牛与驴打架，牛用角把驴的肚子顶破了这一个故事情节，主旨是说打架的双方都有过失。

第三，爱撩蹄子。从"整体与部分 ICM"中的"范畴与属性 ICM"中由"牛"转喻为其属性"爱撩蹄子"。

> 例：君子用口说，牛马动蹄脚。
> 牛前马后少跟走，是非之地莫停留。
> 牛前马后要提防。

如"君子用口说，牛马动蹄脚"通过牛马撩蹄子的生理特性对比君子遇事讲道理不动手的习惯。"牛前马后少跟走，是非之地莫停留"与"牛前马后要提防"则是基于牛爱撩蹄子这一习性，让人们注意不要站在牛前面以防被踢，隐喻为是非之地不易久留。

[爱顶角、爱撩蹄子——爱打架、脾气犟]

由牛"爱顶角和爱撩蹄子"的习性引申出牛"爱打架"的

义项，又由牛"爱打架"引申出牛的"脾气犟"的生理特征。它们都是基由牛的"爱顶角、撩蹄子"的习性为基础义，进行意义引申的谚语。

从"整体与部分 ICM"中的"范畴与属性 ICM"中由"牛"转喻为其属性"爱撩蹄子"，再由"构造 ICM"中牛"爱顶角和撩蹄子"的要素指代牛"爱打架的"。

> 例：骡牛不同圈，同圈惹祸端。
> 一个桩上不能拴两条牛。
> 黑汉犟牛铁青马，青沙骡子不用打。
> 犟牛也怕鞭子响。
> 君子不同牛生气，好汉不与牛斗力。
> 牛急了乱挤，人急了乱说。

"骡牛不同圈，同圈惹祸端"与"一个桩上不能拴两条牛"是讲牛爱打架，所以不能与骡子养在一个圈里，也不能把两条牛拴在一起。

从"整体与部分 ICM"中的"范畴与属性 ICM"中由"牛"转喻为其属性"爱顶角和爱撩蹄子"；再由"构造 ICM"中牛"爱顶角和撩蹄子"的要素指代牛"爱打架的"；再由"因果 ICM"中的结果"爱打架"指代原因"脾气犟"。

［正直、忠诚］

"黑汉犟牛铁青马，青沙骡子不用打""君子不同牛生气，好汉不与牛斗力"与"牛急了乱挤，人急了乱说"其意义引申路径如下：从"整体与部分 ICM"中的"范畴与属性 ICM"中由"牛"转喻为其属性"爱撩蹄子"。再由"构造 ICM"中牛"爱顶角和撩蹄子"的要素指代牛"爱打架的"。再由"因果ICM"中的结果"爱打架"指代原因"脾气犟"。由"构造ICM"中牛"脾气犟"的要素指代牛"正直、忠诚"。

> 例：宁做穷家的牛，不做富家的狗。
> 耕牛为主遭鞭打。
> 老牛力尽刀尖死，勇士为国阵上亡。

谚语"宁做穷家的牛，不做富家的狗"其意义为"宁做穷家牛，虽穷而贵；不做富家狗，虽富而贱"在这里，牛虽然生在贫穷之家，但是正直不谄媚，贵在品格。"耕牛为主遭鞭打为主遭鞭打"指牛不忍心主人遭打，替主人挡住鞭子，引申为牛护主人。"老牛力尽刀尖死，勇士为国阵上亡"则把老牛比作勇士，忠诚不二的干活，直到奉献完最后的一丝力气，甚至死后连肉也贡献出来。

第四，怕冷。从"整体与部分ICM"中的"范畴与属性ICM"中可以由"牛"转喻为其牛理属性"怕冷"。

> 例：谷怕午时风，老牛怕过冬。
> 牛老怕惊蛰，人老怕大寒。
> 牛怕风，马怕惊，骡子怕的是出怪声。
> 牛怕冷霜，马怕夜雨。

如谚语"谷怕午时风，老牛怕过冬"中，讲谷子成熟了怕风吹，因为一吹就掉了，老牛年纪大了怕冷，所以最怕过冬会冻死。"牛老怕惊蛰，人老怕大寒"中，老人和老牛都怕冷，牛怕惊蛰乍暖还寒的时候，人怕大寒一年之中最冷的时候。"牛怕风，马怕惊，骡子怕的是出怪声"讲不同的家畜饲养时的注意事项,牛怕冷,所以不能吹风着凉。

第五,行动慢。

[活动范围小]

牛的生理特征中还有一个特点就是"行动慢"。从"整体与部分ICM"中的"范畴与属性ICM"中可以由"牛"转喻为其生理特征"行动慢",再由"因果ICM"中的原因"行动慢"指代结果"活动范围小"。

例:买牛不离山,买骡马走遍天。

如谚语"买牛不离山,买骡马走遍天"就是"因果ICM"中的原因"行动慢"指代结果"活动范围小"。

[愚笨]

从"整体与部分ICM"中的"范畴与属性ICM"中可以由"牛"转喻为其生理特征"行动慢"。再由"构造ICM"中牛要素"行动慢"又可以指代牛"愚笨"的特征。

例:笨牛挨鞭多,笨人出错多。
对牛弹琴,对狗吹箫。
牛不知角弯,驴不知脸长。
一智抵三牛,一巧胜千钧。

如"笨牛挨鞭多,笨人出错多"中,因为牛行动慢给人感觉做事很笨拙,所以总是挨打。"对牛弹琴,对狗吹箫"是以寓言故事为背景知识的谚语,"对牛弹琴"中的牛隐喻愚笨的人。"牛不知角弯,驴不知脸长"中牛和驴都被隐喻为不知自己短处的人。"一智抵三牛,一巧胜千钧"中,由于牛太愚笨了，三个牛也抵不上一个智者的智慧。

第六，繁殖。从"整体与部分 ICM"中的"范畴与属性 ICM"中可以由"牛"转喻为其生理特征"繁殖"。又从"范畴与成员 ICM"中指代"牛犊"与"母牛"。

> 例：母牛养母牛，三年五头牛。
> 牛犊总能找到自己的娘。

谚语"母牛养母牛，三年五头牛"就是从牛繁殖的角度，讲母牛生了母牛之后，家里的牛越养越多，劳动力和财产也就越来越多。"牛犊总能找到自己的娘"是牛在繁殖之后，牛犊会寻着气味自然地找到母牛。

（4）"牛"的特征。

第一，牛角。牛角是牛身上最为突出的特征，因此常用牛角的一些特征去比喻别的食物。

> 例：瘦牛的角大，蠢人的事多。
> 牛的犄角易躲，人的舌头难避。

谚语"瘦牛的角大，蠢人的事多"是从"牛"的特征"牛角"为出发点，隐喻意义的后句"蠢人的事多"。谚语的前后两句拥有一个共同的抽象结构，"不必要的东西多"。用"瘦牛体量不大，牛角却不小"类比"蠢人智慧不多，杂事却多"。在谚语"牛的犄角易躲，人的舌头难避"中，牛角用来隐喻伤人的利器。这个隐喻是基于牛角可以作为武器来伤人这个特点引申而来的。在这两句谚语中，都利用了牛最突出的特征"牛角"来做隐喻。

第二，牵牛鼻子。牵牛鼻子是牛的一个特征，常用来隐喻"被牵制，受制于人"。

例：牵牛要牵牛鼻子，抓鱼要抠腮帮子。

谚语"牵牛要牵牛鼻子，抓鱼要抠腮帮子"是通过牵牛与抓鱼的要领隐喻做事要抓住要领。牛的力气很大，赶牛不用技巧，是很难赶得动牛的，而牵牛鼻子是最省事的办法。因此，谚语中用牵牛鼻子隐喻"做事的技巧"。

第二节　韩国谚语的语义

一、韩国谚语喻体的语义

（一）写人的谚语

写人的韩国谚语一共有113条，占所有谚语的19.8%。

例：고집이 소 고집이다"与"만 마리의 소도 못 당할 고집이다.
소가 쥐구멍에 들어가는 격이다.
소 털 뽑아 제 구멍에 꽂기다.
느린 소도 성낼 때가 있다.
말 없는 소가 성낸다.
더위 먹은 소는 달만 봐도 허덕인다.
못된 송아지가 엉덩이에 뿔 난다.
송아지 못된 것이 엉덩이에 뿔이 난다.

写人的谚语中很多的是写人脾气犟的。如"고집이 소 고집이다"与"만 마리의 소도 못 당할 고집이다"等；还有比喻人愚笨的，如"소가 쥐구멍에 들어가는 격이다"和"소 털 뽑아 제 구멍에 꼽기다"等；有的谚语比喻看起来性格温顺的人也有发脾气的时候，如"느린 소도 성낼 때가 있다"和"말 없는 소가 성낸다"等；有的比喻人胆小，如"더위 먹은 소는 달만 봐도 허덕인다"等；有的谚语比喻人没有教养，如"못 된 송아지가 엉덩이에 뿔 난다"与"송아지 못 된 것이 엉덩이에 뿔이 난다"，等等。

相对于多数贬义的写人谚语而言，韩国谚语中，也有褒义的谚语。

例：소가 말은 못해도 열두 가지 덕은 있다．
소 탄 양반이 송사 결정한다．
늙은 소가 콩밭으로 간다．
뜨는 소가 부리기 좋고, 성깔 있는 머슴이 일 질한다．
뜨는 소가 부리기는 좋다．

其中"소가 말은 못해도 열두 가지 덕은 있다"是比喻"有德行的人"；"소 탄 양반이 송사 결정한다"比喻"虽然其貌不扬但是判决英明的人"；"늙은 소가 콩밭으로 간다"比喻"经验老到的人"；"뜨는 소가 부리기 좋고, 성깔 있는 머슴이 일 잘한다"与"뜨는 소가 부리기는 좋다"都是比喻"做事很有魄力的人"，等等。

（二）写物的谚语

写物的韩国谚语共有 37 条，占所有谚语的 6.5%。大部分为形容具体事物的谚语，共有 28 条；有 9 条是关于抽象事物的谚语。这些谚语有转喻性的谚语也有隐喻性的谚语。

1. 描写具体事物的谚语

共有 28 条谚语是写具体事物的，包括 27 条具体事物和 1 条景象的谚语。

例：거들거리는 소는 밭지 않는다.
먹성 좋은 소가 부리기도 좋다.
소가 건너간 물이다.
소고기는 겨울이 돼야 제 맛이 난다.
소 장화 신고 건너간 물이다.
여름 소고기 맛은 풀내 난다.
검은 소가 맛은 있다.
소도 아니고, 말도 아니다.
소 아홉 마리에서 털 하나다.
소 오줌에 말똥이다.
소 잡은 집 마당에 개 모이듯 한다.

有多条谚语是描写牛的各种特征的，如"거들거리는 소는 밭지 않는다"和"먹성 좋은 소가 부리기도 좋다"等；有几条谚语是形容牛肉汤里没有肉的，如"소가 건너간 물이다""소고기는 겨울이 돼야 제 맛이 난다"和"소 장화 신고 건너간 물이다"等；有的谚语是有关牛肉的，如"소고기는 겨울이 돼야 제 맛이 난다""여름 소고기 맛은 풀내 난다"和"검은 소가 맛은 있다"等；"소도 아니고, 말도 아니다"是比喻"模糊暧昧的东西"；"소 아홉 마리에서 털 하나다"用来比喻"微不足道的东西"；"소 오줌에 말똥이다"比喻"毫无用处的东西"，等等。另外，还有一条描写具体景象的谚语，"소 잡은 집 마당에 개 모이듯 한다"描述的是"在举行某种仪式的人家里人头攒聚的景象"。

2. 描写抽象事物的谚语

有9条谚语是写抽象事物的。

> 例：소 옹두리 우리듯 한다.
> 쇠뼈다귀 삼년 우려먹는다.
> 어미 소가 송아지를 핥아 주는 모정이다.
> 어미 소 제 새끼 핥듯 한다.
> 쇠뼈다귀 우려먹듯 한다.
> 쇠뿔도 각각, 염주도 몫몫이다.
> 쇠털같이 많다.
> 소가 울면 들릴 거리다.
> 오쟁이 안에서 소 잡는 격이다.

"소 옹두리 우리듯 한다"与"쇠뼈다귀 삼년 우려먹는다"是比喻"做事情用时很长"；"어미 소가 송아지를 핥아 주는 모정이다"与"어미 소 제 새끼 핥듯 한다"是形容母爱的谚语；"쇠뼈다귀 우려먹듯 한다"比喻"多次利用某事物"；"쇠뿔도 각각, 염주도 몫몫이다"比喻"事物各有所长"；"쇠털같이 많다"比喻 数量多；"소가 울면 들릴 거리다"是形容距离的；"오쟁이 안에서 소 잡는 격이다"则是比喻"在狭小的地方做某事"。

（三）写自然的谚语

韩国谚语中有关自然的谚语有23条，占所有谚语的4.0%。其中12条为描写节气的谚语，11条为描写气象的谚语。

1. 描写节气的谚语

有12条韩国谚语是描写节气的。

例：봄바람이 소를 넘어뜨린다.
춘상갑자일에 비가 오면 혹한으로 소돼지가 얼어 죽는다.
가을에는 소 발자국에 고인 물도 먹는다.
동상갑에 비가 오면 우마가 동사한다.
바늘구멍으로 황소바람이 들어온다.
초 정월 바람결에 검은 암소 뿔이 휜다.
정이월 바람에 검은 암소 뿔이 오그라진다.
이월 바람에 검은 쇠뿔이 오그라진다.
오뉴월 더위에 암소 뿔이 물러빠진다.
육칠월 더위에 암소 뿔이 빠진다.
칠월 저녁 해에 검정 소 뿔 빠진다.
칠월 더위에 황소 뿔이 녹는다.

如"봄바람이 소를 넘어뜨린다"与"춘상갑자일에 비가 오면 혹한으로 소돼지가 얼어 죽는다"是有关春天的谚语；"가을에는 소 발자국에 고인 물도 먹는다"是有关秋天的谚语；"동상갑에 비가 오면 우마가 동사한다"与"바늘 구멍으로 황소바람이 들어온다"是关于冬天的谚语；"초 정월 바람결에 검은 암소 뿔이 휜다""정이월 바람에 검은 암소 뿔이 오그라진다"和"이월 바람에 검은 쇠뿔이 오그라진다"是关于农历一、二月的谚语；"오뉴월 더위에 암소 뿔이 물러빠진다"是关于五六月的谚语；"육칠월 더위에 암소 뿔이 빠진다""칠월 저녁 해에 검정 소 뿔 빠진다"和"칠월 더위에 황소 뿔이 녹는다"是关于六七月的谚语。

2. 描写气象的谚语

关于气象的谚语多数是预示要下雨前的警报。

例: 무지개가 서쪽에 서면 강 건너에 소를 매지 말
랬다.
서쪽에 무지개가 뜨면 강 건너 소 몰고 오랬다.
소가 산에서 낮은 곳으로 내려오면 뇌우가 온다.
소와 염소가 산에서 낮은 곳으로 내려오면 뇌우가 있다.
황소가 심하게 울면 폭풍이 분다.
바늘구멍으로 황소바람이 들어온다.

如"무지개가 서쪽에 서면 강 건너에 소를 매지 말랬다"
和"서쪽에 무지개가 뜨면 강 건너 소 몰고 오랬다"等；也有
预示要下雷雨的，如"소가 산에서 낮은 곳으로 내려오면 뇌
우가 온다"和"소와 염소가 산에서 낮은 곳으로 내려오면 뇌
우가 있다"；有1条是预示要刮暴风的谚语，"황소가 심하게
울면 폭풍이 분다"；还有1条是描写刮风的谚语"바늘구멍으
로 황소바람이 들어온다"。

(四) 描写事理的谚语

有关事理的谚语最多，有397条，占所有谚语的69.7%。
其中行事取法的谚语有307条，占所有谚语的53.9%，情势状
态的谚语90条，占15.8%。

1. 表示"行事取法"的谚语

行事取法又分为工作方法、行事难易、冷漠轻忽、消极旁
观和主观片面五个分类。工作方法中又分为取法、取法不当和
取法得当三个分类。

（1）表示"工作方法"的谚语。有关行事取法的谚语中，
有关工作方法的谚语最多，有278条，其中，取法的197条，
取法不当的78条，取法得当的3条。取法是讲关于做事方法
的谚语，在韩国谚语中不仅有经验总结，有劝诫，还有关于风

俗民俗的谚语。

在韩国谚语中，表示经验总结的谚语是大多数，有 128 条。

例：하룻길 가다 보면 소 탄 놈도 보고 말 탄 놈도 본다.
큰 소만큼 벌면, 큰 소만큼 쓴다.
염소와 소를 한 외양간에서 기르면 소가 마른다.
뜨는 소는 뿔을 보고, 뛰는 소는 눈을 보랬다.

如"하룻길 가다 보면 소 탄 놈도 보고 말 탄 놈도 본다"和"큰 소만큼 벌면, 큰 소만큼 쓴다"等是关于社会生活的经验总结，"염소와 소를 한 외양간에서 기르면 소가 마른다"和"뜨는 소는 뿔을 보고, 뛰는 소는 눈을 보랬다"等是关于自然规律的经验总结。

劝诫类谚语有 33 条。

例：계집아이도 외양간 치는 것도 가르쳐 시집 보내랬다.
소 잡아 제사 지내려고 말고, 살아서 닭 잡아 봉양하랬다.
쇠털같이 허구 많은 날이다.
성난 황소 바위밭기다.

如"계집아이도 외양간 치는 것도 가르쳐 시집 보내랬다""소 잡아 제사 지내려고 말고, 살아서 닭 잡아 봉양하랬다"是提醒人们要"在出嫁之前教会女孩子喂养牲畜"和"在父母生前好好孝敬父母"，"쇠털같이 허구 많은 날이다"和"성난 황소 바위밭기다"等则是通过描述一些现象规劝人们

"不要只工作不休息"和"不要做那些愚蠢无谋的事"。

关于民俗风俗的谚语是区别于中国谚语的一类特殊谚语，共有36条。

例：소가 새끼 난 지 이레 안에 간장을 남에게 주면 어미젖이 마른다.
소 병 예방에는 외양간에 여호여룡이라고 부적을 써 붙인다.
유두에 소 타지 말고, 추석에 소 타랬다.

如"소가 새끼 난 지 이레 안에 간장을 남에게 주면 어미젖이 마른다"是讲牛生产时的一些禁忌，"소 병 예방에는 외양간에 여호여룡이라고 부적을 써붙인다"是为了预防牛生病做的祈祷，"유두에 소 타지 말고, 추석에 소 타랬다"是关于节气举行的仪式等。

取法不当的谚语是讲负面的做法，有78条。

例：방둥이 부러진 소 사돈 아니면 못 팔아먹는다.
소 불알 떨어질까 하고 장작 지고 따라다닌다.
소 잡아 잔치할 것을 닭 잡아 잔치한다.
황소 제 덕석 뜯어먹기다.

如"방둥이 부러진 소 사돈 아니면 못 팔아먹는다"讲坑骗自己身边的人。"소 불알 떨어질까 하고 장작 지고 따라다닌다"指抱有不合乎实际的想法。"소 잡아 잔치할 것을 닭 잡아 잔치한다"指做事不合乎规格。"황소 제 덕석 뜯어먹기다"指做事短视，不计后果。

取法得当的谚语有关正确的做法，共 3 条。

  例：양을 잃고 소를 얻는다.
  양하고 소를 바꾼다.
  여물 안 먹고 일 잘하는 소다.

  如"양을 잃고 소를 얻는다""양하고 소를 바꾼다""여물 안 먹고 일 잘하는 소다"等，讲的都是得到了更多利益。
  （2）表示"行事难易"的谚语。行事取法的谚语中表示行事难易的谚语有 8 条，有 7 条是讲"行事难"的，1 条是讲"行事简单"的。

  例：소가 크다고 왕 노릇할까?
  소에 붙은 진드기는 잡아도, 숨은 서캐는 못 잡는다.
  기운이 세다고 황소가 왕 노릇할까?
  죽은 소고기 나누어 먹듯 한다.

  如"소가 크다고 왕 노릇할까""기운이 세다고 황소가 왕 노릇할까"等，是讲"世上很多事不是只凭力气大小就能解决的"。"소에 붙은 진드기는 잡아도, 숨은 서캐는 못 잡는다"隐喻看得见的小偷好抓，藏起来的小偷不好抓。而"죽은 소고기 나누어 먹듯 한다"则是比喻"做某事非常容易，手到擒来"。
  （3）表示"冷漠轻忽"的谚语。表示冷漠轻忽的谚语有 2 条。

  例：소 탄 양반 꼬덕꼬덕, 말 탄 양반 꼬덕꼬덕.
  집에 둔 금송아지 애기는 하나마나다.

分别为"소 탄 양반 꼬덕꼬덕, 말 탄 양반 꼬덕꼬덕"表示"显而易见的实事不由分说"。"집에 둔 금송아지 얘기는 하나마나"是讲"远水解不了近渴,派不上用场的钱跟没有一样"。

（4）表示"消极旁观"的谚语。表示消极旁观的谚语有14条。

  例：서 푼짜리 소는 이빨도 들쳐보지 말랬다.
  여자로 태어나느니 소로 태어난 팔자가 낫다.
  산에 송아지 간 발자국만 있고, 온 발자국은 없다.
  새끼 많이 둔 소 길마 벗을 날 없다.

如"서 푼짜리 소는 이빨도 들쳐보지 말랬다"表达"价值低的牛没什么用处"。"여자로 태어나느니 소로 태어난 팔자가 낫다"表示"女人命苦"。"산에 송아지 간 발자국만 있고, 온 발자국은 없다"则是比喻"人有去无回"。"새끼 많이 둔 소 길마 벗을 날 없다"表达了身陷沉重的负担,翻身无望的消极情绪。

（5）表示"主观片面"的谚语。表示主观片面的谚语有5条。

  例：네 담이 아니면 내 쇠뿔이 부러지랴.
  네 쇠뿔이 아니면 내 담이 무너지랴.
  네 쇠뿔이 아니면 내 쇠뿔이 부러지랴.
  황소가 바늘구멍으로 빠져 나가겠다.

"네 담이 아니면 내 쇠뿔이 부러지랴""네 쇠뿔이 아니면 내 담이 무너지랴"与"네 쇠뿔이 아니면 내 쇠뿔이 부러지랴"

都是指"把自己的错误强加到别人身上"。谚语"황소가 바늘 구멍으로 빠져 나가겠다"则是比喻"凭空幻想着一件完全不可能发生的事"。

2. 表示"情势状态"的谚语

表示情势状态的谚语共有 90 条，分为变化消失、情势时机、征兆声势和状态程度四个分类。其中，情势时机又分为困窘、危急和时机三个小类；韩国谚语征兆声势仅有征兆一个小类；状态程度分为状态和程度两个小类。

（1）表示"变化消失"的谚语。表示变化消失的谚语有 1 条。

例：쇠똥은 개도 안 먹는다.

"쇠똥은 개도 안 먹는다"在词典里的解释为"개도 쇠똥을 먹지 않지만, 거름으로는 중요하게 쓰인다는 뜻"表示"同一个东西在不同的用途上，其价值变化很大"。同样是牛粪，给狗狗都不吃；但是用作肥料却用处很大。

（2）表示"情势时机"的谚语。有关情势时机的谚语共有 48 条，其中表示困窘的有 35 条。

例：농우 팔아 세금 내고, 집 헐어 물 땐다.
술 담배 참아 소 샀더니 호랑이가 물어간다.
파린 소에게 파리 꾾는다.
가난이 소새끼만도 못하다.

如"농우 팔아 세금 내고, 집 헐어 물 땐다"表示"严苛的赋税使得农民破产，纷纷离农另谋生路"，"술 담배 참아 소 샀더니 호랑이가 물어간다"是讲"攒了很久的财产一夜之间

化为乌有"等。"파린 소에게 파리 끓는다"隐喻了人在生病困顿时反而更容易被落井下石的窘迫情形。"가난이 소새끼만도 못하다"则隐喻了人生活困难,待遇连牲畜都不如的窘迫境遇。

表示危急的谚语有 8 条。

例:담 허물어진 밭에 우마 안 들어갈까?
과부집 송아지는 백장 부르러 간 줄 모르고 날뛴다.
백장집 송아지는 저 죽을 날 모른다.
도살장에 끌려가는 소 걸음이다.

如"담 허물어진 밭에 우마 안 들어갈까"是讲"墙倒了随时会有小偷进入的危急情况";"과부집 송아지는 백장 부르러 간 줄 모르고 날뛴다"与"백장집 송아지는 저 죽을 날 모른다"是讲"人处在危急的情况下却不自知";"도살장에 끌려가는 소 걸음이다"是讲"人在深处危急的时刻非常害怕的心理状态"等。

表示时机的谚语有 5 条。

例:가을 빚은 소도 잡아먹는다.
여름 소는 파는 사람이 이롭고, 겨울 소는 잡는 사람이 이롭다.
소 뒷걸음질하다가 쥐 잡는 격이다.
날적 송아지 들적 며느리라.

谚语"가을 빚은 소도 잡아먹는다"可以有两种解释:一种讲的是秋季借贷容易,所以借来钱之后可以尽情挥霍;另一

种是讲到秋天才用还的债，现在先尽情使用，还钱的事以后再说。两种解释都可以看作为抓住秋天这个时机，如何对待借贷这件事。"여름 소는 파는 사람이 이롭고, 겨울 소는 잡는 사람이 이롭다"表示"夏天买卖牛的生意中，卖牛的人得利；冬天买卖牛的生意中，买牛的人得利"，反映了做生意要看准时机。"소 뒷걸음질하다가 쥐 잡는 격이다"表示"偶然赶对了时机也会特别的好运"等。

（3）表示"征兆声势"的谚语。有关征兆声势的谚语有3条，都是表示征兆的谚语。

> 例：겨울 소 값은 떨어지고, 봄 소 값은 오른다.
> 풍년에는 소에게 콩도 주지만, 흉년에는 사람이 풀을 먹는다.
> 흉년이 들면 소 값이 내린다.

如"겨울 소 값은 떨어지고, 봄 소 값은 오른다"是讲冬季处于农闲期，所以牛的价格就低；而春天是农忙期，牛的价格就会上升。"풍년에는 소에게 콩도 주지만, 흉년에는 사람이 풀을 먹는다"是讲丰收的年份里牛也能吃上豆子，而歉收的年份中人也只能吃草。"흉년이 들면 소 값이 내린다"讲的则是"歉收的年份里贵金属价格上升；而牛的用处减少，价格会下降。

（4）表示"状态程度"的谚语。表示状态的谚语共有25条。

> 例：개천에 든 소다.
> 고랑에 든 소다.

송아지 웅덩이 내려다보듯 한다.
늙은 소 흥정하기다.

如"개천에 든 소다"与"고랑에 든 소다"是讲处于一个非常有利的情形之下,"송아지 웅덩이 내려다보듯 한다"是描写"人处在一种特别没有精神的状态下","늙은 소 흥정하기다"是讲"事情处在不能顺利进行的状态下"。

表示程度的谚语有13条。

例:개울물에 소 건너간 자리다.
삶은 소가 웃다가 꾸레미 터지겠다.
소 가는 데 말도 간다.
소 귀신보다 질기다.

如"개울물에 소 건너간 자리다"是讲做事情一点痕迹都没有留下。"삶은 소가 웃다가 꾸레미 터지겠다"则是比喻程度过于夸张。"소 가는 데 말도 간다"比喻"二者程度差不多";"소 귀신보다 질기다"则表示"固执的程度无以复加"。

二、韩国谚语中"소"的语义引申过程

(一)韩国谚语中"소"的语义范畴

按照语义进行分类,可以将以上有关"소"的语义要素的谚语分为以下几类:

(1)涉及的是最基本的语义范畴"소"。

如谚语"개울물에 소 건너간 자리다""개 잡아 할 잔치 소 잡아 한다""길마 무거워 소가 드러누울까"和"농사꾼은 아비 없이는 살아도 소 없이는 못 산다"等。

(2) 涉及 "소" 的不同角度的分类。

按颜色分，有 "검정 소 (검정 송아지)、황소 (누런)、얼룩소、사지가 흰 소" 等。如 "소는 검정 소고기가 맛이 있고, 개는 흰 개 고기가 맛이 있다" "동네 송아지는 이웃집 황소를 닮고, 자식은 아비를 닮는다" "낯짝이 얼룩소 오줌 같다" 和 "사지가 흰 소를 먹이면 주인이 해롭다" 等。

按 "소" 的大小分，有 "큰 소"。如 "큰 소가 나가면 작은 소가 큰 소 노릇한다" "큰 소라고 여물 마다다 할까" "큰 소만큼 벌면, 큰 소만큼 쓴다" 和 "큰 소 큰 소 하면서 꼴 아니 준다" 等。

按 "소" 的好坏分，有 "나쁜 소、좋은 소 (송아지)"。如 "나쁜 소도 좋은 송아지를 낳는다" 和 "못난 소도 좋은 송아지를 낳는다"。

按 "소" 的生死分，有 "산 소、죽은 소"。如 "산 소 한 마리는 먹어도 죽은 소 한 마리는 못 먹는다"。

按 "소" 的速度分，有 "빠른 소、느린 소 (뜬소)"。如 "빠른 소나 느린 소나, 웅덩이 가기는 일반이다" "느린 소도 성낼 때가 있다" "뜬 소 울 넘는다" 和 "느린 소도 성낼 때가 있다" 等。

按 "소" 的公母分，有 "암 (어미) 소"。如 "되는 집에는 암소가 셋이고, 안 되는 집에는 계집이 셋이다" "잘 되는 집에는 암소가 쌍태만 한다" "암소가 새끼를 낳을 때 암송아지는 앉아서 낳고, 수송아지는 서서 낳는다" 和 "어미 소가 송아지를 핥아 주는 모정이다" 等。

按 "소" 的价值分，有 "서 푼짜리 소"。如 "서 푼짜리 소는 이빨도 들쳐보지 말랬다"。

按 "소" 的肥瘦分，有 "마른 (여윈 / 파린) 소"。如 "마

른 소에 파리 꿇는다" "여원 소 순대가 크다" "여윈 소에 파리 꾀듯 한다" 和 "파린 소에게 파리 꿇는다" 等。

按"소"的性格分，有"순한 소、거들거리는 소、으르렁대는 소、먹성 좋은 소" 等。如 "순한 소도 고삐는 매두랬다" "순한 황소가 뜨면 더 무섭다" "거들거리는 소는 받지 않는다" "으르렁대는 소는 받지 않는다" "먹성 좋은 소가 부리기도 좋다" 和 "먹성 좋은 소가 살도 찐다" 等。

按"소"的年龄分，有"날 적 소 (송아지)、송아지 (소새끼)、늙은 소"。如 "들 적 며느리요, 날 적 소다" "날적 송아지 들적 며느리라" "소새끼 난 지 이레 안에는 송장 본 사람은 외양간에 가지 않는다" "가난이 소새끼만도 못하다" 和 "늙은 소가 여물 마다다 할까" 等。

按"소"的功能分，有"농우 (밭갈이하는 소)、육우"。如 "농우에는 누런 소를 기르고, 육우에는 검은 소를 기르랬다" "농우 팔아 세금 내고, 집 헐어 물 땐다" "밭갈이하는 소가 말을 힕으면 비기 온다" "밭갈이하다 죽은 소나, 놀다 죽은 염소나, 죽으면 저승가기는 일반이다" 和 "농우에는 누런 소를 기르고, 육우에는 검은 소를 기르랬다" 等。

按"소"的所属分，有"남의 소、대감댁 소、과부집 소、백장집 소"。如 "남의 소 도망치는 것은 구경거리라고" "남의 소에 길마 없다" " 대감댁 소는 백장 무서운 줄 모른다" " 과부집 송아지는 백장 부르러 간 줄 모르고 날뛴다" 和 "백장집 소는 저 죽을 날 모른다" 等。

按"소"所处的位置，有"고랑 (도랑 / 개천) 에 든 소、관에 들어간 소"。如 "고랑에 든 소다" "도랑에 든 소다" "개천에 든 소다" 和 " 관에 들어간 소 나오는 것 못 봤다" 等。

按"소"的遭遇分，有"꼬리 없는 소、눈 먼 소、엉덩이

263

(방둥이) 부러진 소、더위 먹은 소、덴 소、똥구멍 찔린 소、목 마른 소、허기진 소、우황 든 소"。如 "꼬리 없는 소가 남의 소 등에 파리 쫓는다" "눈 먼 소에 멍에가 아홉이다" "보지 못하는 소에 멍에가 아홉이다" "엉덩이 부러진 소, 사돈이 아니면 못 팔아먹는다" "방둥이 부러진 소 사돈 아니면 못 팔아먹는다" "더위 먹은 소는 달만 봐도 허덕인다" "덴 소 날뛰듯 한다" "불 난 강변에 덴 소 날뛰듯 한다" "똥구멍 찔린 소 뛰듯 한다" "목 마른 소 우물 들여다보듯 한다" "허기진 소는 풀을 가리지 않는다" "우황 든 소다" 和 "우황 든 소 앓듯 한다"。

按"소"的动作, 有"걸음새 뜬 소、(날) 뛰는 소、누운 소、누워 뜨는 소、누워서 씨르는 소、뜨는 소 (받는소/뜰 소)、(물/비지/소금/여물) 먹은 소、여물 마다는 소、성난 소、밭갈이하다 죽은 소、놀다 죽은 소、일하다 죽은 소、여물 안 먹고 일 잘하는 소" 等。如谚语 "걸음새 뜬 소가 천리를 간다" "날뛰는 소는 새끼로 묶어서는 안 된다" "뛰는 소는 눈을 보고, 뜰 소는 뿔을 보랬다" "더운 여름 그늘에 누운 소처럼 일하지" "누워 뜨는 소다" "누워서 씨르는 소다" "뜨는 소가 부리기 좋고, 성깔 있는 머슴이 일 잘한다" "받는 소는 소리를 내지 않는다" "뛰는 소는 눈을 보고, 뜰 소는 뿔을 보랬다" "먹은 소가 똥도 누고, 든 돌에 낯 붉게 마련이다" "물 많이 먹은 소가 오줌도 많이 눈다" "비지 먹은 소 배때기다" "소금 먹은 소가 물도 켠다" 和 "여물 많이 먹은 소, 똥 눌 때 알아본다" "여물 마다는 소 없고, 물 마다는 말 없다" "성난 황소 바위밭기다" "먹다가 죽은 대장부나, 밭갈이하다 죽은 소나" "밭갈이하다 죽은 소나, 놀다 죽은 염소나, 죽으면 저승가기는 일반이다" "일하다 죽은 소나 놀다 죽은 염소나 죽기는 일반이다" 和 "여물 안 먹고 일 잘하는 소다"等。

按 "소" 的其他特点分，有 "불쌍한 소、삶은 소、새끼 많은 소"。如 "도살장에서 불쌍한 소를 잡지 말라는 격이다" "삶은 소가 웃다가 꾸레미 터지겠다" "열 새끼 낳은 소 멍에 벗을 날 없다" 和 "새끼 많이 둔 소 길마 벗을 날 없다" 等谚语。

（3）有关 "소" 的身体部位的谚语。

"소 뿔" 相关的谚语。如 "네 담이 아니면 내 쇠뿔이 부러지랴" "네 쇠뿔이 아니면 내 담이 무너지랴" "단김에 쇠뿔 뺀다" 和 "뿔 바로잡으려다가 소 잡는다" 等。

"소 머리（대가리）" 相关的谚语。如 "소 머리에 방울을 달아 주랬다" "쇠대가리 걸어 놓고 말고기 판다" "쇠대가리에 말 꼬리 달아 놓은 것 같다" 和 "정월 열나흗날, 해 뜨기 전에 동쪽으로 뻗은 복숭아 가지로 둥근 고리를 만들어 소머리에 걸어 주면 물 것이 덤비지 않는다" 等。

"소 귀" 相关的谚语。如 "소 귀는 편편해야 성미가 순하고, 돼지 귀는 아래로 처져야 성미가 순하다" "소 귀에 경읽기다" "쇠귀를 잡는다" 和 "쇠귀에 거문고 소리 들리기다" 等。

"소 눈（눈깔）" 相关的谚语。如 "쇠 눈 말 눈이 크다 해도 의눈보다 큰 것 없다" "얼음판에 자빠진 소 눈깔 같다" "빙판에 넘어진 황소 눈이다" 和 "얼음판에 넘어진 황소 눈이다" 等。

"소 코" 相关的谚语。如 "쇠코를 제 코라고 우긴다"。

"소 입（주둥이）" 相关的谚语。如 "소 입에서 소 말 나오고, 개 입에서 개 말 나온다" "소 주둥이는 넓죽해야 먹성이 좋다" "쇠 입에서 쇠 말 나오고, 개 입에서 개 말 나온다" 和 "입 큰 소가 살이 찐다" 等。

"소 턱（멱미레）" 相关的谚语。如 "목초가 짧으면 소 턱이 부딪쳐 붓는다" "소 멱미레 같다" 和 "쇠 멱미레 같다"。

265

"소 목"相关的谚语。如"쇠목에 방울달기다"。

"소젖꼭지"相关的谚语。如"소젖꼭지는 붉어서 새끼를 잘 낳는다"。

"소 배때기"相关的谚语。如"비지 먹은 소 배때기다""장에 가는 쇠배때기 같다"和"진상 가는 소 배때기 차고 볼기 맞는다"。

"소 등"相关的谚语。如"꼬리 없는 소가 남의 소 등에 파리 쫓는다""소 등에 못 실은 짐 벼룩 등에 싣는다"和"한 소 등에 두 길마 못 지운다"。

"소 엉덩이 (방둥이 / 궁둥이)"相关的谚语。如"못 된 송아지가 엉덩이에 뿔 난다""송아지 못된 것이 엉덩이에 뿔 난다""엉덩이 부러진 소, 사돈이 아니면 못 팔아먹는다""방둥이 부러진 소 사돈 아니면 못 팔아먹는다"和"소 궁둥이에 꼴 던지기다"等。

"소 다리"相关的谚语。如"내일 쇠다리보다 오늘 개 다리가 낫다""내일 쇠다리보다 오늘 메뚜기 다리가 낫다""두 동서 사이에 산 쇠다리 벤다"和"훗장 쇠다리가 이 장 개 다리만 못하다"等。

"소 불알"相关的谚语。如"소 불알 떨어질까 하고 장작 지고 따라다닌다""쇠불알 떨어지기만 기다린다""쇠불알이 떨어질까 하고 장작 지고 다닌다"和"오뉴월 쇠불알 늘어지듯 한다"等。

"소 발"相关的谚语。如"쇠 짐 기운 데 돌로 쇠발받치기다"。

"소 꼬리"相关的谚语。如"비 오는 날 쇠꼬리 같다""소 꼬리보다 닭 대가리가 낫다""쇠꼬리보다 개 대가리가 낫다"和"쇠꼬리보다 닭 대가리가 낫다"等。

"소 뼈(뼈다귀/옹두리)"相关的谚语。如"소 뼈를 집안에 매달아 놓으면 잡귀가 못 들어온다""쇠뼈다귀 삼년 우려먹는다""쇠뼈다귀 우려먹듯 한다"和"소 옹두리 우리듯 한다"等。

"소 살"相关的谚语。如"소 살에 말 뼈다"。

"소고기"相关的谚语。如"벼락 맞은 소고기 나누어 먹듯 한다""소고기는 겨울이 돼야 제 맛이 난다""소고기 열 점이 새고기 한 점만 못하다"和"여름 소고기 맛은 풀내 난다"等。

"소가죽"相关的谚语。如"불 탄 쇠가죽 오그라지듯 한다"。

"소심줄"相关的谚语。如"질기기는 쇠심줄이다"。

"소 털"相关的谚语。如"소 털 뽑아 제 구멍에 꼽기다""쇠털 같은 세월이다""쇠털같이 많은 날에 일만 하다 죽는다"和"쇠털 세어보기다"等。

在下一章中,选择的是第一类和第二类,即与动物"소"这个整体事物相关的谚语,考察"소"语义的引申过程。

(二)韩国谚语中"소"的语义取象点及其引申意义

韩国谚语中,"소"的意义的引申,可以看作为由最基本的意义向抽象意义的引申。"소"的基本义的来源可以分为"소"的物理特征和生理特征两大类。

1. 基于"소"物理特征的取象点及其引申意义

体积大是牛的最基本的特征之一,可以看作为从"整体与部分ICM"中的"范畴与属性ICM"中由"소"转喻为其属性"体积大"。

例:동네 송아지는 커도 송아지라고 한다.
소 잡은 자리는 없어도, 게 잡은 자리는 있다.

송아지만 보아도 소 큰 줄은 안다.
큰 소를 못 본 사람은 송아지도 크다고 한다.

谚语"동네 송아지는 커도 송아지라고 한다"一般用来形容小孩就算体型再大也不会被当做大人来看待。"소 잡은 자리는 없어도, 게 잡은 자리는 있다"指牛的体积虽然大，但是在被杀之后全身都有用，连牛粪都能用来当做肥料，所以杀牛之后没有可以扔的东西；螃蟹虽小，但是蟹壳等扔掉的垃圾很多，比喻看事物不能只看大小，还要看其质量。"송아지만 보아도 소 큰 줄은 안다"比喻看某一事物的大小不一定要看清楚全体，只要看一部分也能知道大小。"큰 소를 못 본 사람은 송아지도 크다고 한다"是指所谓大小需要一个评判标准，不然很难评价一个东西是大还是小。

（1）大的事物、大的利益。首先从"整体与部分 ICM"中的"范畴与属性 ICM"中由"소"转喻为其属性"体积大"，然后又从"范畴与属性 ICM"中以属性"体积大"代范畴"大的事物"，整个过程跨越了不同的认知域，可以看作连续转喻类隐喻。根据谚语的使用环境，"소"的意义可以隐喻为具体的事物。

例：남이 둔 것은 소도 못 찾는다.
소는 보고, 양은 보지 못했다.
소 팔아 쇠고기 사먹는다.
뿔 바로 잡으려다가 소 잡는다.

谚语"남이 둔 것은 소도 못 찾는다"是指别人放的东西体积再大也看不见，比喻事不关己，不放在心上，在这里

"소"指大的事物。"소는 보고, 양은 보지 못했다"指人们往往只关注大的事物，因此常常在小的地方犯错。"소 팔아 쇠고기 사먹는다"指丢掉大的东西，只换来小的利益。"남이 둔 것은 소도 못 찾는다"中，谚语的意义可以解释为"别人的东西再大也看不见"，即"别人的事情事不关己，对别人的利益不上心"，在这里"牛"隐喻为"大的东西"。"뿔 바로 잡으려다가 소 잡는다"指为了小的利益，却损失了大的利益。在这句谚语中，"소"的隐喻意义从"大的事物"引申到"大的利益"。

（2）价值大。从"整体与部分 ICM"中的"范畴与属性 ICM"中由"소"转喻为其属性"体积大"，之后"소"从表示"体积"的空间域跨域到"金钱域"隐喻为"价值大"。

　　例：소 잡아 대접할 손님 있고, 닭 잡아 대접할 손님 있다.
　　소 잡아 제사 지내려고 말고, 살아서 닭 잡아 봉양하랬다.
　　양하고 소를 바꾼다.
　　외상이면 소도 잡아먹는다.

如"소 잡아 대접할 손님 있고, 닭 잡아 대접할 손님 있다"中说"用牛来招待的客人"即为尊贵的客人，因此要"花重金好好招待"，在这里"소"的语义中就隐含了"价值大"这一信息。"소 잡아 대접할 손님 있고, 닭 잡아 대접할 손님 있다"与"소 잡아 제사 지내려고 말고, 살아서 닭 잡아 봉양하랬다"中，前者是将牛宰杀之后招待朋友，后者是将牛宰杀之后供奉给往生的父母，在这两句谚语中"소"都表示"价值

大的东西"。"양하고 소를 바꾼다"是指用价值小的东西换取价值大的东西,从中得利。"외상이면 소도 잡아먹는다"是指借来钱之后就只看现在不管以后,乱买贵的东西。在这里"소"隐喻为"价值大的东西"。

（3）强大的人。从"整体与部分ICM"中的"范畴与属性ICM"中由"소"转喻为其属性"体积大"之后,还可以从形容事物的"体积大"跨域到形容人的"强大"。

例:쇠파리가 소를 쫓는다.

如谚语"쇠파리가 소를 쫓는다"中,通过对牛与牛蝇大小的对比,隐喻映射到形容人的强大与弱小的对比上。这句谚语意为"外表看似弱小的人也会给强大的人带来困扰"。

（4）数量多。从"整体与部分ICM"中的"范畴与属性ICM"中由"소"转喻为其属性"体积大"之后,也可以由"整体与部分ICM"中的"构造ICM",从"体积大"转喻为"数量多"。

例:소 아홉 마리에서 털 하나다.

如谚语"소 아홉 마리에서 털 하나다"指在九头牛的毛之中只取其中的一根,比喻非常微不足道的存在。"소"的意义在这里就引申为"数量多"。

（5）重量大。从"整体与部分ICM"中的"范畴与属性ICM"中由"소"转喻为其属性"体积大"之后,"소"从"体积大"通过"因果ICM"转喻为"重量大",从而隐喻"重量大的东西"。

第五章 中韩谚语语义对比

例：봄바람이 소를 넘어뜨린다.
소가 밟아도 끔쩍없다.

如谚语"봄바람이 소를 넘어뜨린다"指春风能把很重的牛吹倒，比喻春天的风很大。"소가 밟아도 끔쩍없다"有两个意思。一是指被牛踩到还没有损伤，比喻东西很结实；二是指被牛踩到也不动声色，比喻人很结实，还可以引申为值得依靠。在这两个谚语中，"소"转喻为"重量大"。

2. 基于"소"生理特征的取象点及其引申意义
（1）"소"的能力。

第一，力量大。从"整体与部分 ICM"中的"范畴与属性 ICM"中由"소"转喻为其属性"力量大"。

例：소가 힘 세다고 왕 노릇할까?

谚语"소가 힘 세다고 왕 노릇할까"是讲牛的力气再大，也当不了王，隐喻很多事情只靠蛮力是解决不了的。在这句谚语中，突出的是牛"力量大"这个特征。

[力量大——劳动力]
从"整体与部分 ICM"中的"范畴与属性 ICM"中由"소"转喻为其属性"力量大"之后，由"整体与部分 ICM"中的"范畴与属性 ICM"以属性"力量大"代范畴"劳动力"。整个语义引申的过程可以看作是连续转喻而来的隐喻。

例：눈 먼 소에 멍에가 아홉이다.
들 적 며느리요, 날 적 소다.
보지 못하는 소에 멍에가 아홉이다.

날적 송아지 들적 며느리라.

谚语"눈 먼 소에 멍에가 아홉이다"与"보지 못하는 소에 멍에가 아홉이다"都是讲牛看不见,但是干活多。"들 적 며느리요, 날 적 소다"与"날적 송아지 들적 며느리라"都是讲牛在出生的时候才会有优待,因为牛很快就要开始干活了,一生都在辛勤的劳作。在这些谚语中都体现了牛作为劳动力的作用。

[劳动力:耕田]

从"整体与部分ICM"中的"范畴与属性ICM"中由"소"转喻为其属性"力量大"之后,由"整体与部分ICM"中的"范畴与属性ICM"以属性"力量大"代范畴"劳动力"。然后"소"又从"劳动力"经过"范畴与属性ICM"转喻为"耕田"。

  例:먹다가 죽은 대장부나, 밭갈이하다 죽은 소나.
   밭갈이 못하는 소가 멍에 나무란다.
   쟁기질 못하는 놈이 소 탓만 한다.
   칼 팔아 소 산다.

谚语"먹다가 죽은 대장부나, 밭갈이하다 죽은 소나"是说无论是吃这东西突然就死掉的人,还是耕着地突然死掉的牛,结局都是一样的,隐喻在死亡面前人人平等。"밭갈이 못하는 소가 멍에 나무란다"中出现的牛也是耕牛。"쟁기질 못하는 놈이 소 탓만 한다"是指不会犁地的人怪牛不好,这里牛的作用是耕田。"칼 팔아 소 산다"是讲战争结束,人们卖掉兵器,买来耕牛开始种地,恢复农业生产,这里牛的潜

在作用是耕田。

　　[劳动力:驮东西]

　　从"整体与部分ICM"中的"范畴与属性ICM"中由"소"转喻为其属性"力量大"之后,由"整体与部分ICM"中的"范畴与属性ICM"以属性"力量大"代范畴"劳动力"。之后"소"从"劳动力"经过"范畴与属性ICM"转喻为"驮东西"。

　　　　例:길마 무거워 소가 드러누울까?
　　　　　　종달리 소금 실은 암소 마을 돌듯 한다.
　　　　　　사돈과 소를 어울려 탄 것 같다.
　　　　　　소 탄 양반 꼬덕꼬덕, 말 탄 양반 꼬덕꼬덕.

　　谚语"길마 무거워 소가 드러누울까"与"종달리 소금 실은 암소 마을 돌듯 한다"中"소"驮的东西是货物;在谚语"사돈과 소를 어울려 탄 것 같다"与"소 탄 양반 꼬덕꼬덕, 말 탄 양반 꼬덕꼬덕"中"소"驮的是人。

　　[劳动力:饲养]

　　从"整体与部分ICM"中的"范畴与属性ICM"中由"소"转喻为其属性"力量大"之后,由"整体与部分ICM"中的"范畴与属性ICM"以属性"力量大"代范畴"劳动力"。"소"从"劳动力"经过"因果ICM"转喻为"饲养"。语义的引申过程可以看作为连续转喻而来的隐喻。

　　　　例:계집아이도 외양간 치는 것도 가르쳐 시집 보내랬다.
　　　　　　며느리는 소 잘 되는 집에서 얻으랬다.

如谚语"계집아이도 외양간 치는 것도 가르쳐 시집 보내 랬다"是指过去农村中养牛是一件非常重要的事情,女孩出嫁之前学会饲养牛的技巧是婚前的必修课。"며느리는 소 잘 되는 집에서 얻으랬다"是婚嫁之前男方考察女方的一项条件,媳妇要从牛养得好的人家中娶。这两条谚语中涉及的是有关牛的饲养方面的信息。

[劳动力:任劳任怨]

从"整体与部分ICM"中的"范畴与属性ICM"中由"소"转喻为其属性"力量大"之后,由"整体与部分ICM"中的"范畴与属性ICM"以属性"力量大"代范畴"劳动力"。"소"从"劳动力"经过"范畴与属性ICM"转喻为"任劳任怨的品质"。语义的引申过程可以看作为连续转喻而来的隐喻。

例:소같이 벌어서 쥐같이 먹어라.
소같이 일하고, 쥐같이 먹어라.
소같이 일한다.
일은 소같이 하고, 먹기는 쥐같이 먹으랬다.

谚语"소같이 벌어서 쥐같이 먹어라""소같이 일하고, 쥐같이 먹어라""소같이 일한다"与"일은 소같이 하고, 먹기는 쥐같이 먹으랬다"都是讲的要像牛一样干活,因为牛拥有任劳任怨的品质,即谚语劝诫人们也要任劳任怨。

[劳动力:财产]

从"整体与部分ICM"中的"范畴与属性ICM"中由"소"转喻为其属性"力量大"之后,由"整体与部分ICM"中的"范畴与属性ICM"以属性"力量大"代范畴"劳动力"。"소"从"劳动力"经过"因果ICM"转喻为"财产"。语义的

引申过程可以看作为连续转喻而来的隐喻。

> 例：소는 농가에 밑천이다.
> 소는 농가에서 땅 다음 가는 재산이다.
> 소 팔러 가는 데 개 따라가듯 한다.
> 술 담배 참아 소 샀더니 호랑이가 물어간다.

谚语"소는 농가에 밑천이다"与"소는 농가에서 땅 다음 가는 재산이다"中强调牛是农户的重大的财产。"소 팔러 가는 데 개 따라가듯 한다"与"술 담배 참아 소 샀더니 호랑이가 물어간다"都涉及牛的买卖，因为牛是财产所以才可以买卖。所以在这几句谚语中涉及的是牛作为财产的特征。

[劳动力：重要]

从"整体与部分ICM"中的"范畴与属性ICM"中由"소"转喻为其属性"力量大"之后，由"整体与部分ICM"中的"范畴与属性ICM"以属性"力量大"代范畴"劳动力"。"소"从"劳动力"经过"范畴与属性ICM"转喻为"重要"。语义的引申过程可以看作为连续转喻而来的隐喻。

> 例：농사꾼은 아비 없이는 살아도 소 없이는 못 산다.
> 아버지 없이는 농사를 지어도, 소 없이는 농사를 못 짓는다.

如谚语"농사꾼은 아비 없이는 살아도 소 없이는 못 산다"和"아버지 없이는 농사를 지어도, 소 없이는 농사를 못 짓는다"中牛是辅助农家的劳动力，所以十分的重要。这两句

275

谚语中强调了牛的重要性。

　　第二，产牛皮、牛肉。"소"从"整体与部分ICM"中的"范畴与属性ICM"中，由"소"转喻为其属性"产牛皮、牛肉"。

　　　　例：갖바치는 소 죽기만 고소원한다.
　　　　도살장에서 불쌍한 소를 잡지 말라는 격이다.
　　　　산 소 한 마리는 먹어도 죽은 소 한 마리는 못 먹는다.
　　　　소 잡아먹고 동네 인심 잃는다.

　　如谚语"갖바치는 소 죽기만 고소원한다"中因为皮鞋匠需要用牛皮制作器物所以一心只盼着别人家的牛快点死。在这里涉及的是牛产牛皮的特征。"도살장에서 불쌍한 소를 잡지 말라는 격이다"讲牛的主人因为跟牛有感情，所以送去宰杀时自己不忍亲眼看着。"산 소 한 마리는 먹어도 죽은 소 한 마리는 못 먹는다"指活牛除了粪便都可以吃，病牛就要去除掉生病的部位才可以。在这句谚语里将牛送去屠宰场的目的是为了杀牛取肉。"소 잡아먹고 동네 인심 잃는다"讲独自享用好吃的会失去人心。在这句谚语中牛肉隐喻美食。

　　［当祭品、贡品］
　　"소"从"整体与部分ICM"中的"范畴与属性ICM"中，由"소"转喻为其属性"产牛肉"。"产牛肉"又从"因果ICM"中代其结果"当祭品"。

　　　　例：송아지 온 발자국은 있어도 간 발자국은 없다.
　　　　진상 가는 송아지 배때기 차고 볼기 맞는다.
　　　　검정 소가 진상 간다.

谚语"송아지 온 발자국은 있어도 간 발자국은 없다"讲的是韩国的传统"山神祭"中用的牛有去无回，因为牛被宰杀当做祭品供奉给山神了。常用这句谚语比喻事情已经有结果了。"진상 가는 송아지 배때기 차고 볼기 맞는다"中出现的牛是用作进贡的牛，因此有人踢牛肚子是非常不恭敬的事，会遭到严厉的惩罚。这句谚语常用来比喻做了无谓的事引来灾祸。"검정 소가 진상 간다"是讲因为黑牛的味道好，所以常用来进贡。在这两句谚语中，体现的是牛被当做贡品的特征。

第三，破坏财物。从"整体与部分 ICM"中的"范畴与属性 ICM"中由"소"转喻为其属性"破坏财物"。

例：담 허물어진 밭에 우마 안 들어갈까?
밭담 무너지면 소 든다.
콩밭에 소를 풀어 놓고도 할 말이 있다.
콩밭에 소 매고도 할 말이 있다.

谚语"담 허물어진 밭에 우마 안 들어갈까"与"밭담 무너지면 소 든다"是讲如果田地边上的围墙倒了，牛就会进到地里破坏庄稼。"콩밭에 소를 풀어 놓고도 할 말이 있다"与"콩밭에 소 매고도 할 말이 있다"中都讲到把牛放到种豆的地里会把豆子破坏掉。这几句谚语中都涉及了牛破坏庄稼的特征。

第四，说、笑、咬人。从"整体与部分 ICM"中的"范畴与属性 ICM"中由"소"转喻为其属性"说、笑、咬人"。

例：소 앞에서 한 말은 안 나도, 어미한테 한 말은 난다.
소가 웃다가 꾸레미 터질 노릇이다.

소가 하품하고, 개가 웃을 일이다.
소에게 물리고, 말에게 뜨였다.

谚语"소 앞에서 한 말은 안 나도, 어미한테 한 말은 난다"是劝诫人们不要乱说话的谚语, 谚语中涉及牛的特征"不会说话"。"소가 웃다가 꾸레미 터질 노릇이다"与"소가 하품하고, 개가 웃을 일이다"都是拟人的用法, 比喻某件事情过于离谱、可笑, 以至于牛都会大笑或打哈欠。"소에게 물리고, 말에게 뜨였다"是指牛是不咬人的, 如果咬人的话就比喻一件事非常的离谱或不可思议。这句谚语中涉及的是牛不咬人的特点。

第五, 对环境敏感。

[对气味敏感]

"소"从"整体与部分ICM"中的"范畴与属性ICM"中由转喻为其属性"对环境敏感", 从"范畴与成员ICM"中转喻为"对气味敏感"。

例: 염소와 소를 한 외양간에서 기르면 소가 마른다.

在谚语"염소와 소를 한 외양간에서 기르면 소가 마른다"中, "소"因为"염소"有强烈的膻味, 导致不长膘。

[预报天气]

"소"从"整体与部分ICM"中的"范畴与属性ICM"中转喻为其属性"对环境敏感", 又从"因果ICM"中指代结果"能根据下雨前的反应预测天气"。

例: 밭갈이하는 소가 발을 핥으면 비가 온다.

소가 산에서 낮은 곳으로 내려오면 뇌우가 온다.
소가 앞발로 흙을 제 등에 뿌리면 비가 온다.
황소가 심하게 울면 폭풍이 분다.

因为牛对环境变化比人类要敏感,所以在天气发生变化时会作出相应的反应。而人通过长时期对牛行为的观察,会把牛对天气的反应用在预报天气上。以上谚语都是通过牛的不同的行为对天气作出预测的。"밭갈이하는 소가 발을 핥으면 비가 온다"是讲如果牛耕田的时候舔牛蹄子就预示着将要下雨。"소와 염소가 산에서 낮은 곳으로 내려오면 뇌우가 있다"讲如果牛从山上下来的话就预示着要下雷雨。"소가 앞발로 흙을 제 등에 뿌리면 비가 온다"讲的是如果牛用前蹄将土撒在背上的话就预示着将要下雨了。"황소가 심하게 울면 폭풍이 분다"讲黄牛大声叫的话预示着暴风将至。

[预报天气——有预示的能力]

"소"能够预测天气,因此人们认为"소"具备预示的能力。通过"范畴与成员 ICM"由成员"预测天气"指代范畴"有预示的能力"。

例:소가 밤에 울면 주인이 죽는다.
사지가 흰 소를 먹이면 주인이 해롭다.
새해 들어 처음에 송아지를 보면 누워서 먹고, 망아지를 보면 뛰면서 먹는다.
밤중에 황소가 울면 초상이 난다.

如谚语"소가 밤에 울면 주인이 죽는다"与"밤중에 황소가 울면 초상이 난다"都讲如果牛在半夜里叫唤预示着主人

将要去世。"사지가 흰 소를 먹이면 주인이 해롭다"讲吃四肢是白色的牛会对牛的主人不利。"새해 들어 처음에 송아지를 보면 누워서 먹고, 망아지를 보면 뛰면서 먹는다"是过新年时候对来年的一种预测，如果新年第一天首先看到的是牛犊，预示着来年不辛苦，如果看到的是马驹就意味着来年会过得很辛苦。

（2）"소"的食性。从"整体与部分 ICM"中的"范畴与属性 ICM"中由"牛"转喻为其属性"食性"。

  例：먹성 좋은 소가 부리기도 좋다.
  먹은 소가 기운도 쓴다.
  먹은 소가 똥도 누고, 든 돌에 낯 붉기 마련이다.
  소도 먹어야 똥을 싼다.

谚语"먹성 좋은 소가 부리기도 좋다"与"먹은 소가 기운도 쓴다"是说牛吃得好力气就大，干活也卖力。"먹은 소가 똥도 누고, 든 돌에 낯 붉기 마련이다"与"소도 먹어야 똥을 싼다"都是讲牛吃了东西自然就会排泄，隐喻有因就有果。

第一，吃草、吃粮食、吃豆子、吃盐。从"整体与部分 ICM"中的"范畴与属性 ICM"中由"소"转喻为其属性"食性"，又从"范畴与成员 ICM"中转喻为"吃草和粮食"。

  例：새 풀에 소 살찐다.
  정월 초하룻날, 소에게 밥과 나물을 주어 나물을 먼저 먹으면 흉년이 든다.
  늙은 소라고 콩 주는데 마다다 할까？
  소금 먹은 소, 굴 우물 들여다보듯 한다.

以上谚语都是关于牛吃的食物的。"풀에 소 살찐다"中牛吃的是草。"정월 보름날 아침 소가 밥을 먼저 먹으면 풍년 들고, 나물을 먼저 먹으면 흉년 든다"中,牛不仅吃草还吃粮食。"늙은 소라고 콩 주는데 마다다 할까"中牛吃的是豆子。"소금 먹은 소, 굴 우물 들여다보듯 한다"中讲到了牛吃盐。

第二,喝水。从"整体与部分ICM"中的"范畴与属性ICM"中由"소"转喻为其属性"食性",又从"范畴与成员ICM"中转喻为"喝水"。

例:목 마른 송아지 우물 들여다보듯 한다.
소금 먹은 소가 물도 켠다.
소금 먹은 소, 굴 우물 들여다보듯 한다.
소금 먹은 소 물 켜듯 한다.

谚语"목 마른 송아지 우물 들여다보듯 한다"与"소금 먹은 수, 굴 우물 들여다보듯 한다"是通过描写口渴的牛看到井水是的样子隐喻人对某件事非常的渴望。这这句谚语中,涉及的是牛喝水的特征。"소금 먹은 소가 물도 켠다"与"소금 먹은 소 물 켜듯 한다"是通过牛吃盐之后自然要喝水这一事实,隐喻有因必有果。

第三,食量大。从"整体与部分ICM"中的"范畴与属性ICM"中由"소"转喻为其属性"食性",又从"范畴与属性ICM"中转喻为"食量大",根据"范畴与成员ICM"转喻为"吃的多、喝的多"。语义的引申过程为连续转喻而来的隐喻。

例:소같이 먹는다.
말같이 먹고, 소같이 마신다.

소같이 마시고, 말같이 먹는다.
소 뜨물 먹듯 한다.

谚语"소같이 먹는다"是通过牛吃得多比喻人"吃得多";"말같이 먹고, 소같이 마신다""소같이 마시고, 말같이 먹는다"与"소 뜨물 먹듯 한다"则是通过牛喝得多比喻人喝得多。

第四,早上喂饲料。从"整体与部分ICM"中的"范畴与属性ICM"中由"소"转喻为其属性"食性",又从"范畴与属性ICM"中转喻为"早上喂饲料"。

例:아침 꼴에 소는 살찌고 농사는 잘 된다.

谚语"아침 꼴에 소는 살찌고 농사는 잘 된다"中,与中国谚语中牛要吃夜草不同,韩国谚语中喂牛要早上喂才长膘。

(3)"소"的习性。

第一,放养。从"整体与部分ICM"中的"范畴与属性ICM"中可以由"소"转喻为其生理属性"放养"。

例:동쪽 놀에는 냇가에 소를 매지 말랬다.
무지개가 서쪽에 서면 강 건너에 소를 매지 말랬다.
서쪽에 무지개가 뜨면 강 건너 소 몰고 오랬다.
아침 뇌성에는 강 건너 소를 매지 말랬다.

如谚语"동쪽 놀에는 냇가에 소를 매지 말랬다""무지개가 서쪽에 서면 강 건너에 소를 매지 말랬다""아침 뇌성에는 강 건너 소를 매지 말랬다"与"서쪽에 무지개가 뜨면 강 건너 소 몰고 오랬다"这几条谚语讲的都是天气要下雨的时候不要在水边放牛，这里涉及的都是牛放养的习性。

第二，蹭痒。从"整体与部分 ICM"中的"范畴与属性 ICM"中可以由"소"转喻为其生理属性"蹭痒"。

  例：도깨비도 숲이 있어야 모이고, 소도 언덕이 있어야 비빈다.
  소도 언덕이 있어야 비비고, 도깨비도 숲이 있어야 모인다.
  소도 언덕이 있어야 비빈다.

如谚语"도깨비도 숲이 있어야 모이고, 소도 언덕이 있어야 비빈다""소도 언덕이 있어야 비비고, 도깨비도 숲이 있어야 모인다"与"소도 언덕이 있어야 비빈다"等谚语中，都是通过牛要蹭痒需要靠着山坡这一事实来隐喻人无论做什么事都需要有所依托和依靠。

第三，喜欢躺着。从"整体与部分 ICM"中的"范畴与属性 ICM"中可以由"소"转喻为其生理属性"喜欢躺着"。

  例：더운 여름 그늘에 누운 소처럼 일하지.
  소는 눕는 것을 좋아하고, 말은 서는 것을 좋아한다.
  소는 누워 기르고, 말은 세워 기른다.

谚语"더운 여름 그늘에 누운 소처럼 일하지"中通过牛在夏天躺在阴凉里悠闲舒适的情景隐喻人做事的过程非常的闲适舒服。"소는 눕는 것을 좋아하고, 말은 서는 것을 좋아한다"介绍了牛喜欢躺着的习性。"소는 누워 기르고, 말은 세워 기른다"讲到饲养牛时应注意到牛喜欢躺着的习性。

第四，赶着走。"소"从"整体与部分ICM"中的"范畴与属性ICM"中转喻为其生理属性"从后面赶着走"。

例：소는 몰아야 잘 가고, 말은 끌어야 잘 간다.

谚语"소는 몰아야 잘 가고, 말은 끌어야 잘 간다"中讲牛要从后面赶着走，马要从前面拉着走的习性。隐喻对待不同的人要用不同的方法。

第五，排便。从"整体与部分ICM"中的"范畴与属性ICM"中可以由"소"转喻为其生理属性"排便"。

例：누운 소 똥 싸듯 한다.
먹은 소가 똥도 싼다.
소는 움직이면 똥을 싼다.
키 큰 암소 똥 누듯 한다.

谚语"누운 소 똥 싸듯 한다"通过描写牛躺着排便的情景，隐喻做某事非常轻松不费力。"먹은 소가 똥도 싼다"是通过对牛吃东西之后自然会排便这件事隐喻一个道理"有因就有果"。"소는 움직이면 똥을 싼다"，通过对牛排便是的反应比喻"人做事拖拉不利索"。"키 큰 암소 똥 누듯 한다"是通过描写母牛排便的动作很慢，来讽刺人做事速度太慢。

第六，与其他动物无交流。从"整体与部分ICM"中的"范畴与属性ICM"中可以由"소"转喻为其生理属性"与其他动物无交流"。然后再由动物域跨域映射到人类域中，隐喻"漠不关心"。语义的引申过程是先转喻后隐喻。

例：소가 개 보듯 한다.
소는 닭을 보지 못한다.
소 닭 보듯, 닭 소 보듯 한다.
소 닭 보듯 한다.

谚语"소가 개 보듯 한다"隐喻无心地看到某事物。"소는 닭을 보지 못한다"是说"牛不是看不到鸡，而是因为与鸡没有交集，看到了也当没看到"，常用来比喻"看到了也当没看到"；谚语"소 닭 보듯, 닭 소 보듯 한다""소 닭 보듯, 닭 소 보듯 한다"与"소 닭 보듯 한다"则比喻"漠不关心"。

第七，物以类聚。从"整体与部分ICM"中的"范畴与属性ICM"中可以由"소"转喻为其生理属性"同类互相吸引"。

例：소 우는 데 소 가고, 말 우는 데 말 간다.
소 우는 데 소 간다.

谚语"소 우는 데 소 가고, 말 우는 데 말 간다"与"소 우는 데 소 간다"是基于"소"同类互相吸引的习性，比喻"物以类聚，人以群分"。

第八，行动慢。从"整体与部分ICM"中的"范畴与属性ICM"中可以由"소"转喻为其生理属性"行动慢"。

例：소와 천리마의 동행이다.
키 큰 암소 똥 누듯 한다.

谚语"소와 천리마의 동행이다"中通过牛和千里马的对比，突出了牛"走得慢"的特点。"키 큰 암소 똥 누듯 한다"

是通过描写母牛排便的动作慢，比喻做事很慢。

［坚持不懈］

从"整体与部分 ICM"中的"范畴与属性 ICM"中可以由"소"转喻为其生理属性"行动慢"，又在"因果 ICM"中转喻为"坚持不懈"。

例：걸음새 뜬 소가 천리를 간다.
누워 뜨는 소다.

谚语"걸음새 뜬 소가 천리를 간다"是讲牛走的虽然慢，但是坚持不懈，所以可以走很远，用以比喻人做事坚持不懈才能成功。在这句谚语中，同时也突出了"소"坚持不懈的品质。"누워 뜨는 소다"是描写牛动作非常慢，同时也表现了牛的坚持不懈的性格。

［迟钝、愚笨］

从"整体与部分 ICM"中的"范畴与属性 ICM"中可以由"소"转喻为其生理属性"行动慢"，又在"因果 ICM"中转喻为"迟钝"。又从"因果 ICM"中转喻为"愚笨"。

例：과부집 송아지는 백장 부르러 간 줄 모르고 날뛴다.
성난 황소 바위받기다.
소에게 거문고 소리 들려주기다.
황소가 제 덕석 뜯어먹기다.

谚语"과부집 송아지는 백장 부르러 간 줄 모르고 날뛴다"比喻自身处在危急的状况下而不自知，还对现状充满好奇的人。

"성난 황소 바위받기다"指黄牛为了出气去踢石头，结果只会让自己更疼，此谚语用来劝诫人们不要做愚蠢的事。"소에게 거문고 소리 들려주기다"来自典故"对牛弹琴"，常用来隐喻人很愚笨。"황소가 제 덕석 뜯어먹기다"指黄牛吃盖在自己身上防寒的草帘子，通过牛愚昧的做法比喻人只看眼前，不计后果。

［迟钝：木讷］

从"整体与部分 ICM"中的"范畴与属性 ICM"中可以由"소"转喻为其生理属性"行动慢"，又在"因果 ICM"中转喻为"迟钝"。还可以从"范畴与属性 ICM"中由"迟钝"代"木讷"。

例：소가 여우보다 낫다.
여우가 소만 못하다.
여우하고는 살아도 소하고는 못 산다.

因为牛的迟钝，所以经常被引申为木讷的人，尤其在韩国谚语中常用"소"来比喻"木讷，不爱说话的女人"，如谚语"소가 여우보다 낫다""여우가 소만 못하다"和"여우하고는 살아도 소하고는 못 산다"等。

［迟钝：能忍耐］

从"整体与部分 ICM"中的"范畴与属性 ICM"中可以由"소"转喻为其生理属性"行动慢"，又在"因果 ICM"中转喻为"迟钝"。还可以从"范畴与属性 ICM"中由"迟钝"代"能忍耐"。

例：늙은 소는 바소 견디듯 한다.

由于牛的反应迟钝，所以对疼痛的感觉也不明显，谚语

287

"늙은 소는 바소 견디듯 한다"用来隐喻老人很能忍耐病痛。

[迟钝：值得信赖]

从"整体与部分 ICM"中的"范畴与属性 ICM"中可以由"소"转喻为其生理属性"行动慢",又在"因果 ICM"中转喻为"迟钝"。又从"因果 ICM"中转喻为"值得信赖"。

  例：소는 믿고 살아도 좋은 믿고 못 산다.
  소는 믿어도 사람은 못 믿는다.

"소는 믿고 살아도 좋은 믿고 못 산다"与"소는 믿어도 사람은 못 믿는다"中，牛虽然生性愚笨，但是品质淳朴，还是值得信赖的，所以宁愿相信牛也不相信人。

第九，叫声。从"整体与部分 ICM"中的"范畴与属性 ICM"中可以由"소"转喻为其生理属性"叫声"。

  例：소가 울면 들릴 거리다.
  소 입에서 소 말 나오고, 개 입에서 개 말 나온다.
  으르렁대는 소는 받지 않는다.
  성난 황소 영각하듯 한다.

以上谚语是关于"소"的叫声的谚语。"소가 울면 들릴 거리다"中因为叫声小，所以指代的距离不远。谚语"소 입에서 소 말 나오고, 개 입에서 개 말 나온다"则用来比喻"人说出的话是由其人品决定的"。"으르렁대는 소는 받지 않는다"用来比喻有的人虽然表面声势很大，但其实没什么实力。"성난 황소 영각하듯 한다"用牛大声哞叫隐喻人大声叫嚷。

第十，繁殖。"整体与部分 ICM"中的"范畴与属性

ICM"中可以由"소"转喻为其生理属性"繁殖"。

> 例：소가 새끼를 나면, 바로 송아지 덧굽을 떼어 천에 싸서 어미 소 왼뿔에 걸어 준다.
> 송아지는 이웃 황소 닮고, 자식은 아비를 닮는다.
> 송아지는 첫 젖을 먹이랬다.
> 되는 집에는 황소가 새끼를 낳는다.

作为重要的家畜，韩国谚语中十分重视"소"的繁殖，有很多关于生小牛时的风俗民俗的谚语，如"소가 새끼를 나면, 바로 송아지 덧굽을 떼어 천에 싸서 어미 소 왼뿔에 걸어 준다"等。"송아지는 이웃 황소 닮고, 자식은 아비를 닮는다"是通过牛的遗传现象，比喻父子之间的亲子遗传现象。"송아지는 첫 젖을 먹이랬다"是关于牛犊得饲养方法的谚语。另外韩国谚语中还把生小牛看作是收获意外之财，如"되는 집에는 황소가 새끼를 낳는다"就隐喻人家兴旺，会有意外之财。

［母亲］

"整体与部分ICM"中的"范畴与属性ICM"中可以由"소"转喻为其生理属性"繁殖"。又从"因果ICM"中转喻为"母亲"。

> 例：못난 소도 좋은 송아지를 낳는다.
> 새끼 많은 소 멍에 벗을 날 없다.
> 새끼 아홉 둔 소 길마 벗을 날 없다.
> 열 새끼 낳은 소 멍에 벗을 날 없다.

谚语"못난 소도 좋은 송아지를 낳는다"隐喻"不好的母

亲也可以生出优秀的孩子"。"열 새끼 낳은 소 몡에 벗을 날 없다"比喻孩子很多的母亲忙于照顾孩子十分的辛苦。这两句谚语都是把牛隐喻为母亲。

［母亲——母爱］

"整体与部分 ICM"中的"范畴与属性 ICM"中可以由"소"转喻为其生理属性"繁殖",从"因果 ICM"中转喻为"母亲",又从"范畴与属性 ICM"中由"母亲"代"母爱"。"母爱"的语义引申是来自转喻的隐喻。

例：늙은 소가 송아지 핥듯 한다.
소 제 새끼 핥아 주듯 한다.
어미 소가 송아지를 핥아 주는 모정이다.
어미 소 제 새끼 핥듯 한다.

"늙은 소가 송아지 핥듯 한다""소 제 새끼 핥아 주듯 한다""어미 소가 송아지를 핥아 주는 모정母情이다"与"어미 소 제 새끼 핥듯 한다"则是用母牛对小牛的舐犊之情比喻人间母爱的谚语。这几句谚语中突出的是母牛对小牛的怜爱之情。

第十一,怕冷。从"整体与部分 ICM"中的"范畴与属性 ICM"中可以由"소"转喻为其生理属性"怕冷"。

例：동상갑冬上甲에 비가 오면 우마가 동사한다.
춘상갑자일春上甲子日에 비가 오면 혹한으로 소돼지가 얼어죽는다.

如谚语"동상갑에 비가 오면 우마가 동사한다"与"춘상

갑자일에 비가 오면 혹한으로 소돼지가 얼어죽는다"就是讲在寒冷的节气牛会被冻死。

第十二，脾气犟。"整体与部分ICM"中的"范畴与属性ICM"中可以由"소"转喻为其生理属性"脾气犟"。"脾气犟"既可以看作是转喻，也可以从"动物域"跨域映射到"人类域"中当做隐喻。

例：만 마리의 소도 못 당할 고집이다.
소 같고, 곰 같다.
말 없는 소가 성낸다.
순한 황소가 뜨면 더 무섭다.

如谚语"만 마리의 소도 못 당할 고집이다"用牛的脾气犟隐喻人的脾气犟。"소 같고, 곰 같다"隐喻人像牛一样性格倔强，像熊一样愚蠢。"말 없는 소가 성낸다"与"순한 황소가 뜨면 더 무섭나"都强调的是平时看起来话不多或很温和的人一旦发起脾气来反而更可怕。

第十三，蹦跳。
［受到惊吓］
"整体与部分ICM"中的"范畴与属性ICM"中可以由"소"转喻为其生理属性"蹦跳"。从"蹦跳"又可以在"因果ICM"由结果"蹦跳"代原因"受到惊吓"。

例：덴 소 날뛰듯 한다.
똥구멍 찔린 소 뛰듯 한다.
불 난 강변에 덴 소 날뛰듯 한다.
불 타는 강변에 송아지 날뛰듯 한다.

谚语"똥구멍 찔린 소 뛰듯 한다"中牛是因为受到了惊吓跳起来。"덴 소 날뛰듯 한다""불 난 강변에 덴 소 날뛰듯 한다"与"불 타는 강변에 송아지 날뛰듯 한다"中，牛是因为身上着火被惊吓到了，所以才会乱蹦乱跳。因此，这几句谚语中，牛蹦跳隐喻为"受到惊吓"。

[性格嚣张]

"整体与部分ICM"中的"范畴与属性ICM"中可以由"소"转喻为其生理属性"蹦跳"。从"蹦跳"又可以在"因果ICM"由结果"蹦跳"代原因"性格嚣张"。

例：날뛰는 소는 새끼로 묶어서는 안 된다.
뛰는 소는 눈을 보고, 뜰 소는 뿔을 보랬다.

谚语"날뛰는 소는 새끼로 묶어서는 안 된다"隐喻对穷凶极恶的人要施以重刑，不然没有效果。在这句谚语中蹦跳这个动作比喻"性格嚣张"。谚语"뛰는 소는 눈을 보고, 뜰 소는 뿔을 보랬다"指对待凶恶的牛一定要时刻注意牛的动作。在这两句谚语中，牛蹦跳隐喻为牛的"性格嚣张"。

第十四，老牛识途。"整体与部分ICM"中的"范畴与属性ICM"中可以由"소"转喻为其生理属性"识途"。

例：늙은 소가 콩밭으로 간다.
늙은 소 밤길 가듯 한다.

谚语"늙은 소가 콩밭으로 간다"是讲老牛喜欢吃豆子，会自己往豆地里走，比喻有经验的人善于做出对自己有利的行动。"늙은 소 밤길 가듯 한다"是讲老牛记住了经常走的路，

晚上看不清也能根据记忆找到路。这两句谚语都说的是老牛识途的特征。

（4）"소"的特征。

第一，牛角。"整体与部分 ICM"中的"构造 ICM"中可以由要素"牛角"代指事物"소"。

> 例：소는 뿔만 봐도 안다.
> 소는 뿔을 아낀다.
> 못된 송아지가 엉덩이에 뿔 난다.

作为"소"的重要特征，如谚语"소는 뿔만 봐도 안다"所说，只要看到牛角不用看到全身就知道那个物体是牛。"소는 뿔을 아낀다"则是强调牛角是牛的武器，对牛来说非常重要，所以牛十分爱惜，以此来比喻人们爱惜重要的东西。"못된 송아지가 엉덩이에 뿔 난다"则是用"屁股上长角"来指责那些没有教养的人做出的不良行为。

第二，长牛黄。"部分与部分 ICM"中的"因果 ICM"中，由原因"长牛黄"代结果"牛独自承担痛苦，不为人知"的情况，隐喻人把愤怒或焦急的心情藏在心里的情形。

> 例：우황 든 소다.
> 우황 든 소 앓듯 한다.

谚语"우황 든 소다"用来比喻人抑制不住内心的愤怒不知如何是好的情况。"우황 든 소 앓듯 한다"是隐喻虽然嘴上不说，但是心里十分焦急的样子。

第三，戴鼻环。在"部分与部分 ICM"中的"动作 ICM"

中,由"工具"鼻环代动作"制约"。

例:코 꿰인 송아지다.
코뚜레 없는 송아지다.

谚语"코 꿰인 송아지다"通过带着鼻环的牛,别人牵到哪里就跟到哪里来隐喻受制于人的情况。"코뚜레 없는 송아지다"则是通过没有带鼻环的牛隐喻可以自由行动的情况。

第四,拴脖子。在"部分与部分 ICM"中的"动作 ICM"中,由"动作"拴住脖子代"结果"不自由。然后跨域隐喻人身不自由。

例:목 맨 송아지다.

谚语"목 맨 송아지다"通过拴住脖子的牛要跟着绳子走比喻不自由的境遇。

第五,牙。在"部分与部分 ICM"中的"动作 ICM"中,由"事物"牙代"动作"看牙。又由"动作"代看牙的"结果"。

例:사름 송아지는 이도 들어보지 말랬다.

隐喻"사름 송아지는 이도 들어보지 말랬다"比喻没有用的东西从刚开始就不要理。

第三节　中韩谚语语义的异同点

一、中韩谚语语义的相同点

（一）中韩谚语喻体语义的相同点

1. 中韩谚语喻体语义小类的相同点

中韩谚语喻体的语义分类和每个类别所占比重，做成表格如表 5-1 所示：

表 5-1　中韩谚语喻体语义分类占比表

谚语	写人（4.3%/19.8%）				
	写物（8.2%/4.0%）	具体（93.3%/75.7%）			
		抽象（6.7%/24.3%）			
	写自然（2.7%/4.0%）	节气（90.0%/52.2%）			
		气象（10.0%/47.8%）			
	写事理（84.8%/69.7%）	行事取法（62.2%/77.3%）	工作方法（94.4%/90.5%）	取法（60.1%/70.9%）	经验（89.1%/65.0%）
					劝诫（10.9%/16.7%）
					民俗风俗（-/18.3%）
				取法不当（33.3%/28.0%）	
				取法得当（6.6%/1.1%）	

295

续表

谚语（84.8%/69.7%）	写事理	行事取法（62.2%/77.3%）	行事难易（0.5%/2.6%）		
			积极认真（1.0%/-）		
			冷漠轻忽（1.0%/0.7%）		
			消极旁观（3.1%/4.6%）		
			主观片面（-/1.6%）		
		情势状态（37.8%/22.7%）	变化消失（5.9%/1.1%）		
			情势时机（28.0%/53.4%）	困窘（27.3%/72.9%）	
				轻重主次（6.0%/-）	
				危急（18.2%16.7%）	
				时机（48.5%/10.4%）	
			征兆声势（21.2%/3.3%）	征兆（92.0%/100%）	
				声势（8.0%/-）	
			状态程度（44.9%/42.2%）	状态（58.5%/65.8%）	
				程度（41.5%/34.2%）	

如表5-1所示，中韩谚语隐喻义的义类差别不大，各个义

类的占比相似之处大于区别。例如，在"行事取法类"的谚语中，有关"工作方法"的谚语占比分别为94.4%和90.5%明显大于"行事难易、积极认真、冷漠轻忽、消极旁观、主观片面"等其他义类的谚语。并且在有关"工作方法"的谚语中，"取法"类谚语的占比也明显大于"取法不当"和"取法得当"类的谚语。谚语的主要功能是传达经验，更实用的价值是指导人们怎么去做事，因此在谚语中，有实用意义的谚语占比就会比较大。

2.中韩谚语喻体语义大类的相同点

中国谚语中写人的谚语一共有16条，占所有谚语的4.3%，写物的谚语共有30条，占所有谚语的8.2%，有关自然的谚语共有10条，占2.7%，有关事理的谚语最多，有312条，占84.8%。韩国写人的谚语一共有113条，占所有谚语的19.8%，写物的韩国谚语共有37条，占6.5%，有关自然的谚语有23条，占4.0%，有关事理的谚语最多，有397条，占69.7%。中韩谚语比喻义的大类的占比如图5-2所示：

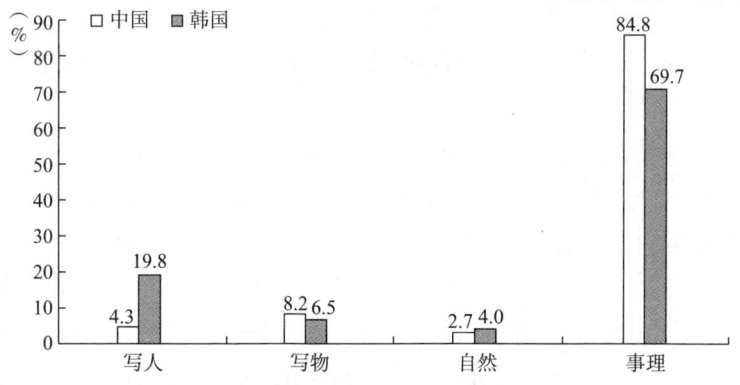

图5-2 中韩谚语喻体的语义占比图（大类）

从图5-2可以看出，中韩谚语喻体的语义中，写物和写自然的谚语占比非常相近。写自然的谚语最少，在中韩谚语中，分别占 2.7% 和 4.0%。写物的谚语分别占 8.2% 和 6.5%。写人的谚语虽然中韩的差别比较大，分别占 4.3% 和 19.8%，但是从写人、写物、写自然和写事理四个大类上比较的话，写人的谚语占比相差也不大。相较其他三个类别的谚语，写事理的谚语占比有绝对优势，分别占 84.8% 和 69.7%。这是因为，谚语的目的是用通俗易懂的话语，向人们传达知识，单纯以描述性、介绍性为目的谚语比较少，大多以传授抽象性的经验为主。写人、写物和写自然的谚语多以描述和介绍为目的，写事理的谚语多以传授经验为目的，所以中韩谚语在数量占比上都以写事理的谚语为大多数。

（二）中韩谚语语义引申过程的相同点

1. 中韩谚语中"牛/소"的语义范畴的相同点

在中韩谚语中都涉及了"牛/소"语义范畴的分类。

（1）从大类上看，都涉及了最基本的语义范畴"牛"，如"白露之后牛羊配，寒露之前鸡换羽"和"개울물에 소 건너간 자리다"中涉及的都是泛指"牛"这个动物个体。

（2）中韩谚语中也都涉及了"牛/소"的不同角度的分类。相同的分类有：

有关"颜色"的分类，如"打黄牛，惊黑牛，吓得花牛伸舌头"和"소는 검정 소고기가 맛이 있고, 개는 흰 개 고기가 맛이 있다"等；

有关"生死"的分类，如"死牛有人宰，活牛无人牵"和"산 소 한 마리는 먹어도 죽은 소 한 마리는 못 먹는다"等；

有关"公母"的分类，如"母牛的奶多，闲人的话多"和"되는 집에는 암소가 셋이고, 안 되는 집에는 계집이 셋이다"等；

有关"肥瘦"的分类，如"宁失肥牛，勿食己言"和"마

른 소에 파리 끓는다"등;

有关"性格"的分类,如"懒牛上套,不屙就尿"和"순한 소도 고삐는 매두랬다"等;

有关"年龄"的分类,如"不怕慢,只怕站,老牛慢走能爬山"和"들 적 며느리요, 날 적 소다"等;

有关"功能"的分类,如"耕牛农家宝,定要照顾好"和"농우에는 누런 소를 기르고, 육우에는 검은 소를 기르랬다"等;

有关"动作"的分类,如"长鞭不打转弯牛"和"누워서 씨르는 소"等。

(3) 有关"牛/소"的身体部位的谚语,其中,中韩谚语中相同的有:

"牛头"相关的谚语,如"按着牛头吃不得草"和"소 머리에 방울을 달아 주랬다"等;

"牛眼"相关的谚语,如"牛眼看人高"和"쇠 눈 말 눈이 크다 해도 익눈보다 큰 것 없다"等;

"牛嘴"相关的谚语,如"牛嘴吃不了磨眼里的豆"和"소 입에서 소 말 나오고, 개 입에서 개 말 나온다"等;

"牛角"相关的谚语,如"饿了吃牛犄角都觉嫩,饱了吃羊羔都觉硬"和"네 담이 아니면 내 쇠뿔이 부러지랴"等;

"牛鼻子"相关的谚语,如"牵牛要牵牛鼻子,抓鱼要抠腮帮子"和"쇠코를 제 코라고 우긴다"等;

"牛耳"相关的谚语,如"敲了牛角,震了牛耳"和"소 귀는 편편해야 성미가 순하고, 돼지 귀는 아래로 처져야 성미가 순하다"等;

"牛腹肚"相关的谚语,如"人心肝,牛肚腹"和"비지 먹은 소 배때기다"等;

299

"牛背"相关的谚语，如"牧童横骑牛背上，短笛无腔仗口吹"和"소 등에 못 실은 짐 벼룩 등에 싣는다"等；

"牛蹄"相关的谚语，如"牛蹄尖，马蹄圆，无事不到你门前"和"쇠 짐 기운 데 돌로 쇠발받치기다"等；

"牛毛"相关的谚语，如"拔一根毛惊走一头牛"和"소 털 뽑아 제 구멍에 꼽기다"等；

"牛皮"相关的谚语，如"斧利不怕牛皮韧，大火不怕柴草湿"和"불 탄 쇠가죽 오그라지듯 한다"等；

"牛肉"相关的谚语，如"老牛肉有嚼头，老人言有听头"和"소 살에 말 뼈다""벼락 맞은 소고기 나누어 먹듯 한다"。

这些有关牛的相同的分类都是基于牛的生理特征等特点进行的分类，在对牛这些最基本的特征的观察上，中韩两国存在着共通之处。

2. 中韩谚语中"牛/소"的取象点及其引申意义的相同点

前文对中韩谚语中"牛/소"的语义引申过程做了分析，通过把这些语义进行范畴化的归纳，可以得到谚语中出现的所有"牛/소"的语义引申关系图表，如表5-2所示：

表5-2 中国谚语中"牛"的语义取象点及其语义引申表

	物理特征	体积大	大的事物	大的利益		
牛			数量多			
	生理特征	能力	力量大	劳动力	耕田	财产
					拉车	
					拉磨	
				健壮		
			产奶	无私奉献		
			产肉			

续表

牛	生理特征	食性	吃草	吃夜草			
			喝水				
		习性	放养				
			爱顶角	爱打架	脾气犟	正直、忠诚	
			爱撩蹄子				
			怕冷				
			行动慢	活动范围小			
				愚笨			
			繁殖				
		特征	牛角				
			牵牛鼻子				

表 5-3 韩国谚语中"소"的语义取象点及其语义引申表

소	物理特征	体积大	大的事物	大的利益		
			数量多			
			价值大			
			强大的人			
			重量大			
	生理特征	能力	力量大	劳动力	耕田	
					驮东西	
					饲养	
					任劳任怨	
					财产	
					重要	

301

续表

牛	生理特征	能力	产牛皮、牛肉	祭品	
			破坏财物		
			说、笑、咬人		
			对环境敏感	对气味敏感	
				预报天气	预示
		食性	吃草、粮食、盐、豆子		
			喝水		
			食量大	吃得多	
				喝得多	
			早上喂		
		习性	放养		
			蹭痒		
			喜欢躺着		
			赶着走		
			排便	不利索	
			与其他动物无交流		
			物以类聚		
			行动慢	坚持不懈	
				迟钝、愚笨	木讷
					能忍耐
					值得信赖
			叫声		
			繁殖	母亲	母爱

续表

소	生理特征	习性	怕冷	
			脾气犟	
			蹦跳	受到惊吓
				性格嚣张
		特征	老牛识途	
			牛角	
			长牛黄	
			戴鼻环	
			拴住脖子	
			牙	

"牛/소"的语义可以分为从物理特征和生理特征两大部分，物理特征主要指牛的体积大，生理特征包括能力、食性、习性和特征4个分类，每个分类中还可以分为语义更加细致的小类。中韩谚语中相同的"牛/소"的语义取象点有以下几类。

（1）从物理特征"体积大"所引申出来的意义看，中韩谚语中有两个相同的义项，都是隐喻而来的。一个是比喻"大的事物"或"大的利益"，如"丢下黄牛撵蚊子"指"丢下大的利益去追求小的利益"，比喻因小失大。"남이 둔 것은 소도 못 찾는다"指"남이 둔 물건은 큰 물건이라도 찾아내기가 어렵다는 뜻"，"소"隐喻为"大的事物"。"体积大"还可以从空间域跨越到数量域，比喻"数量多"。如"九牛之一毛，大海之一滴"和"소 아홉 마리에서 털 하나다"中"牛/소"都引申为"数量多"。

303

（2）两国谚语从生理特征引申出来的意义都包括"能力""食性""习性""特征"四个方面。

第一，从生理特征中的一种"能力"——"力量大"所引申出来的意义看，中韩谚语中都从基本的转喻义"力量大"引申为"劳动力"，如"牛是宝中宝，出力只吃草"中的"牛"和"눈 먼 소에 멍에가 아홉이다"与"보지 못하는 소에 멍에가 아홉이다"中的"소"都是以"劳动力"的义项出现的。由"劳动力"还可以引申为"耕田"和"财产"。如"炒菜要油，耕田要牛"和"밭갈이 못하는 소가 멍에 나우란다"中，牛都是代表耕田的劳动力。在"贪得一头牛，失却半年粮；争得一头牛，反失一群羊"和"소는 농가에서 땅 다음 가는 재산이다"中，都把牛看作是大的财产。

第二，在有关"食性"引申出的义项中，"吃草、喝水"是中韩谚语的共同点。如"草入牛口，其命不久"与"풀에 소 살찐다"是关于牛吃草的谚语。"牛渴自然会下河"与"목 마른 송아지 우물 들여다보듯 한다"是关于牛喝水的谚语。

第三，在牛的"习性"中，两国的共同点是"放养、怕冷、愚笨、繁殖和脾气犟"。涉及"牛/소"放养的谚语有"牛儿常放，膘肥体壮"讲要经常放牛，牛才能长得好。"서쪽에 무지개가 뜨면 강 건너 소 몰고 오랬다"这几条谚语讲的都是天气要下雨的时候不要在水边放牛，这里涉及的都是牛放养的习性。"牛老怕惊蛰，人老怕大寒"中，老人和老牛都怕冷，牛怕惊蛰乍暖还寒的时候，人怕大寒一年之中最冷的时候。"동상갑에 비가 오면 우마가 동사한다"与"춘상갑자일에 비가 오면 혹한으로 소돼지가 얼어죽는다"就是讲在寒冷的节气牛会被冻死。"对牛弹琴"和"소에게 거문고 소리 들려주기다"来自典故"对牛弹琴"，常用来隐喻人很愚笨。"母牛养

母牛,三年五头牛"就是从牛繁殖的角度,讲母牛生了母牛之后,家里的牛越养越多,劳动力和财产也就越来越多。"黑汉犟牛铁青马,青沙骡子不用打"是通过类比集中脾气倔强的东西,比喻脾气太过于倔强,顽固不化。"만 마리의 소도 못 당할 고집이다"用牛的脾气犟隐喻人的脾气犟。

第四,在表示牛的"特征"的引申义中,作为牛最突出的特征,中韩都有关于"牛角"的谚语。如"牛的犄角易躲,人的舌头难避"和"소는 뿔을 아낀다"中,牛角用来隐喻伤人的利器。

二、中韩谚语语义的不同点

(一) 中韩谚语喻体语义的不同点

1. 中韩谚语喻体语义小类的不同点

中韩谚语除了个别义项,在具体类别上的差异不大,但在数量占比上有所区别。在类别上,在"写物"的谚语中,中国谚语绝大部分都是描写具体事物的,比例高达93.3%,写抽象事物的谚语只有6.7%。而韩国谚语有写抽象事物的谚语有24.3%。写自然的谚语中,中国谚语描写节气的谚语高达90.0%,而韩国谚语中,描写节气的谚语只有52.2%,大部分谚语是有关气象的。如"무지개가 서쪽에 서면 강 건너에 소를 매지 말랬다"等谚语是通过对天气变化时牛的反应来预测天气的。在表示"情势时机"的谚语中,韩国谚语有关"困窘"的谚语比较多,占比达72.9%,如"농우 팔아 세금 내고, 집 헐어 물 땐다"就是写农民生活窘迫的谚语;中国谚语中"困窘"的谚语只占27.3%。而与"时机"相关的谚语则是中国谚语比较多,占48.5%,如"春耕到,牛是宝"就讲事物的价值是随着时机的改变而不同的;"时机"相关的韩国谚语只

占 10.4%。而关于"征兆声势"的谚语，中国有 21.2%，而韩国只有 3.3%。

2. 中韩谚语喻体语义大类的不同点

从表 5-1 可以看出，中韩谚语比喻义的差别主要在写人和写事理的谚语数量上。韩国写人的谚语占比是中国的 4.6 倍，而中国写事理的谚语占比要比韩国多 15.1 个百分点。相对来讲，写人的谚语更加注重对人的观察，以谚语的形式形象的描写人的各种特征，如"더운 여름 그늘에 누운 소처럼 일하지"中就把人悠闲自得不干活的状态，用一个形象的场景诠释得非常到位。而写事理的谚语要更加的抽象，因为事理本事就是一个抽象的概念，如"吃饭要知牛马苦，着丝应记养蚕人"。就是在两件具体的事件中，提取出想要讲的道理"做人要懂得感恩"。所以说，写人的谚语更多的是场景的对应，为的是更好的诠释"人"这个具体事物，写事理的谚语更多的是从场景中提取额外的意义，从具体中引申出抽象的意义。

（二）中韩谚语语义引申过程的不同点

1. 中韩谚语中"牛／소"的语义范畴的不同点

（1）中韩谚语语义范畴的分类中，只在中国"牛"谚语里出现的有：

有关牛的"习性"的分类，如"水牛再大也撑不上兔子"等；

有关牛的"饱饿"的分类，如"使饱牛，骑饿马"等；

有关"外貌特征的分类，如"无角牛爱顶撞"等。

（2）只在韩国谚语里出现的有：

有关"大小"的分类，如"큰 소가 나가면 작은 소가 큰 소 노릇한다"等；

有关"好坏"的分类，如"나쁜 소도 좋은 송아지를 낳는다"等；

有关"速度"的分类，如"빠른 소나 느린 소나, 웅덩이 가기는 일반이다"等；

有关"价值"的分类，如"서 푼짜리 소"等；

有关"所属"的分类，如"남의 소 도망치는 것은 구경거리라고"等；

有关"所处的位置"的分类，如"도랑에 든 소다"等；

有关"遭遇"的分类，如"꼬리 없는 소가 남의 소 등에 파리 쫓는다"等；

按"소"的其他特点分，还有"불쌍한 소、삶은 소、새끼 많은 소"等。

（3）有关"牛"的身体部位的谚语中，只在中国"牛"谚语里出现的有：

"牛肋巴"相关的谚语，如"牛肋巴再长也是向里弯"等；

"牛膘"相关的谚语，如"若要牛膘好，多吃露水草"等。

（4）只在韩国"소"谚语里出现的有：

"牛下巴"相关的谚语，如"목초기 짧으면 소 터이 부딪쳐 붓는다"等；

"牛脖子"相关的谚语，如"쇠목에 방울달기다"等；

"牛乳头"相关的谚语，如"소 젖꼭지는 붉어서 새끼를 잘 낳는다"等；

"牛腿"相关的谚语，如"내일 쇠다리보다 오늘 개 다리가 낫다"等；

"牛蛋"相关的谚语，如"소 불알 떨어질까 하고 장작 지고 따라다닌다"等；

"牛尾巴"相关的谚语，如"비 오는 날 쇠꼬리 같다"等；

"牛骨头"相关的谚语，如"소 뼈를 집안에 매달아 놓으면 잡귀가 못 들어온다"等；

"牛筋"相关的谚语，如"질기기는 쇠심줄이다"等。

首先，从分类的数量上可以看出，韩国谚语中出现的"소"语义要远远多于中国谚语，可以说明韩民族对"소"的观察更加得细致入微。数量差别最大的是第二类谚语，即与基本层次"소"相邻近的类层级结构——各种各样的牛。但是值得注意的一点是，由于韩语在语言类型学上的特点，把修饰语相叠加放在名词前表达一个完整的语义是一个非常普遍的做法，如"엉덩이（방둥이）부러진 소、걸음새 뜬 소、누워서 씨르는 소"等。而这些表达如果放在中文里，常常会改为主谓结构的短语形式，如"牛摔坏了屁股、老牛慢走、牛躺着打架"等。所以，中韩谚语在牛的语义数量上的差别，原因并非那么单纯。但是，除去语言类型上的差异所带来的影响，还是可以肯定韩国谚语中的语义要比中国的更加细致、详尽。

2. 中韩谚语中"牛／소"的取象点及其引申意义的不同点

（1）从物理特征"体积大"所引申出来的意义看，除了"大的事物"和"数量多"这两个义项之外，韩国谚语中"소"的语义还多了"价值大""强大的人"和"重量大"三个义项。如谚语"외상이면 소도 잡아먹는다"是指借来钱之后就只看现在不管以后乱买贵的东西。在这里"소"隐喻为"价值大东西"；"쇠파리가 소를 쫓는다"中，通过对牛与牛蝇大小的对比，隐喻映射到形容人的强大与弱小的对比上；"봄바람이 소를 넘어뜨린다"指春风能把很重的牛吹倒，比喻春天风很大。

（2）从生理特征"能力"所引申出的基本语义"力量大"引申出的各项语义中，中国的谚语中首先引申出"劳动力"和"健壮"两个义项，韩国只有"劳动力"一项。从"劳动力"引申出的语义中，中韩谚语中只有"耕田"和"财产"是相同的。牛在中国除了耕田还可以拉车和拉磨，而在韩国则是驮东

西。这也间接反映了两国在使用牛方式上的不同。同样是作为运输工具，中国多用牛来拉车，货物和人在车上由牛拉着走，如"驴走牛不拉"；而韩国多使用驮鞍，如"소가 길마 무서워 드러누울까"。韩国谚语中，"소"从"劳动力"还能引申出"饲养、任劳任怨和重要"几个义项。如"소같이 벌어서 쥐같이 먹어라"是讲的要像牛一样干活，因为牛拥有任劳任怨的品质，所以谚语中劝诫人们也要任劳任怨。"며느리는 소 잘 되는 집에서 얻으랬다"是婚嫁之前男方考察女方的一项条件，媳妇要从牛养得好的人家中娶，谚语中涉及的是有关牛的饲养方面的信息。"농사꾼은 아비 없이는 살아도 소 없이는 못 산다"和"아버지 없이는 농사를 지어도，소 없이는 농사를 못 짓는다"中牛是辅助农家的劳动力，所以十分的重要。这句谚语中强调了牛的重要性。

在从"能力"引申出的其他语义中，中国谚语中出现了"产奶和产肉"两个义项，其中牛由于吃青草产奶还用来隐喻"无私奉献的人"。同样是用牛来比喻人优秀的品质，韩国谚语从"劳动力"的角度，引申出"任劳任怨，有韧性"的品质；而中国谚语则是通过"产奶"这一角度，引申出"只求付出，不求回报的奉献精神"。除了"产牛肉"这个共同点，中国谚语提到"产奶"，而韩国则是"产牛皮"，如"갖바치는 소 죽기만 고소원한다"。另外，韩国谚语中还出现了牛"破坏财物"，如"콩밭에 소를 풀어 놓고도 할말이 있다"；牛不会说话"소더러 한 말은 안 나도，처더러 한 말은 난다"；咬人"소에게 물리고，말에게 뜨였다"等。其中最为特殊的是韩国谚语中，牛通过"对环境变化敏感"的特点还引申出了"预报天气"和"预示的能力"，比如"밭갈이하는 소가 발을 핥으면 비가 온다"是讲如果牛耕田的时候舔牛蹄子就预示着将要

下雨;"소가 밤에 울면 주인이 죽는다"讲如果牛在半夜里叫唤预示着主人将要去世。韩国谚语中，还出现了把牛肉当做祭品、贡品的引申义，如"검정 소가 진상 간다"是讲因为黑牛的味道好，所以常用来进贡，体现的是牛被当做贡品的特征。

（2）在有关"食性"引申出的义项中，除了"吃草、喝水"是共同点之外，韩国谚语中的"소"还"吃粮食、豆子和盐"，如"정월 보름날 아침 소가 밥을 먼저 먹으면 풍년 들고, 나물을 먼저 먹으면 흉년 든다"中，牛不仅吃草还吃粮食;"늙은 소라고 콩 주는데 마다다 할까"中牛吃的是豆子;"소금 먹은 소, 굴 우물 들여다보듯 한다"中讲到了牛吃盐。韩国谚语中还出现了牛"食量大"的特点，如"소같이 먹는다"比喻人吃得多;"소같이 마시고, 말같이 먹는다"与"소 뜨물 먹듯 한다"则是比喻人喝得多。关于喂牛长膘的方法，两国也不同。在中国要想让牛长膘，要"喂夜草"，就是晚上给牛加餐，如"菜不移栽不发，牛无夜草不肥";而韩国为了让牛长膘，要"早上喂饲料"，如"아침 꼴에 소는 살찌고 농사는 잘 된다"。

（3）在牛的"习性"中，两国谚语的区别是，中国突出牛"爱顶角、撩蹄子"的特点，由此引申出牛"爱打架、脾气犟和正直"的义项，如"宁做穷家的牛，不做富家的狗"。而韩国谚语中，体现了牛的很多生活细节上的特点，如"靠在一个分地方蹭痒"，以此隐喻"人需要有依靠"，如"도깨비도 숲이 있어야 모이고, 소도 언덕이 있어야 비빈다"隐喻"喜欢躺着、赶着走、不利索、与其他动物无交流、同类相吸"等。其中"与其他动物无交流"隐喻"漠不关心"，如"소 닭 보듯, 닭 소 보듯한다";"吸引同类"隐喻"物以类聚，人以群分"的道理，如"소 우는 데 소 가고, 말 우는 데 말 간다"。还有

一个韩国谚语独有的特点,就是用"牛"来隐喻"女人",中国谚语则很少用牛去形容女人。

此外韩国谚语中对"소"的习性观察的取象点非常丰富,还涉及牛"排便""叫声""蹦跳""老牛识途"等。如"누운 소 똥 싸듯 한다"通过描写牛躺着排便的情景,隐喻做某事非常轻松不费力。"소가 울면 들릴 거리다"中因为叫声小,指代的距离不远。"날뛰는 소는 새끼로 묶어서는 안 된다"隐喻对穷凶极恶的人要施以重刑,不然没有效果,在这句谚语中蹦跳这个动作比喻"性格嚣张"。"늙은 소 밤길 가듯 한다"是讲老牛识途,晚上看不清也能根据记忆找到路。

另外,即使是中韩谚语中都涉及的义项,韩国谚语中的引申含义往往也非常丰富。如有关"繁殖"的谚语,涉及的方面就比较多。如韩国谚语中十分重视牛的繁殖,有很多关于生小牛时的风俗民俗有关的谚语,如"소가 새끼를 나면, 바로 송아지 덧굽을 떼어 천에 싸서 어미 소 왼뿔에 걸어 준다"等。"송아지는 이웃 황소 닮고, 자식은 아비를 닮는다"是通过牛的遗传现象,比喻父子之间的亲子遗传现象。"송아지는 첫 젖을 먹이랬다"是关于牛犊得饲养方法的谚语。另外韩国谚语中还把生小牛看作是收获意外之财,如"되는 집에는 황소가 새끼를 낳는다"就隐喻家丁兴旺,有意外之财。从繁殖还可以引申到"母亲、母爱"的义项,如"열 새끼 낳은 소 멍에 벗을 날 없다"比喻孩子很多的母亲忙于照顾孩子十分的辛苦。"소 제 새끼 핥아 주듯 한다"则是用母牛对小牛的舐犊之情比喻人间母爱的谚语。在表示"脾气犟"的时候,韩国谚语中还常常表达"平时性格温顺的人,发起脾气更可怕"这一层意思,如"말 없는 소가 성낸다"与"순한 황소가 뜨면 더 무섭다"都强调的是平时看起来话不多或很温和的人一旦发起脾气来反而更可怕。

（4）在表示"特征"的谚语中，中国"牛"谚语中有关于"牵牛鼻子"的引申含义，"牵牛要牵牛鼻子，抓鱼要抠腮帮子"是通过牵牛与抓鱼的要领隐喻做事要抓住要领——牛的力气很大，赶牛不用技巧，是很难赶得动牛的，而牵牛鼻子是最省事的办法，因此，谚语中用牵牛鼻子隐喻"做事的技巧"。同样与牛鼻子有关，韩国引申出的是"戴鼻环"的含义，如"코 꿰인 송아지다"通过带着鼻环的牛，别人牵到哪里就跟到哪里来隐喻受制于人的情况。"코뚜레 없는 송아지다"则是通过没有带鼻环的牛隐喻可以自由行动的情况。除了以上引申义，韩国谚语中有关牛特征的语义还有"长牛黄""拴住脖子"和与"牙"有关的谚语。如"우황 든 소 앓듯 한다"是隐喻虽然嘴上不说，但是心里十分焦急的样子。"목 맨 송아지다"通过拴住脖子的牛要跟着绳子走比喻不自由的境遇。"사릅 송아지는 이도 들어보지 말랬다"比喻没有用的东西从刚开始就不要理。

通过把中韩谚语中"牛／소"的语义进行范畴化的归纳，得到谚语中出现的所有"牛／소"的语义引申关系图表。可以发现，韩国谚语中对"牛／소"的语义取象点更加注重细节，所取象的原型语义更加丰富。由于中韩语言类型、生活习惯、以及观察角度的不同，相同的取象点所引申出的含义也不尽相同。

第六章 结论

本书以概念整合理论、概念隐喻与转喻理论为理论基础，从认知语言学的角度，展开了对中韩谚语隐喻认知角度的多维对比研究。在谚语实例的分析过程中，总结出了一套从谚语隐喻的形式、隐喻的形成方式和隐喻义三个层面综合分析谚语隐喻的理论框架。其中，借助概念整合理论的分析方法，把谚语隐喻的形式分为糅合、叠加、截搭和直搭四个基本类型，对于形式复杂的谚语，还可以把这四种单纯的整合类型进行组合后进行分析。其次，本书参考了隐转喻的分类方法与标准，根据中韩谚语的实际情况，总结出了谚语隐喻形成方式的模型并画出八种相应的图示（参见图4-1至4-8），并用此分类方法对中韩谚语进行了分析总结。最后，本书在对谚语中"牛/소"的语义引申过程进行分析时，把"牛/소"的基本特征分为物理特征、生理特征两大类，并根据谚语中出现的"牛/소"的语取象点义，考察"牛/소"语义引申的路径并呈现在表格中（参见表5-2和5-3），并分析了异同点。

本书运用定量分析的方法，对中韩谚语的多个层面进行穷尽式的统计分析。本研究的语料来源于中韩收录动物谚语最全面的词典，并从中整理出中韩有关"牛/소"的谚语368条和570条，建立独立语料库，对中韩谚语分别进行多维统计，按照百分比进行对比分析，借助图表、图例解释语言规律，从原

始数据出发总结谚语中的现象。

通过对中韩谚语形式的分析，可以发现：①中韩谚语中，糅合类谚语的占比最少，因为糅合类整合的过程最为复杂。在糅合类谚语中，韩国谚语中语法标志都参与了谚语语义的构建，更加明确两个概念之间的关系；而中国谚语糅合的方式更加抽象。②中国的叠加类谚语不仅所占比重更大，而且种类也更加丰富，说明叠加类谚语在汉语中的使用更加普遍。中国谚语喜用叠加的表现形式，注意语句的韵律性和音乐性；同时喜欢用对偶，造成一种匀称对应的整齐美。③中韩谚语在截搭类谚语中差异最大。无论从数量的占比还是下级的分类来看，韩国的截搭类谚语都要比中国的截搭类谚语要丰富得多。其中，以物为喻体的谚语具有区别于中国谚语非常显著的特征，而且数量也比较多。④两国直搭类谚语的比例都很高。因为直搭类整合是四种整合类型中逻辑思维最简单的一种。中国谚语以直搭中包含叠加的类型居多，韩国谚语以直搭中包含直搭类型居多。

在分析中韩谚语隐喻的形成方式时根据隐喻和转喻的互动关系把中韩谚语隐喻与转喻的相互作用模式分为转喻、来自转喻的隐喻和隐喻三大类型。其中，转喻又分为单纯的转喻、转喻中包含转喻和转喻中包含隐喻三种，来自转喻的隐喻分为连续转喻类隐喻和典故类隐喻，隐喻又分为一个输入域的隐喻、两个输入域的隐喻和三个及以上输入域的隐喻。通过相对应的隐转喻模型，对中韩谚语隐喻的形成方式进行了对比分析。

在转喻类谚语中，韩国的单纯转喻与转喻中包含转喻类谚语的比重比中国谚语大，转喻中包含隐喻类谚语的比重比中国谚语小。在来自转喻的隐喻类谚语中，中国的典故类谚语占比更大，而韩国则是连续转喻类谚语占比更大。在一个输入域的隐喻类谚语中，韩国谚语都偏向于转喻一端，绝大部分是一个输入域的隐喻；而中国谚语倾向于隐喻一端，抽象性更强的两个输入域的谚语数量更多，并且还出现了三个及以上输入域的隐喻类型。以上对比结果都可以说明，中国谚语更加趋向于隐喻性，韩国谚语更加趋向于转喻性。谚语隐喻形成方式的类型可以根据其转喻和隐喻的程度分布在一个连续体的不同位置。通过对比前四位、占比总和达到80%左右的几个谚语类型，也可以发现，中国谚语与韩国谚语相比，偏向隐喻端，语义演变更加抽象化，而韩国谚语则偏向转喻端，语义演化更加的具体化、形象化。中韩谚语隐喻的形成方式中，最大的差别之处在于来自转喻的隐喻与隐喻这两个类型，中国的隐喻类谚语要远远大于其他类型的谚语和韩国的隐喻类谚语。这说明，在中国谚语中，隐喻是最具有代表性的语义引申方式，而韩国谚语更为具体和细腻，更加偏向转喻。

本书从谚语的隐喻义和谚语中"牛／소"的语义两个方面对比分析了中韩谚语的语义。通过对中韩谚语的隐喻义进行对比后发现，中韩谚语都以写事理的谚语为主，差别主要在写人和写事理的谚语数量上。写人的谚语更多的是场景的对应，为的是更好的诠释"人"这个具体事物，写事理的谚语更多的是从场景中提取额外的意义，从具体中引申出抽象的意义。

通过对中韩谚语中"牛／소"的语义分析发现，有关"牛／소"的相同的分类都是基于物理特征和生理特征，在对"牛／소"这些基本特征的观察上，中韩两国存在着共通之处。从分类的数量上可以看出，韩国谚语中出现的"소"语义要远远多于中国"牛"谚语，可以说明韩民族对"소"的观察更加得细致、详尽。通过把中韩谚语中"牛／소"的语义进行范畴化的归纳，可以发现，韩国谚语中对"소"的语义取象点更加

注重细节，所取象的原型语义更加丰富。由于中韩语言类型、生活习惯以及观察角度的不同，相同的取象点所引申出的含义也不尽相同。

谚语语义的认知研究应包括谚语规约语义的形成和在实际运用中的语义的形成两个方面。由于语料库现在无法检索出句子单位的语料，所以对于谚语在篇章中的语义形成过程，本书没有涉及，希望在今后的研究中能够进行扩展。本书中对第五章谚语的语义部分只考察了谚语喻体的语义和"牛/소"的语义引申过程，另外，由于篇幅有限，"牛/소"的语义只选取了单纯指事物"牛/소"的语义，其他语义未涉及。由于语义部分可写的内容丰富，限于篇幅，本书中未做扩展，语义部分内容不够充足，今后可以做进一步扩充。

参考文献

一、中文著作

1. 郭锦桴:《汉语与中国传统文化》,中国人民大学出版社1993年版。
2. 韩省之主编:《中国成语分类大词典》,新世界出版社1989年版。
3. 王德春:《语言学概论》,北京大学出版社2006年版。
4. 李福印编著:《认知语言学概论》,北京大学出版社2008年版。
5. 李庆军编著:《谚语分类词典》,黄山书社1991年版。
6. 厉振仪编:《常用谚语分类词典》,上海大学出版社2007年版。
7. 邱胜、闫卫民编著:《生肖成语谚语俗语歇后语词典》,商务印书馆2006年版。
8. 孙维张:《汉语熟语学》,吉林教育出版社1989年版。
9. 束定芳编著:《认知语义学》,上海外语教育出版社2008年版。
10. 束定芳主编:《隐喻与转喻研究》,上海外语教育出版社2011年版。
11. 束定芳主编:《认知语言学研究方法》,上海外语教育出版社2013年版。

12. 唐雪凝、许浩:《现代汉语常用成语的语义认知研究》,社会科学文献出版社 2010 年版。
13. 王理嘉、侯学超编著:《分类成语词典》,广东人民出版社 1985 年版。
14. 王文斌、毛智慧主编:《心理空间理论和概念合成理论研究》,上海外语教育出版社 2011 年版。
15. 王正元:《概念整合理论及其应用研究》,高等教育出版社 2009 年版。
16. 温端政、上海辞书出版社语文辞书编纂中心主编:《分类谚语词典》,上海辞书出版社 2005 年版。
17. 温端政主编:《中国谚语大辞典》,上海辞书出版社 2011 年版。
18. 温端政等编著:《中国谚语大全》,上海辞书出版社 2004 年版。
19. 徐汉华编著:《中外谚语分类词典》,陕西人民教育出版社 1987 年版。
20. 张辉主编:《认知语义学研究》,上海外语教育出版社 2011 年版。
21. 张辉:《熟语及其理解的认知语义学研究》,军事谊文出版社 2003 年版。
22. 张敏:《认知语言学与汉语名词短语》,中国社会科学出版社 1998 年版。
23. 周静琪编著:《汉语谚语词典》,商务印书馆 2006 年版。
24. 《分类成语词典》编纂组编:《分类成语词典》,吉林大学出版社 2004 年版。
25. 《汉语谚语歇后语俗语分类大词典》编写组编:《汉语谚语歇后语俗语分类大词典》,内蒙古人民出版社 1987 年版。

26. 本词典编纂组编:《写作成语分类词典》,解放军出版社1989年版。
27. 姚喜明、毛瑞蓓:《概念整合与动物习语的翻译》,载王维波、耿智主编:《译学辞典与翻译研究——第四届全国翻译学辞典与翻译理论研讨会论文集》,外语教学与研究出版社2008年版。

二、中国期刊论文

1. 洪董植:《中韩谚语的名称》,载《九江师专学报》1995年第4期。
2. 黄玉花:《汉韩语言对比研究的现实困境与路径选择》,载《吉林大学社会科学学报》2015年第3期。
3. 蒋静:《汉语俗语的概念整合现象考察》,载《云南师范大学学报(对外汉语教学与研究版)》2009年第3期。
4. 李福印:《意象图式理论》,载《四川外语学院学报》2007年第1期。
5. 刘正光:《论转喻与隐喻的连续体关系》,载《现代外语》2002年第1期。
6. 卢卓群:《成语的特点及其变式》,载《语文建设》1987年第3期。
7. 倪宝元、姚鹏慈:《等义成语四题》,载《中国语文》1995年第1期。
8. 沈家煊:《概念整合与浮现意义——在复旦大学"望道论坛"报告述要》,载《修辞学习》2006年第5期。
9. 沈家煊:《"糅合"和"截搭"》,载《世界汉语教学》2006年第4期。
10. 束定芳:《隐喻和换喻的差别与联系》,载《外国语(上海外国语大学学报)》2004年第3期。

11. 仝宇飞:《中韩语言交际中的谚语例证分析》,载《洛阳大学学报》2006年第3期。
12. 王红梅、董桂荣:《概念整合理论与习语的理解》,载《安徽理工大学学报(社会科学版)》2006年第3期。
13. 王文斌:《再论隐喻中的相似性》,载《四川外语学院学报》2006年第2期。
14. 魏在江:《概念整合、语用推理与转喻认知》,载《四川外语学院学报》2007年第1期。
15. 张辉、季锋:《对熟语语义结构解释模式的探讨》,载《外语与外语教学》2008年第9期。
16. 张辉、季锋:《成语组构性的认知语言学解读—熟语表征和理解的认知研究之二》,载《外语教学》2012年第2期。
17. 张敏:《从类型学和认知语法的角度看汉语重叠现象》,载《国外语言学》1997年第2期。
18. 张炜炜、刘念:《认知语言学定量研究的几种新方法》,载《外国语(上海外国语大学学报)》2016年第1期。
19. 张瑜等:《熟悉与不熟悉成语语义启动的事件相关电位研究——熟语表征和理解的认知研究之一》,载《外语研究》2012年第1期。
20. 郑凤然:《中韩谚语比较》,载《苏州教育学院学报》2000年第2期。
21. 朱凤云、张辉:《熟语语义的加工模式与其影响因素》,载《外语研究》2007年第4期。

三、中国硕博学位论文

1. 卜玉坤:《认知视阈下科技英语喻义汉译研究》,东北师范大学 2011 年博士学位论文。

2. 蔡心交:《越汉成语对比研究》,华东师范大学 2011 年博士学位论文。

3. 陈晦:《英汉植物词语对比研究》,上海外国语大学 2012 年博士学位论文。

4. 陈家旭:《英汉隐喻认知对比研究》,华东师范大学 2004 年博士学位论文。

5. 陈雪梅:《〈红楼梦〉隐喻的多维研究》,华中师范大学 2006 年硕士学位论文。

6. 陈映戎:《英汉植物隐喻的跨文化理解研究》,华东师范大学 2012 年博士学位论文。

7. 房娜:《从视觉到认知:汉英视觉域词汇语义演变的认知对比研究》,上海外国语大学 2018 年博士学位论文。

8. 桂朴成:《汉泰熟语对比研究》,上海外国语大学 2009 年博士学位论文。

9. 黄曼:《构式视角下的汉英习语变异研究》,华中师范大学 2013 年博士学位论文。

10. 金菊花:《朝鲜后期汉译谚语集〈耳谈续纂〉语言对比研究》,中央民族大学 2010 年博士学位论文。

11. 金晶银:《汉韩情感概念隐喻对比研究——以"喜、怒、哀、惧"为语料》,中央民族大学 2012 年博士学位论文。

12. 寇福明:《汉英谚语对比研究》,中央民族大学 2007 年博士学位论文。

13. 李丽虹:《汉英温觉词语义对比研究》,中央民族大学 2012 年博士学位论文。

14. 李少虹:《汉语并列四字格的文化意义研究》,载《温州大学学报(社会科学版)》2013 年第 1 期。

15. 李英兰:《汉韩饮食词汇隐喻对比研究》,华东师范大学 2017 年博士学位论文。
16. 刘法公:《隐喻汉英翻译原则研究》,华东师范大学 2008 年博士学位论文。
17. 刘翼斌:《概念隐喻翻译的认知分析——基于〈哈姆雷特〉对比语料库研究》,上海外国语大学 2010 年博士学位论文。
18. 刘志成:《英汉人体词一词多义认知对比研究》,上海外国语大学 2014 年博士学位论文。
19. 吕红周:《符号学视角下的隐喻研究》,黑龙江大学 2010 年博士学位论文。
20. 潘明霞:《汉英"身物互喻"词汇对比研究》,安徽大学 2012 年博士学位论文。
21. 阮秋茶:《汉越语爱情隐喻对比研究》,华中师范大学 2013 年博士学位论文。
22. 曲英梅:《基于语料库的英汉动名化对比研究》,东北师范大学 2009 年博士学位论文。
23. 索伦嘎:《汉蒙人体成语对比研究》,东北师范大学 2013 年博士学位论文。
24. 石洛祥:《中国英语学习者惯用语块习得研究——基于隐喻认知的视角》,西南大学 2009 年博士学位论文。
25. 王松鹤:《隐喻的多维研究》,上海外国语大学 2009 年博士学位论文。
26. 王欣:《英汉借词范畴化认知研究》,华中师范大学 2012 年博士学位论文。
27. 万华:《基于汉语熟语英译的趋返模式研究》,上海外国语大学 2014 年博士学位论文。
28. 武恩义:《英汉典故对比研究》,中央民族大学 2005 年博士学位论文。

29. 武氏梅花:《越汉植物词隐喻对比较研究》,华东师范大学 2014 年博士学位论文。
30. 薛亚红:《英汉颜色词次范畴对比研究》,东北师范大学 2013 年博士学位论文。
31. 叶琳:《英汉习语理解模式及使用策略研究》,华中科技大学 2012 年博士学位论文。
32. 张勇:《维吾尔谚语研究》,新疆大学 2005 年博士学位论文。
33. 赵学德:《人体词语语义转移的认知研究》,复旦大学 2010 年博士学位论文。
34. 赵允敬:《现代汉语单音节形容词的认知语义研究》,复旦大学 2011 年博士学位论文。
35. 余莉莉:《中文熟语认知中的整体加工与成分加工研究》,天津师范大学 2014 年博士学位论文。
36. 李海英:《中国传统思维方式与汉朝语言转换——以整体思维和具象思维为中心》,中央民族大学 2006 年硕士学位论文。
37. 李艳红:《中韩两国惯用语对比与翻译——以谚语对比为中心》,中央民族大学 2006 年硕士学位论文。
38. 李游:《韩中动物谚语的语义对比研究——以"牛"和"马"为中心》,延边大学 2015 年硕士学位论文。
39. 苏妍:《中韩动物谚语的比较分析》,山东大学 2003 年硕士学位论文。
40. 姜德昊:《中韩谚语比较研究》,山东大学 2005 年硕士学位论文。

四、韩文著作

1. 강준만:《한국생활문화사전》, 인물과사상사, 2006.
2. 고대민속문화연구소:《한국민속대관 6》, 고려대학교민족문화연구소, 1982.
3. 김도환:《한국속담활용사전》, 한울아카데미, 1995.
4. Nick Riemer:《의미론의 길잡이》, 임지룡, 윤희수, 옮김, 한국문화사, 2013.
5. 송제선:《동물속담사전》, 동문현, 1997.
6. 윤영은:《언어의 의미 및 화용이론과 실제》, 한국문화사, 2013.
7. 이기문:《속담사전》, 일조각, 2005.
8. 이승훈:《문학으로 읽는 문화상징사전》, 푸른사상, 2009.
9. 임지룡:《의미의 인지언어학적 탐색》, 한국문화사, 2008.
10. 한국문화상징사전편찬위원회:《한국문화상징사전》, 동아출판사, 1992.

五、韩国期刊论文

1. 김동환,《개념적 혼성과 의미구성 양상》, 언어과학연구 21, 2002.
2. 김동환,《개념적 혼성에 입각한 은유의 의미구성》, 담화와 인지 11 (1), 2004.
3. 김동환,《개념 통합 연결망의 유형 연구》, 언어과학연구 60, 2012.
4. 심지연,《국어 관용어 의미에 나타나는 은환유성에 대한 연구》, 한국어 의미학 28, 2009.
5. 안종복,《우리말 속담에 대한 우반구 손상 환자의 이해력

연구》, 음성과학 15（3）, 2008.
6. 이승훈,《개념혼성이론을 통해 본 중국어 **修辭格**의 의미구성 분석: **拈連, 移就, 雙關, 倣擬**를 중심으로》, 중어중문학 56, 2013.
7. 이종열,《혼성에 의한 은유적 의미의 인지 과정》, 담화와 인지 9（1）, 2002.
8. 임지룡,《현대 국어 동물 속담의 인지언어학적 가치론》, 국어교육연구 50, 2012.
9. 정수진,《개념적 혼성 이론에 기초한 한국어 의미구성》, 어문학 116, 2012.
10. 정혜승,《초등학생의 간접적 표현의 이해에 관한 연구——은유와 속담을 중심으로》, 국어국문학 132, 2002.
11. 조복희, 이주연, 강기숙,《초등학교 아동의 속담인지수준과 인지속담의 특성》, 대한가정학회지 45（4）, 2007.
12. 주옥파,《한·중 속담에 나타난 여성 이미지에 대한 비교 연구》, 선청어문 32, 2004.
13. 태평무,《언어문화의 차이로부터 본 중한 양국간의 의사소통의 특징에 대하여》, 국제한국언어문화학회 학술대회, 국제한국언어문화학회, 2006.
14. 홍동식,《중·한속담의 정의와 명칭》, 동방학 16（0）, 2009.

六、韩国硕博学位论文

1. 곽은희:《현대 수수께끼와 속담의 형성과 의미 연구》, 한남대학교 2014년박사학위논문.
2. 김미:《**韓國漢字成語構式硏究**》, 한양대학교 2014년박사학위논문.

3. 김민수:《한·일 감정 관용어 대조 연구》, 부산대학교 2015년박사학위논문.
4. [韩] 金仁榮:《英語形容詞多義分析》, 충남대학교 2013년 박사학위논문.
5. 김해미:《미각 형용사의 의미 확장 연구》, 전남대학교 2015년박사학위논문.
6. 김혜원:《중·한 관용표현 대조연구》, 한국외국어대학교 2006년박사학위논문.
7. タバタ, ミツコ:《한·일 유사 속담의 인지언어학적 연구》, 한국외국어대학교 2012년박사학위논문.
8. 송점종:《다의어 동사 run의 의미확대에 관한 연구》, 수원대학교 2010년박사학위논문.
9. 심지연:《국어 관용어의 인지의미론적 연구》, 고려대학교 2009년박사학위논문.
10. [韩] 俞珉熙:《한·불 농사 관련 속담의 비교 연구》, 한국외국어대학교 2001년박사학위논문.
11. 여정남:《汉韩人體慣用語認知研究:以脸、心、头、眼为主》, 한국외국어대학교 2011년박사학위논문.
12. 유동청:《한·중 동물명 비교연구》, 경희대학교 2010년 박사학위논문.
13. 유재복:《한국 속담의 의미론적 연구》, 전북대학교 2001년박사학위논문.
14. 육흔:《한·중·일 삼국 속담의 비교연구》, 명지대학교 2002년박사학위논문.
15. 이신우:《개념적 혼성 이론에 의한 환유적 의미 구축》, 수원대학교 2004년박사학위논문.
16. 조천, 《한·중 관용표현의 비교 연구——속담의 의미구조

를 중심으로》, 선문대학교 2013 년박사학위논문.
17. 최도순:《인지적 관점에서 본 영어 어휘의 은유적 확장》, 한남대학교 1998 년박사학위논문.
18. 최지훈:《국어 관용구의 은유·환유 연구: 인지의미론적 관점을 중심으로》, 이화여자대학교 2007 년박사학위논문.
19. 김병웅:《한국 동물 속담 연구》, 한국교원대학교 1993 년석사학위논문.
20. 범보리:《한·중 경제 관련 속담의 비교 연구》, 호서대학교 2015 년석사학위논문.
21. 왕국영:《한·중 여성 관련 속담에 나타난 은유 양상 비교 연구》, 경희대학교 2010 년석사학위논문.
22. 장정:《한·중 빈부에 관한 속담 비교 연구》, 중앙대학교 2015 년석사학위논문.
23. 장춘매:《한·중 동물속담 비교를 통한 한국어 문화 교육 연구》, 서울대학교 2005 년석사학위논문.
24. 진경지:《한·중 속담 비교 연구: 변용과 와전을 중심으로》, 한양대학교 2002 년석사학위논문.
25. 쫑원원:《속담을통해본 한·중 음식문화 비교——조화를 중심으로》, 경희대학교 2014 년석사학위논문.
26. 콩린:《'밥'에 관련된 한·중 속담의 비교를 통한 한국어 교육방안 연구: 중·고급을 중심으로》, 청주대학교 2015 년석사학위논문.
27. 호래봉:《한·중 동물 속담 비교 연구》, 공주대학교 2016 년석사학위논문.

七、英文资料

1. Lakoff, G. & M. Johnson, *Metaphors We Live by*, University of

Chicago Press, 1980.
2. Lakoff, G. & Turner, Mark, *More than Cool Reason: A Field Guild to Poetic Metaphor*, University of Chicago Press, 1989.
3. G.Fauconnier, *Mappings in Thought and Language*, Cambridge University Press, 1997.
4. L. Wang, S. Yu, X. Zhu, Y. Li, "Chinese Idiom Knowledge Base for Chinese Information Processing", in Donghong Ji and Guozheng Xiao eds., *Chinese Lexical Semantics: 13th Workshop*, CLSW 2012, Heidelberg, Springer-Verlag Berlin, 2013.
5. L. Wang, S. Yu, Z. Wang, W. Qu, H. Wang, " A Study on Metaphors in Idioms Based on Chinese Idiom Knowledge Base", in Xinchun Su and Tingting He eds., *Chinese Lexical Semantics: 15th Workshop*, CLSW 2014, Switzerland, Springer International Publishing, 2014.

后　记

此书是基于我在中央民族大学的博士论文修订而成。对谚语的探究，贯穿了我的整个博士生涯，这本书的内容，阶段性总结了我的学习与研究成果。

非常感谢我的导师姜镕泽教授，以及太平武教授、戴庆厦教授、王远新教授、罗自群教授的教学与指导。感谢崔顺姬教授、徐永斌教授、王丹教授、朴文子教授、许凤子教授提出的宝贵的修改建议。感谢此书的编辑老师，专业细致的工作让这篇书稿最终呈现为散发着墨香的书籍。

最后，感谢我的家人，坚强的后盾让我在写作时没有后顾之忧。还要感谢我的两个可爱的女儿，为了给她们作出快乐学习的榜样，也给我的写作增加了一份意义与前进的力量。能够在人生最美好的年华做自己感兴趣的事，我是幸运的。衷心感谢在完成此书的过程中给予我帮助的老师、朋友和家人！

李佳凝
2023 年 10 月 30 日于北京